Suzanna Jansen

Das Paradies der Armen

Suzanna Jansen

Das Paradies der Armen

Eine Familiengeschichte

Übersetzung von
Andrea Prins

THEISS

Niederländische Originalausgabe:

Die Originalausgabe erschien unter dem Titel
»Het pauperparadijs« zuerst bei
Uitgeverij Balans, Amsterdam

Die Deutsche Nationalbibliothek verzeichnet diese Publikation
in der Deutschen Nationalbibliografie;
detaillierte bibliografische Daten sind im Internet über
www.dnb.de abrufbar.

Deutschsprachige Ausgabe:
Der Theiss Verlag ist ein Imprint der WBG.

Die Herausgabe des Werkes wurde durch die Vereinsmitglieder
der WBG ermöglicht.
Übersetzung: Andrea Prins
Lektorat: Ingeborg Lesener
Einbandgestaltung: Jutta Schneider, Frankfurt a. M.
Umschlagfoto: Morey / Getty Images
Satz: SatzWeise GmbH, Trier
Gedruckt auf säurefreiem und alterungsbeständigem Papier
Printed in Germany

Besuchen Sie uns im Internet: www.wbg-wissenverbindet.de

ISBN 978-3-8062-3297-4

Elektronisch sind folgende Ausgaben erhältlich:
eBook (PDF): 978-3-8062-3348-3
eBook (epub): 978-3-8062-3349-0

»Wir sind nicht dumm! Wir sind bloß arm!
Immer sind Armut und Dummheit verwechselt worden!«

Schnee, Orhan Pamuk

Vorwort

Nach den ersten paar Sätzen von Suzanna Jansens *Paradies der Armen* war es um mich geschehen. Ich konnte das Buch nicht mehr aus der Hand legen. Eigentlich hatte ich in diesem Moment noch so viel zu tun, aber die Geschichte ließ mir keine Ruhe. Ich musste das Buch zu Ende lesen! Das *Paradies der Armen* ist ein faszinierendes, ein reiches Buch. Worin aber liegt diese Faszination?

Erstens ist es eine Familiengeschichte, erzählt aus der Perspektive der Frauen die deshalb auch »Das Jahrhundert meiner Mutter« oder besser noch »Die zwei Jahrhunderte unserer Großmütter und Urgroßmütter« genannt werden könnte.

Zweitens ist es ebenso wichtig zu erwähnen, dass es die Geschichte einer Familie ist, die früher zu – oder beinahe zu – den Armen und Landstreichern gezählt wurde. Das sind Geschichten, die wir kaum kennen. Man hat darüber geschrieben, aber nie von innenheraus. Alle Quellen, die Suzanna Jansen fand, hat sie genutzt. Sie hat hier wie eine Forscherin gearbeitet, die eine Scherbe nach der anderen ausgegraben, alle zusammengefügt und zu einem Ganzen rekonstruiert hat.

In der Zeitgeschichte findet man alles, was mit Armut, Verelendung und Unrecht zu tun hat. Es geht hier um Menschen, die man nicht sehen wollte, die nichts zu melden und nur begrenzt das Recht hatten, ihr Leben in die Hand zu nehmen. Menschen, die auf verschiedenste Weise mit der Bürokratie Bekanntschaft machten, zuerst mit der Wohltätigkeitsgesellschaft, dann mit dem Kloster, wo mehrere Familienmitglieder untergebracht wurden, Konservative wie Sozialdemokraten in Europa haben mit ihnen in Europa auf die verschiedenste Weise experimentiert und zu guter Letzt setzte man sie den mehr oder weniger moderne Praktiken der Psychiatrie aus. Diese kurz gefasste Sozialgeschichte macht das Buch besonders faszinierend. Alles wird in einen Kontext gebracht.

Aber es ist nicht nur eine Familiengeschichte. Sie erinnert mich zugleich auch sehr an den Umgang mit fremden Menschen in

Europa, von Obdachlosen und Ausländern bis zu Muslimen, der sich ähnlicher rhetorischer Strategien und Ideen bedient.

Drittens finde ich das Buch interessant, weil es dem Geschichtsliebhaber umfangreiches Studienmaterial bietet. Zuerst zur allgemeinen Geschichte, wie das Bürgertum der Verelendung begegnete: Wie bringen wir Ordnung ins Chaos? Denn oft wurden viele Maßnahmen aus Eigennutz getroffen, man wollte auf der Straße keine Bettler sehen. Heute macht man das Gleiche in den Niederlanden mit Junkies, in Deutschland, Österreich oder Norwegen versucht man mit Bettelverboten die Humanität aus den Straßen zu treiben.

Zugleich ist das Buch eine wunderbare Fallstudie zum Thema Familienmythos, der sich durch das ganze Buch zieht. Im Buch von Suzanna Jansen begegnet man mehreren solcher Mythen und Familientraumata. Langsam entdeckt man die Wahrheit hinter dem Mythos, dass die Familie früher von Adel gewesen sein soll und dass ein Kind verstoßen worden sei, weil es einen Katholiken heiratete. Die Wirklichkeit war nicht weniger interessant. Was für eine spannende Geschichte!

Das Wichtigste für mich aber ist, dass es ein liebevolles Buch geworden ist, ein respektvolles Buch, ein sehr persönliches Buch. Dank Suzanna fühlt man sich immer mehr mit den Frauen verbunden, die nicht mehr unter uns weilen, man hat Respekt vor ihnen. Zum Schluss des Buches werfen wir einen Blick auf den Friedhof in Veenhuizen, wo die Kolonisten begraben sind - und es sind viele! Es sind Stätten des Grauens. Nicht umsonst nannte man Veenhuizen damals das Sibirien der Niederlande.

Aber dieser Ort war viel mehr: Es war Teil der ersten bürgerlichen (!) Utopie in Europa, mit Arbeit, Erziehung und Religion die Armen in Bürger verwandeln zu wollen. Dieses erste große Sozialexperiment des 19. Jahrhunderts hat einen solchen Schaden angerichtet, dass es zum UNESCO-Weltkulturerbe erklärt werden soll, um uns eine Warnung vor einem herrischen, technischen Umgang mit dem Anderen zu sein.

Unter einer Wiese mit einer protestantischen und einer katholischen Trauerweide liegen etwa 11.250 Menschen begraben. Auch einige aus Suzannas Familie, was sie wiederum liebevoll beschreibt. Mit aller Sorgfalt hat sie die Geschichte um und um gedreht, jedes Fragment, und sei es noch so klein, jede Erinnerung, die noch zu finden war, aufgespürt.

Sie hat ihnen ein großartiges Monument errichtet!

Geert Mak, Dezember 2015

Stammbaum

Tobias Braxhoofden + Christina Maria Koenen
(1785–1844) | (1789–1874)

Cato Braxhoofden + Teunis Gijben
(1814–1880) | (1812–1856)

Helena Gijben + Harmen Keijzer
(1856–1934) | (1852–1911)

Roza Keijzer + Wouter Dingemans
(1891–1967) | (1893–1976)

Elisabeth Dingemans + Chris Jansen
(1922) | (1921)

Suzanna Jansen
(1964)

Inhaltsverzeichnis

Norg
(bei Assen)

1

Das Totenbildchen

Es war an einem Sonntag nach der Kirche, als sie plötzlich ihren Vater sahen. Zaudernd und mit zögerndem Schritt näherte er sich ihrem Haus. Siebzig Jahre später wussten sie nicht mehr, wer ihn zuerst gesehen hatte, aber der Schrecken hatte sich allen tief ins Gedächtnis gegraben. Mutter konnte die Haustür gerade noch rechtzeitig verriegeln. Mit panischer Stimme befahl sie den Kindern, sich zu verstecken. Die älteren Mädchen krochen unter den Tisch und zerrten die jüngeren mit, die Buben tauchten gemeinsam hinter dem Lehnstuhl ab.

Es war windstill, kein einziger Halm auf dem Deich bewegte sich. Am Kircheneingang plauderte der Pfarrer noch mit einem Gemeindemitglied. Irgendwo hinter dem Haus, zwischen den Bretterzäunen und Schuppen der angrenzenden Gärten, hörte man ein Baby weinen. Elisabeth beobachtete die Situation aus ihrem Versteck hinter der Zimmeraralie.

»Hallo«, rief draußen der Vater. Er versuchte, einen fröhlichen Ton in seine Stimme zu legen, aber die Kinder konnten sogar in ihren Verstecken hören, wie sehr sie zitterte. Er legte die Hand über die Augen und versuchte, durchs Fenster zu schauen. Die Mutter blickte inständig auf das Bild Unserer Lieben Frau von der Immerwährenden Hilfe, das über dem Kaminsims hing, und schickte ein Stoßgebet zum Himmel. Die Jungfrau mit dem Jesuskind, das beinahe seinen Schuh verlor, gab ihr Halt. Die Kinder waren mucksmäuschenstill. Sie vermuteten, dass der Vater sie gesehen hatte. Das Haus war zu klein, als dass darin sieben Kinder und eine Mutter plötzlich hätten verschwinden können.

Die nagelneue Mustersiedlung in der sie wohnten, hatte den Charakter eines Dorfs, obwohl sie zu Amsterdam gehörte. Jede

Familie wohnte, statt in einer feuchten Einzimmerwohnung in der Innenstadt, in einem eigenen Reihenhäuschen. Doch die Wirtschaftskrise der Dreißigerjahre kostete vielen Vätern ihre Arbeitsstelle. Und das führte in beinahe jeder Familie zu unüberhörbaren Spannungen. Deshalb sah Elisabeth nach, ob die Nachbarn nicht irgendwo eine Gardine zur Seite geschoben hatten.

Der Vater stand immer noch, mit einem Päckchen winkend, vor dem Fenster. »Ich habe etwas mitgebracht«, rief er.

Die Kinder rührten sich nicht von der Stelle. Sie beobachteten ihren Vater, wie er die Grimassen für sie machte, über die sie früher immer gelacht hatten. Jetzt war niemandem zum Lachen zumute. Nachdem Vater begriffen hatte, dass sie ihm nicht entgegenkamen, ging er zur Haustüre und schob das Päckchen durch den Briefkastenschlitz. Lenie, die Älteste, schnellte unter dem Tisch hervor und rannte zur Haustür. Zuerst versuchte sie, das Päckchen zurückzustoßen, aber es gelang ihr nicht. Jetzt zerrte sie es aus dem Briefkastenschlitz und warf es mit einem wütenden Blick auf den Boden. Die Jüngste, noch im Kindergartenalter, fing leise an zu weinen.

Es hatte schon seinen Grund, weshalb der Pfarrer der Mutter geraten hatte, den Vater rauszuschmeißen. Obwohl der Mann ein gutes Herz hatte und an Festtagen richtig nett sein konnte, wenn er mit großem Tamtam für die Kinder eine Apfelsine »hervorzauberte«, war es mit ihm zu Hause nicht auszuhalten. Wie oft hatte Mutter ihn angefleht, nicht jedes Mal wieder das ganze Haushaltsgeld in der Kneipe zu versaufen.

Plötzlich rammelte es an der anderen Seite des Hauses. Vater war durch den Garten zur Küchentür gegangen, in der Hoffnung, diese offen vorzufinden.

»Rauf, aber schnell«, befahl Mutter. Man hörte ein leises Klopfen. Die Kinder stürmten polternd die Treppe hinauf. Toos stieß dabei gegen die schöne Stehlampe, die glücklicherweise nicht umfiel. Mutter hatte sich im Zimmer umgesehen, als könnte sie die Lage mit einem Blick erfassen. Ein aufgeräumtes Haus war ihr wichtig. Was auch immer geschehen mochte: Keiner sollte etwas

Schlechtes über sie und die Kinder sagen können. Tagsüber putzte sie die Büros der Reichen, abends erledigte sie den eigenen Haushalt. Die Garderobe der Kinder musste sie regelmäßig auslassen oder abändern, vor allem die Kleider und Hosen, die sie von der Kirchengemeinde bekam. Mit etwas Mühe und Fantasie konnte keiner mehr sehen, dass es gebrauchte Kleidung war. Obwohl sie nicht die Einzigen in der Straße waren, die in finanziellen Schwierigkeiten steckten, wollte Mutter keinesfalls, dass die Nachbarn von ihrer Misere erfuhren. Sie wollte nicht für jemand aus der Unterschicht gehalten werden. Mutter fand, dass ihre Familie etwas Besseres verdient habe, oder stärker noch: etwas Besseres war als die anderen Arbeiterfamilien im Viertel.

Dass man sie mit »Fräulein« ansprach, wie alle Frauen der unteren Schicht, war für sie ein Stich ins Herz. Manchmal mahnte sie die Kinder, eine andere Straße anzugeben, wenn jemand sie fragte, wo sie wohnen. Ohne es auszusprechen, gab sie ihnen das Gefühl, nur ausnahmsweise knapp bei Kasse zu sein, und alle klammerten sich daran fest.

Vater hatte eine kleine Scheibe aus der Hintertür gelöst, vorsichtig, damit sie nicht zerbrach, und kletterte jetzt die Treppe zum Dachboden hoch. Die Kinder drückten sich in die entfernteste Ecke ihrer Betten. In glücklicheren Zeiten tat der Vater so, als wäre er eine Spinne, die hinter ihnen herkrabbelte, während Mutter sie lachend ermahnte, danach die Bettdecken wieder glatt zu streichen.

»Wer gibt mir einen Kuss?« Vater steckte den Kopf durch die Dachbodenluke und versuchte, so gut er konnte, lustig zu klingen.

Elisabeth, Toos und Lenie, die drei Großen, hielten sich aneinander fest, vielleicht auch aus Angst, eine von ihnen könnte seinem Flehen erliegen. Sie mussten der Mutter gegenüber loyal bleiben, sie konnten nicht anders. Mit hängenden Schultern und traurigen Augen sah Vater aus wie ein Schuljunge, mit dem die anderen Kinder nichts zu tun haben wollten.

»Lass uns in Ruhe«, rief Mutter verzweifelt.

Vater sah sie hilflos an. Jede Sekunde war wie eine halbe Ewigkeit. Dann machte er kehrt und ging.

Auch nach siebzig Jahren denkt Elisabeth noch immer lieber nicht daran. Sie spricht selten über ihre Kindheit. Die Erinnerungen daran schienen unter den Salzdomen ihres Gedächtnisses begraben zu liegen. Nur sporadisch habe ich ab und zu etwas davon mitbekommen. Sie hatte mir von der lähmenden Angst erzählt, die sie als junges Mädchen hatte, in einem ausrangierten Kleid, das einmal einer ihrer Mitschülerinnen gehört hatte, ertappt zu werden: Dann hätte jeder gewusst, dass sie zu Hause von der Wohlfahrt abhängig sind. Als ich mehr wissen wollte, beendete sie das Gespräch abrupt.

»Ach, nein«, sagte sie und hob abwehrend die Hände, »lass uns nicht mehr darüber sprechen.«

Elisabeth ist meine Mutter. Inzwischen ist sie über achtzig, aber die Narben ihrer Kindheit sind noch immer spürbar. Man fühlt, dass sie sich immer noch ihrer Herkunft schämt. Sie regt sich jedes Mal furchtbar auf, wenn es in Gesprächen um Ungerechtigkeiten oder um Leute mit Geld geht – was für sie fast dasselbe ist. Ich hatte mich bereits damit abgefunden, dass ich nie genau wissen würde, was dahintersteckte. Das änderte sich jedoch von dem Moment an, an dem ich den Eltern an einem Sonntagnachmittag beim Aufräumen des Dachbodens half. Ich wühlte gerade in einer Schachtel voller Dokumente, als mein Blick auf ein kleines, gefaltetes Stück Seidenpapier fiel. Darin befand sich ein Totenbildchen mit einem Namen, den ich vorher noch nie gehört hatte. Auf der Vorderseite befand sich, in Schwarz-Weiß, ein Christus mit Dornenkrone. Gedruckt war das Kärtchen bei der Firma Kersjes, Hartenstraat 22, in Amsterdam. Darauf stand:

> Bete für die Seele der verstorbenen Helena Gijben, Witwe des Harmen Keijzer. Geboren in Norg (bei Assen), am 9. Juni 1856, gestorben in Amsterdam, am 8. Dezember 1934, versehen mit den Sterbesakramenten.

Auf der Rückseite gab es keine weiteren Angaben zur Verstorbenen, die Auswahl des Textes jedoch vermittelte ein ungefähres Bild:

»Eine Ehrenkrone ist das Alter, auf dem Weg der Gerechtigkeit wird sie gefunden.«

(Helena Gijben wurde 78 Jahre alt.)

»Ihr bescheidenes, rechtschaffenes und reinen Herzens geführtes Leben war ganz dem Dienste Gott gewidmet.«

(»Bescheiden«, damit war sicher »voller Armut« gemeint.)

»Oh süßer, gnadenvoller Tod, im Schutze des Namens Mariä.«

(War ihr Leben so schwer gewesen?)

Ich zeigte meiner Mutter das Bildchen. »Das war meine Großmutter«, sagte sie. »Deine Urgroßmutter. Sie hatte sich in eine Wohnung an der Lauriergracht eingemietet.« Sanft strich sie über das Kärtchen. »Ich glaube, dass man sie Helena genannt hat, oder Leentje, aber für uns war sie einfach ›Großmutter‹.«

Mutter erinnerte sich daran, dass sie bei Oma zu Hause als Kind nie spielen durfte. Oma mietete zusammen mit ihrer erwachsenen Tochter in der Wohnung eines gewissen Fräulein Knaven, das selbst das hintere Zimmer bewohnte, ein Zimmer mit Alkoven und Aussicht auf die Gracht. »Wenn wir zu Besuch kamen, hatte Großmutter immer Angst, wir könnten Fräulein Knaven stören, und die würde ihr dann kündigen.« Besonders liebevoll war Großmutter in ihren Augen nie gewesen. Eher trübsinnig und streng. »Auch sehr religiös. Bei ihr hing das gleiche Bild der Heiligen Jungfrau wie bei uns. Manchmal haben wir über das Schühchen gelacht, das am Fuß des Babys baumelte, ohne herunterzufallen. Das mochte Großmutter gar nicht.« Mit unerwarteter Leichtigkeit, als hätte meine Mutter jahrelang auf eine Erinnerung, an der keine Scham haftete, gewartet, erzählte sie von den sonntäglichen Besuchen bei Großmutter.

Zu Fuß gingen sie den ganzen Weg zur Fähre und von dort aus ins Amsterdamer Arbeiterviertel Jordaan. Die Kinder rannten voraus und versteckten sich in den Haustürnischen. Die Jungen zogen an den Schleifen der Schwestern. Irgendwann erwähnte meine Mutter nebenbei, dass Großmutter Helena ein großes Unglück erlebt hatte. »Die Arme. Hat sich als junges Mädchen in einen Katholiken verliebt, obwohl sie protestantisch war. Sie musste seinen Glauben annehmen, und wurde dann von ihrer Familie verstoßen und enterbt.« So hatte es meine Mutter jedenfalls von ihrer Mutter gehört. Helena vereinsamte, ihr neuer Glaube bot ihr Halt.

Enterbt. Dieses Wort klang wie der Schlüssel zu einem noch nicht genannten Rätsel. Das bedeutete, es muss ein Erbe gegeben haben, sonst hätte sie es ja nicht verwirken können. Wenn Helena Gijben sich nicht für den falschen Geliebten entschieden hätte, wäre sie auch nicht von Fräulein Knavens Gutmütigkeit abhängig gewesen. Also gab es eine Ursache für ihre Armut und die ihrer Nachkommen. Mir fiel ein, was Toos, meine Tante, einmal zu mir gesagt hatte. Damals glaubte ich, es sei ein Scherz, und doch ergab es plötzlich einen Sinn.

»Manchmal spielten wir, als wären wir adlig. Wir und adlig, wo wir uns nicht einmal unsere eigene Kleidung kaufen konnten.« Toos und ihre Schwestern waren auf diese Idee gekommen, da Mutter einmal einen seltsamen Namen erwähnt hatte. »Braxhoofden«, sagte Toos. »So ein vornehmer Name. Eine normale Familie heißt doch nicht so, oder?« Es war ein schönes Spiel gewesen, mit abgespreizten kleinen Fingern und affektierter Sprache. Irgendwie hatte der Name etwas mit uns zu tun. Nur was, weiß ich nicht.«

Die Helena auf dem Totenbildchen hieß nicht Braxhoofden, doch die Geschichten von Toos und meiner Mutter passten zusammen. Helena stammte offensichtlich aus gutem Hause und hatte ihr Erbe verloren, als sie ihr Herz einem Katholiken schenkte. Über diesen Geliebten, jenen Harmen Keijzer auf dem Totenbildchen, wusste meine Mutter nichts. Sie kannte weder sein Geburtsdatum noch wusste sie, woher er kam. Sie hatte lediglich gehört, dass er bereits früh seine Eltern verloren und in einem Waisenhaus eine Lehre als Schuhmacher gemacht hatte.

In meinen Gedanken entfaltete sich ein Drama, wie es typisch war für die Romane des neunzehnten Jahrhunderts: Helena, auf der Treppe eines Landhauses in Norg (bei Assen), sieht, wie ihr Vater den Dorfschuster – ihre unmögliche Liebe – wegschickt. Auf der Stelle beschließt sie, sich Kirche und Familie zu widersetzen und läuft ihm nach, von da an bleibt ihr die Tür zu ihrem Elternhaus für immer verschlossen.

Etwas in diesem Stil.

Schade, dass solche Liebesgeschichten in Wirklichkeit etwas weniger märchenhaft verlaufen. Die Ehe von Helena und Harmen war nicht gerade glücklich gewesen. Als ich mich in der Familie danach erkundigte, stellte sich heraus, dass verschiedene Geschichten kursierten, von denen niemand genau wusste, ob sie wahr waren. Harmen hatte die Angewohnheit, hin und wieder ohne ein Wort zu verschwinden. Dann war er plötzlich in Niederländisch-Ostindien, und Jahre vergingen, bevor er wieder auftauchte. Was er dort zu suchen hatte und weshalb er so überstürzt abgereist war, wusste keiner. Doch Helena scheint das nicht viel ausgemacht zu haben: Sobald sie bemerkte, dass ihr Mann verschwunden war, stellte sie seine Tasse in den Geschirrschrank und ging zur Tagesordnung über.

Ihre romantische Entscheidung für einen gewöhnlichen Handwerker – und Katholiken obendrein – war schuld daran, dass sie, aus ihrem Geburtsort verbannt, im Amsterdamer Jordaan zur Miete wohnte. Ihre Tochter und ihre Enkel konnten keinen Anspruch auf ihr Erbe erheben und waren so von der Armenhilfe des Pfarrers abhängig. Das Echo dieser Armut hallte sogar noch bis zu uns – ihren Urenkeln – nach. Nicht faktisch, aber geistig. Machte man bei uns jemandem ein Kompliment für seine schöne Bluse oder Hose, entschuldigte sich dieser automatisch dafür.

»Ja, hübsch, nicht wahr? Die gab es im Schlussverkauf.«

So eine Bemerkung entsprang nicht der holländischen Sparsamkeit, dafür war sie zu offensichtlich durch Schuldgefühle motiviert. Man wusste, dass man kein Anrecht auf Luxus hatte, und glaubte, sich irgendwie rechtfertigen zu müssen. Dieses Gefühl hielt sich bei uns hartnäckig, obwohl es dafür längst keinen Grund mehr gab.

Ich habe mich schon öfters gefragt, ob der Grund für diese soziale Stagnation in einem unbewussten, von einer auf die nächste Generation weitergegebenen Gefühl lag, welches dazu führte, dass man anders, fast verkrampft, mit Geld umging. Oder, was auch dazu gehörte, dass man es wie selbstverständlich akzeptierte, dass die Welt mehr den anderen als einem selbst gehörte.

Es stellt sich heraus, dass Norg, das Dorf auf dem Totenbildchen von 1934, dem man damals noch »bei Assen« hinzufügen musste, im Jahr 2003 über eine eigene Website verfügt. Auf www.norg.nl wird ein Dorf beworben, das den romantischen Zeichnungen eines Anton Pieck entsprungen sein könnte, »ideal für den Natur-Liebhaber, der die Ruhe sucht«. Auf der Homepage sieht man entlang des Sandwegs Bauernhütten, die, wie deutlich zu sehen ist, seit Jahrhunderten unverändert geblieben sind. Man kann online Ferienhäuser buchen, Tourenräder inbegriffen.

Stündlich fährt der Überlandbus 116 vom Bahnhofsvorplatz in Assen ab. An der Haltestelle lümmeln ein paar Schüler und essen eine Tüte Chips, ein Stück weiter hinten steht eine junge Frau mit einem Kinderwagen, die sich sichtlich von ihnen fernhält. Sie sagt dem Busfahrer, dass sie nach »Norgerhaven« müsse. Auch ich frage ihn, ob er mir Bescheid sagen könne, wenn ich am Bestimmungsort angelangt sei, da ich diese Gegend nicht kenne.

Während der Bus anfährt, schläft das Baby im Kinderwagen ruhig weiter. Die Mutter schminkt sich die Lippen in demselben Blutrot der Rose, die knapp über ihrem Dekolleté eintätowiert ist. Sie wirft einen Blick auf das Kind und beginnt zu simsen. Entlang eines Kasernenareals, in dem Soldaten den Stechschritt üben, verlassen wir Assen. Der Stadtrand sieht aus wie überall: ein McDonalds, eine Retortensiedlung, ein Bürokomplex nach dem anderen. Dann beginnt die Ödnis. Ich sehe viel Land und schnurgerade Kanäle. Nach jeder Brücke, die wir überqueren, werden die

Kanäle schmäler, bis sie nicht breiter als ein Entengraben sind. Ich hatte gelesen, dass man die Gegend hier bis weit ins zwanzigste Jahrhundert hinein »Holländisch Sibirien« nannte, so weit weg war die zivilisierte Welt. Ich war neugierig auf das Haus, in dem sich das Drama meiner Oma abgespielt hatte und aus dem sie verstoßen worden war. Wer weiß, vielleicht konnte ich ja noch etwas herausfinden. Wenn in Norg noch Nachkommen der Familie lebten, die sie damals enterbt hatte, dann könnte man sich vielleicht vorstellen, wie Großmutters Leben – und das unsrige – auch hätte verlaufen können.

Heutzutage ist Drenthe mithilfe der Schilder des Automobilclubs und der Wegweiser auf den sogenannten »Fahrradpilzen« erschlossen. Nach Norg geht es noch fünf Kilometer geradeaus, doch der Bus 116 biegt scharf nach links ab; der Kinderwagen wäre fast umgekippt. Ich habe eine Kopie aus dem Melderegisteramt in Norg vom 9. Juni 1856, dem Geburtstag von Helena Gijben, bei mir. Die Information, die ich schon zuvor beim Gemeindearchiv angefordert hatte, hat mich überrascht. Denn statt mir die Angaben über das Elternhaus meiner Urgroßmutter zu liefern, erzählen mir die knappen Sätze aus dem Register eine ganz andere Geschichte. Dem Dokument zufolge hieß Großvaters Vater Anthonie Johannes Gijben und war von Beruf »Kolonist.« Ihre Mutter – »ohne Beruf« – war Catharina Petronella Braxhoofden. (Den Namen gab es also wirklich!). Aber unter der Überschrift »Geburtsort« stand nicht Norg. In einer gleichmäßigen Handschrift hatte dort jemand: »Veenhuizen, Dritte Anstalt.« notiert.

Der Bus fährt bereits eine gute Dreiviertelstunde, ohne dass irgendwo jemand einen Stopp angefordert hätte. Wir fahren dem Koloniefvaart-Kanal entlang. Auf der anderen Seite liegt angeblich eine einmalige Naturlandschaft, wo seit Kurzem der Kranich wieder brütet, gesponsert von der Postleitzahlenlotterie. Als der Bus die Fahrt verlangsamt, tauchen aus dem Nichts ein paar wuchtige Gebäude auf.

»Strafanstalt Norgerhaven, Museum Veenhuizen«, sagt der Busfahrer durch.

In Helenas Totenbildchen hatte sich kein Fehler eingeschlichen: meine Urgroßmutter war tatsächlich in Norg zur Welt gekommen. In dieser Gemeinde befanden sich damals die Anstalten der Bettlerkolonie Veenhuizen.

Als ich meiner Mutter davon erzählte, war sie gerührt und mindestens so erstaunt wie ich: Sie hatte zwar schon von Veenhuizen gehört, das war ein berüchtigter Ort, hatte jedoch keine Ahnung, dass er mit ihrer Großmutter etwas zu tun hatte. Ihrer Ansicht nach schickte man früher alle Leute, die sich nicht anpassen wollten, nach Veenhuizen. Den ganzen Abschaum, der anderswo unerwünscht war. Sie wurden zur Strafe weggesperrt, da sie in der Gesellschaft nur Ärger verursachten.

»Unmöglich«, sagte sie erschrocken. »Das kann nicht sein.« Warum hatte ihr die Mutter nie davon erzählt? Helena, die grausam enterbte Braut, entpuppte sich plötzlich als Tochter eines verachteten Bettlers? Wenn dem wirklich so war, dann gerieten plötzlich alle Fakten ins Wanken. Wo hatte sie den Katholiken Harmen kennengelernt, und wie war das mit dieser Erbschaftsgeschichte? Was bedeutete der Name Braxhoofden? Was musste ich mir eigentlich unter einer Bettlerkolonie vorstellen? Ich hatte den Eindruck, dass ich auf etwas gestoßen war, was eigentlich hätte geheim bleiben sollen.

Der Bus hält in der Nähe eines großen, von Stacheldraht umgebenen Geländes, hinter dem sich eines der fünf Gefängnisse des heutigen Veenhuizen befindet. Wer hineinwill, muss erst anhand der Pfeile auf einem Schild »Besucher«, »Lieferant«, oder für »Sonstige« entscheiden, unter welche Kategorie er selber fällt. Eine Absperrung folgt auf die nächste: Im modernen Gefängnis schieben offene Zwischenzonen Wache, die nicht unbemerkt überwunden werden können. In der Mitte befindet sich ein kaltes Gebäude, Beton, Glas, Gitterstäbe. Kein Mensch ist zu sehen. Außerhalb der Zäune genießen Senioren im Sportdress und auf Tourenrädern die Landschaft.

Die junge Mutter und ich sind die Einzigen, die hier aussteigen. Das Baby schläft noch, seine Nike-Schühchen baumeln an den Füßen. Sie erzählt mir, dass sie aus Vlissingen kommen, während ich ihr mit dem Kinderwagen die Stufen hinunterhelfe. Sie seien schon den ganzen Vormittag unterwegs. Der Bus hält vor einem Haus, auf dem steht: »ARBEITE UND BETE.« Auf dem Haus daneben steht: »ZUCHT UND ORDNUNG.«

»Suchst du nach dem Weg?«, fragt die Frau.

»Nein, nein«, sage ich, etwas unbehaglich, »ich sehe mich nur um.«

Sie zuckt mit den Schultern und klappert, dem Pfeil für Besucher folgend, auf ihren hohen Absätzen die Straße hinunter.

2

Grüße aus Veenhuizen

Auf der Landkarte der Provinz springen im Mosaik der Flurstücke und sich schlängelnder Flüsschen sofort die schnurgeraden Linien von Veenhuizen ins Auge. In der Realität wirken die Alleen und die Siedlungen weniger mit dem Lineal gezogen als auf der Landkarte, da sie mit Grün bewachsen sind, das sich schon vor langer Zeit in die Landschaft eingenistet hat. Mächtige Buchen geben einem das Gefühl, statt auf einer Asphaltstraße über ein altes Landgut zu spazieren. Es herrscht keinerlei Verkehr, man hört nur das Zwitschern der Vögel.

Bevor ich mit der Spurensuche beginne, will ich mich zur Orientierung erst einmal um die eigene Achse drehen. Mir fällt auf, dass alle Häuser in demselben streng-symmetrischen Stil entworfen wurden. Die Arbeiterhäuschen und die freistehenden Villen unterscheiden sich nur in der Dimension, nicht in der Form. Ihr einziger Schmuck sind die weiß-grünen Fensterläden, mit denen jedes, Stück für Stück, verschönert wurde. Die Gärten sind gepflegt, weit und breit ist kein vernachlässigtes Grundstück zu sehen. Man ahnt sofort, dass diese Dorfgemeinschaft nicht um einen Dorfacker oder eine Kirche herum entstanden ist, sondern nach einem wohlüberlegten Plan. An den Fassaden stehen auf gebieterischen, schwarz umrandeten Schildern in Zement gemeißelte Sprüche. Jeder abgeschlossen mit einem dicken Punkt. »PFLICHTGEFÜHL.«, »AUFOPFERUNG.«, »BITTER UND SÜSS.« Steht auf drei nebeneinanderliegenden Häusern, deren Fenstern vernagelt sind. Ein Schild des Fremdenverkehrsvereins Drenthe lässt mich wissen, dass die Gebäude ehemals als Krankenhaus in Gebrauch waren.

Es ist, als würde ich nach den Öffnungszeiten in einem Freilichtmuseum herumlaufen, in einem verträumten Dorf, das auf befremdliche Weise altmodisch geblieben ist. Bis mich der sonore Klang einer elektrischen Klingel in die Realität zurückwirft. Hinter den Bäumen erblicke ich einen Betonklotz mit Gitterstäben. Ein weiteres Gefängnis.

Veenhuizen, die ehemalige Bettlerkolonie, zählt im Jahr 2003 ungefähr tausend Gefangene und fast so viele freie Einwohner. Die meisten Einwohner von Veenhuizen arbeiten in den Strafanstalten, ein paar Häftlinge pflegen die Grünflächen außerhalb des Gefängniszaunes. Bis in die Achtzigerjahre war das ganze Dorf Eigentum des Justizministeriums, und es galten besondere Regeln. Innerhalb der Dorfgrenzen wohnten nur Häftlinge und Gefängnispersonal. Das ganze Dorf war abgeriegelt, was man sonst nur in der DDR oder in der Sowjetunion erwartet hätte. Der Gefängnisdirektor herrschte inner- und außerhalb der Mauer über die Bewohner: Keiner in Veenhuizen durfte ohne seine schriftliche Einwilligung Besuch empfangen. Auch heute noch hängen überall Schilder mit der Aufschrift: »Zutritt für Unbefugte verboten«. Eines dieser Schilder hält mich vor einem markanten, karreeförmigen Gebäude auf Abstand. Aus allen vier Himmelsrichtungen führen Straßen auf den lang gezogenen Komplex zu, auf dessen Fassaden sich im eintönigem Rhythmus endlos Fenster und Türen hintereinanderreihen. Drumherum ein Wassergraben, ein Wachtturm, und überall Überwachungskameras. Doch keine Menschenseele zu sehen. Als ich das Verbotsschild hinter mir lasse, um das Gebäude aus der Nähe zu betrachten, geschieht nichts. Über dem Eingangsbogen steht:

1823. Zweite Anstalt
W. Visser, Koloniedirektor

Durch die Fenster sehe ich einen kahlen Raum, in der Ecke steht ein Stapel Kartons. Dort, wo seit 1823 die Bettler untergebracht waren, lagert das Briefpapier der Justizvollzugsanstalten, auf dem Briefkopf die Justitia mit den verbundenen Augen.

Ich möchte wissen, wozu dieses Gebäude heutzutage dient, doch es ist niemand da, den ich fragen könnte. Ein Loch in der Mauer öffnet den Blick auf einen riesigen Innenhof, auf dem der Container einer Aktenvernichtungsfirma steht, und auf dem auch ein paar Bänke zu sehen sind – für wen sind die Bänke? Ich sehe mich noch ein wenig um, ohne schlau daraus zu werden, und gerade als ich das Gelände verlassen will, hält ein hochrädriger Geländewagen vor dem Eingangstor. Ein paar Männer in Anzügen steigen aus, gefolgt von einer Dame in wehendem Mantel. Sie sind an diesem verlassenen Ort völlig fehl am Platz. Es sind deutlich keine Gefängniswärter.

»Wir sind vom Planungsbüro«, sagt einer der Männer, der sich selbst »Projektleiter« nennt. Er hat einen gehetzten Blick und drückt eine Dokumentenmappe fest an sein Sakko. Weil ich ihn danach frage, erzählt er mir, dass dieses historische Gebäude »die Zweite Anstalt« ist und noch vor Kurzem als Werkstatt für die Häftlinge genutzt worden sei. Jetzt soll es zu einem Nationalen Gefängnismuseum umgebaut werden.

»Wir wollen das ganze Dorf umkrempeln.« Er zeigt mit seinem Autoschlüssel um sich. »Unsere Vision geht von der Grundidee der Bettlerkolonie aus. Autarkie, Fürsorge, Experiment. Die ideellen Eckpfeiler des Gründers Johannes van den Bosch.«

Der Projektleiter ist sichtlich in Eile, dennoch spricht er gerne über sein Projekt. Er tritt einen Schritt zurück und fährt im Beraterjargon fort. In naher Zukunft, sagt er, werde es hier ein Pflegehotel geben, Erholungszentren, Kochkurse für Manager, bei denen nur regionale Produkte verwendet werden, um nur ein paar Dinge zu nennen.

Und das inmitten von fünf Gefängnissen? Ich muss eine Augenbraue hochgezogen haben, worauf der Projektleiter entschlossen nickt: Die auffällige Präsenz der Gefängnisse ist in seinen Augen kein Hinderungsgrund, im Gegenteil.

»Das gehört zur einzigartigen Atmosphäre, die wir bieten wollen: ein Unbehagen, dass die Gefangenen einfach so herumlaufen und der Stacheldraht. Man kommt hier mit den dunklen

Seiten des Lebens in Berührung, das ist das Besondere daran.« Sein Ziel ist es, mithilfe des »Qualitätstourismus«, das dahinsiechende Dorf wieder attraktiv und bewohnbar zu machen. Die Pläne knüpfen, seiner Meinung nach, nahtlos an die Geschichte Veenhuizens an.

»Wenn man in hundert Jahren zurückblickt, wird man feststellen, dass die historische Tradition nicht unterbrochen wurde.«

Auf meine Frage, was er denn damit meine, antwortet er, dass er keine Zeit habe. Er könne mir seine Dokumentation gerne per E-Mail zusenden, da stehe alles drin: Vergangenheit, Gegenwart, Zukunft.

Vorläufig muss ich mich mit dem bereits vorhandenen, kleinen Museum begnügen, das im rückwärtigen Teil des Geländes in ein paar Holzbaracken untergebracht ist. Vor der Tür drängelt sich eine Gruppe ausgelassener Schulkinder, offensichtlich gerade ausgestiegen aus einem DAF mit der Aufschrift »Ganovenbus.« Gleich hinter dem Eingang befindet man sich vor einem Modell der Zweiten Anstalt. So von oben herab betrachtet, fällt mir die kasernenartige Abgeschlossenheit erst richtig auf. Die Anstalt hat nur zwei Tore. Der Innenhof des maßstabsgetreuen Modells ist wie ein englischer Garten angelegt, mit Bäumen und Beeten, zwischen denen sich ein paar Miniaturfiguren – die Bettler? – ausruhen.

Es findet gerade eine Führung statt, und ich fange ein paar Gesprächsfetzen auf. Demnach gab es drei identische Anstalten, von denen lediglich Nummer zwei erhalten geblieben ist. Sie lagen eine halbe Stunde Fußweg voneinander entfernt, wie Inseln in der eintönigen Landschaft. Damals war man entweder in »der Ersten«, »der Zweiten«, oder »der Dritten« zu Hause, und so nennt man sie heute immer noch. Allerdings verbindet heute eine Asphaltstraße die drei Örtlichkeiten miteinander.

Der Führer, ein ehemaliger Gefängnismitarbeiter, nennt das frühere Veenhuizen eine »Zwangskolonie«, in der Bettler und Landstreicher mit militärischer Zucht und Ordnung lernen sollten, sich anzupassen. »Das war nicht immer einfach«, sagt er und macht ein paar torkelnde Schritte, »denn die Burschen in der Kolonie haben sich gerne mal einen hinter die Binde gegossen«. Sein Publikum, Damen und Herren in gepflegter Freizeitkleidung, bricht in Gelächter aus. »In den Sälen rund um den Innenhof«, fährt Ex-Wächter fort, »waren die Bettler untergebracht, die in diese Kolonie zwangsverschickt worden waren. Sie schliefen in Hängematten, zu achtzig Mann in einem Schlafsaal. Die äußeren Unterkünfte waren für die Armen, die freiwillig hier waren.«

Ich ziehe ein Notizbüchlein aus meiner Tasche. Das ist eine entscheidende Information. Helena, meine Urgroßmutter, wurde in so einer Anstalt geboren. Wo war sie mit ihren Eltern untergebracht: Auf der Innen- oder Außenseite der Anstalt? Und wie lebte man damals hier: in der Ecke eines Schlafsaales, abgeschirmt mit Decken, wie in einem Flüchtlingslager? Mit meinem Stift in der Hand – als Halt – setze ich meinen Gang durch das Museum fort und notiere mir, was mir auffällt.

Dass der Friedhof die »Vierte Anstalt« genannt wurde.

Dass die Mahlzeiten an einem Tag aus Brei bestanden, und am nächsten Tag mit Wasser gestreckt als »Breisuppe« serviert wurden. (Montag: Graupensuppe – Dienstag: Graupen mit Melasse – Mittwoch: Graupensuppe)

Dass man die Bettler »Pfleglinge« nannte. (Ich wundere mich: Wie lässt sich das mit der militärischen Zucht und Ordnung vereinbaren?)

Dass am Sonntag alle zur Kirche mussten. (Die Anstaltsbewohner hatten die Wahl: protestantisch oder katholisch. Wer »keine Konfession« angab, wurde automatisch den Katholiken zugeteilt.)

In einer Vitrine liegt eine »Spuckmaske«, die dem dazugehörigen Foto zufolge straff mit Bändern um das Gesicht gebunden wurde. Bei wem? Warum? Den größten Schrecken flößt mir der Schlafkäfig ein: Ein enger Eisenkäfig mit einem straff gespannten Stück Jute als Bett. Auf einem kleinen Brett oberhalb des Fußendes steht ein Nachttopf, darüber ein Schild mit Anweisungen in Piktogrammen, wie das Bettzeug zusammengelegt werden muss. Auf der Hinweistafel ist zu lesen, dass der Käfig im Vergleich zu den Hängematten als entscheidende Verbesserung galt.

Je mehr ich sehe, desto besser verstehe ich es, dass man seine Vergangenheit in Veenhuizen lieber verschweigen will. Wenn man wie ein Verbrecher behandelt wird, muss man auf die Dauer ja glauben, dass man sich für irgendetwas schämen muss. Obwohl ich Helena nicht gekannt habe – ich bin dreißig Jahre nach ihrem Tod zur Welt gekommen –, wird mein Mitleid mit ihr immer größer, wenn ich an die Umstände denke, unter denen sie aufgewachsen ist. Hat sie in einer Hängematte oder in einem Käfig geschlafen? Hat sie jemals eine »Spuckmaske« getragen, wenn sie draußen gespielt hat – hat sie überhaupt draußen gespielt?

Mein Blick fällt auf ein an die Wand geheftetes DIN-A4-Blatt.

> Achtung: Im Dorf gibt es noch immer Gefängnisse.
> Sprechen Sie nicht mit den Personen, die die Grünanlagen pflegen oder sich hinter den Zäunen aufhalten. Es ist auch nicht erlaubt, sie zu fotografieren.

Ich frage mich, ob das überhaupt jemand will?

In einem kleinen Saal wird ein Film über die Entstehungsgeschichte von Veenhuizen gezeigt. Die Kolonie wurde im Jahr 1823 von einem gewissen Johannes van den Bosch gegründet. Er war ein sozial gesinnter General, der etwas gegen die Verarmung in den niederländischen Städten unternehmen wollte. Angesichts der unterentwickelten nördlichen Provinzen zählte er eins und eins zusammen: Hinter dem Pflug konnten sich Vagabunden, arme Schlucker und von ihren Eltern verstoßene Kinder nützlich machen; die harte Arbeit würde sie zugleich erziehen und zivilisieren. Der General baute in Veenhuizen drei Anstalten, in denen mehr als zehntausend Arme einer Umerziehung unterzogen wurden. Erst im Jahr 1973 verließ der letzte Landstreicher Veenhuizen.

Es war ein außergewöhnliches Experiment, einzigartig in ganz Europa. Delegationen aus dem In- und Ausland kamen angereist – sogar Preußen und Franzosen –, um es sich anzusehen.

Nach dem Ende der Führung setzen sich die Museumsbesucher zu Apfelkuchen mit Sahne in die Cafeteria und ergreifen die Gelegenheit, die neuesten Nachrichten auszutauschen.

Urlaubsgeschichten und Fotos der Enkel machen die Runde. Ein paar Damen sehen sich die Souvenirs an, die zum Kauf angeboten werden: Hinter Gitter eingekerkerte Seifen, Gaunerpüppchen aus Stoff, gefüllt mit getrocknetem Lavendel, Ansichtskarten mit den unglaublichen »Grüßen aus Veenhuizen«.

Ich scheine die Einzige zu sein, die von den Geschichten hinter der Museumsausstellung eine Gänsehaut bekommt, doch vielleicht bin ich ja zu sensibel. Die meisten besuchen das Gefängnismuseum nur, weil sie einen Ausflug machen wollen. Hier werden Kindergeburtstage unter dem Motto »Fang den ausgebüchsten Landstreicher« organisiert, Limonade und Überraschungsgeschenk inbegriffen; Gruppen reisen zur »Teambildung« an; Veenhuizen steht bei so manchen Geselligkeitsvereinen für den jährlichen Ausflug hoch im Kurs.

Ich interessiere mich in der Cafeteria vor allem für das Dokumentationsregal. Da liegen Mappen mit Zeitungsausschnitten und ein moosgrünes Register, das die Namen der Bewohner der Kolonien enthält. Das Buch liest sich wie ein Telefonbuch von Veenhuizen, aber noch vor der Erfindung des Telefons. Viel steht nicht drin: Familienname, Vorname, Geburtsdatum, Archivnummer. Wer mehr wissen will, muss nach Assen in das *Drents Archief*, das Archiv der Provinz Drenthe.

Ich suche und finde meine Urgroßmutter: Gijben, Helena, 09/06/1856, 4 197. Außerdem liegt im Regal auch eine Liste aller Bewohner der Dritten Anstalt. Sie stammt von 1848, acht Jahre bevor Helena dort zur Welt kam.

1472	Bettler-Kolonisten
158	Militär-Kolonisten
315	Arbeiter mit ihren Familien
18	Gärtner mit ihren Familien
106	Bettler mit ihren Familien

18 Strafkolonisten
10 Entsandte
142 Beamte mit ihren Familien

Insgesamt 2239 Menschen, in einer einzigen Anstalt.

Unwahrscheinlich, dass Helenas Eltern in dieser Liste nicht mitgezählt wurden. Im Melderegister von Norg war ihr Vater seit 1851 als wohnhaft in Veenhuizen verzeichnet. In Rotterdam als Teunis Gijben geboren, kam er mit gerade mal 19 Jahren in die Anstalt. War er ein Bettler und Vagabund gewesen, und wurde er deshalb in den Norden des Landes, nach Drenthe, zwangsverschickt? Helenas Mutter, Cato Braxhoofden, war drei Jahre vorher aus der Festungsstadt Namur, im späteren Belgien, in der Kolonie angekommen, kurz nach ihrer Gründung. Da war sie ganze dreizehn Jahre alt. Ich habe keine Ahnung, wie sie nach Drenthe gekommen war.

Nach meiner Rückkehr aus Veenhuizen fand ich in meiner Mailbox die Dokumentation des Projektleiters, dem ich bei der »Zweiten Anstalt« in die Arme gelaufen war. Es handelte sich um den zukünftigen Plan für ein Dorf, das bisher aus Den Haag verwaltet und finanziert worden war, und nun wirtschaftlich auf eigenen Füßen stehen sollte.

Ich war irritiert. Diese Geschichte Veenhuizens hatte kaum etwas mit der des Museumsführers gemeinsam. Kein Wort über Zwangsarbeit, militärische Zucht und Ordnung, enge Schlafkäfige oder Spuckmasken. Der Projektentwickler sprach nur von Idealen und den fortschrittlichen Ideen des Gründers von Veenhuizen, der den Armen eine menschenwürdige Zukunft bieten wollte. Die Bettlerkolonie sei ein Ort der »Sorge und des Respekts füreinander« gewesen, wo »soziale und wirtschaftliche Verantwortlichkeit für alles und von allen gelebt wurde«. Im einundzwanzigsten Jahrhundert könne man dieses Programm als Konzept für »Betreutes Wohnen für Heimatlose« betrachten. Zugegeben, das ist schon ein angenehmeres Bild. Mir fiel wieder ein, dass die Anstaltsbewohner auch als Pfleglinge und die Kolonie manchmal als Asyl bezeichnet wurden. Vielleicht sollte man ja Veenhuizen wirklich besser als Zufluchtsort für Arme bezeichnen, die zum ersten Mal in ihrem Leben Aussicht auf ein menschenwürdiges Dasein hatten.

Offenbar hatte die Wahrheit mehrere Gesichter. Um die ganze Tragweite des Aufenthalts in einer solchen Armenanstalt ermessen zu können, musste ich zunächst wissen, worum es in diesem sozialen Experiment überhaupt ging. Nur so konnte ich erfahren, was das Leben in den Umerziehungsanstalten bei den zehntausenden bettelarmen, im Drenther Niemandsland zusammengepferchten Stadtbewohnern, angerichtet hatte. Auch bei meinen Vorfahren.

Tobias

3

Elitesoldat des Kaisers

Während eines Waffenstillstandes im Krieg zwischen Frankreich und England, kurz bevor die Gefechte wieder aufloderten und sich die berühmten Siege Napoleons zu häufen begannen, meldete sich Tobias Braxhoofden freiwillig zur Armee: Ein gesunder Bursche, auf dessen Wangen noch kaum ein Barthaar spross. Er war gerade mal siebzehn Jahre alt und wurde, ehe er sich's versah, vom Strudel der Weltgeschichte mitgerissen.

Hunderttausende Männer umkreisten sich im Herzen Europas. Wie in einem bizarren Tanz jagten sie sich oder versuchten, einander auszuweichen, bis ihr General das Zeichen zum unvermeidlichen Gefecht gab. Dann stießen sie in Schlachtordnung mit ihren Bajonetten und Pferden aufeinander. Das Klirren der Waffen wurde vom Kanonendonner übertönt.

Die Geschwindigkeit, mit der die Napoleonischen Regimenter manövrierten, war berüchtigt. Während der Feind in der üblichen Schrittfrequenz von 75 Schritten pro Minute marschierte, brachten es Napoleons Männer auf 120 oder sogar 150 Schritte pro Minute. Von Marschieren konnte hier keine Rede mehr sein, so eine Einheit zog wie eine Heuschreckenplage über die Landschaft. Um die Kolonnen noch schneller zum Schlachtfeld zu treiben, stellte Napoleon schon bald die Truppenverpflegung ein. Er setzte den preußischen Truppen, denen das Plündern strengsten verboten war, Mannschaften gegenüber, die ohne Proviant überleben mussten. Nach einer Weile erklärte er auch die Ausbildung der Rekruten für überflüssig. Dienstpflichtige Burschen, zum ersten Mal weg von Zuhause, hatten eine Woche lang Zeit, um sich mit Kleidung und Waffen zu versorgen, bevor sie ohne Umschweife an die Front abkommandiert wurden.

Tobias Braxhoofden trat in den Dienst der Holländischen Armee, als es kein Geheimnis mehr war, dass die Niederlanden nicht neutral bleiben würden. War er übermütig oder einfach naiv? Wenige Jahre zuvor hatten die holländischen Patrioten im Geiste der Französischen Revolution und mit brüderlicher Unterstützung der französischen Truppen den Stadthalter aus Den Haag vertrieben. Doch die Franzosen blieben. Als »Bündnispartner« wurden die Niederländer rasend schnell in Napoleons Kriege verwickelt.

Jeder junge Mann in Tobias' Alter musste das wissen. Dennoch meldete er sich freiwillig als Berufssoldat. 1803 wurde Folgendes in die Militärstammrolle eingetragen:

Name und Vorname: Tobias Braxhoofden
Sichtbare Merkmale: Schwarze Haare, braune Augen, schwarze Augenbrauen, ziemlich große Nase und großer Mund, rundes Kinn, rosige und glatte Haut
Körpergröße auf Strümpfen: 5 Fuß, 1 Zoll, 2 Linien
Geburtsort: Den Haag
Religion: Reformiert
Angemustert: 10. April 1803, für 7 Jahre und 6 Monate
Eingeteilt: Sechste Kompanie des Dritten Regimentes in Ligne

Ich sah vor mir einen gerade mal einen Meter sechzig großen Jungen, der ein Mann werden wollte und den Babyspeck noch im Gesicht hatte. Bei seiner Musterung hat mein Ahne vermutlich die Lippen entschlossen zu einem schmalen Strich zusammengepresst und mit ernstem Blick unter seinen dunklen Augenbrauen hervorgeschaut.

Tobias war der Vater von Cato Braxhoofden und der Großvater von Helena. Ich hatte seinen Namen in demselben Melderegister gefunden, in dem auch seine Tochter und seine Enkeltochter verzeichnet waren: im Melderegister von Veenhuizen. Es waren also drei aufeinanderfolgende Generationen meiner Vorfahren in der Umerziehungsanstalt gewesen! Tobias, der 1785 in eine Handwerkerfamilie hineingeboren wurde, war der Erste.

Aus den wenigen Informationen, die ich finden konnte, ging hervor, dass er in der Nähe der *Grote Kerk* in Den Haag einen Steinwurf vom *Binnenhof* entfernt, aufgewachsen war. Als er zehn Jahre alt war, erkrankte seine Mutter an fiebrigem Katarrh. Kein Arzt wusste Abhilfe gegen die schädlichen Flüssigkeiten, die sich in ihrem Körper angesammelt hatten. Unter Fieber und heftigen Schmerzen fand sie den Tod.

Ein paar Jahre später, in einem historisch betrachtet unglücklichen Moment, verpflichtete sich Tobias der Armee. Die Militärstammrolle gab anhand der aufgeführten Jahreszahlen und ein paar flüchtiger Notizen Auskunft über seine persönliche militärische Laufbahn. Mit etwas gutem Willen erkennt man darin den Lebenslauf, der ihn, wie auch immer, nach Veenhuizen führte.

1805 Embarque
1805 Österreich
1806, 1807, 1808 Contre les Pruisiens
1810 Garde Impérial

Nach der Einberufung bekam Tobias den Rang eines »Füsiliers«, eines gewöhnlichen Soldaten mit einem Gewehr. Kurz danach zog Napoleon seine holländischen Truppen zusammen, um in England einzufallen. Tobias ging auf der Insel Texel als einer von 9421 Mann an Bord der Flotte. Doch nach wochenlangem nervtötendem Warten war offensichtlich der richtige Zeitpunkt zur Überquerung des Kanals verpasst worden. Die Invasion Englands wurde abgeblasen, und die Truppen mussten stattdessen unverzüglich an den Rhein abmarschieren. Wenn sich Napoleon London schon nicht holen konnte, dann wenigstens Wien.

In der Feldschlacht gegen Österreich im Jahre 1805 konnte Tobias zum ersten Mal sein Können als Soldat unter Beweis stellen. Der französische Kaiser hatte eine beispiellos große, zweihunderttausend Mann starke Streitmacht zusammengezogen.

Die Soldaten konnten von Glück reden, dass sie durch wohlhabende Länder zogen, denn während eines solchen Feldzuges wurde kein Sold gezahlt. Die Soldaten beschrieben in ihren Briefen an die Familie, wie schwer es war, immerfort marschieren zu müssen. »Es galt nichts, ob Sonntag oder Werktag. Bei jedem Wetter«, schrieb ein Soldat mit Namen Engel Soeten. »Meine Füß' haben mir große Schmerzen gemacht. Große Löcher darinnen vom ewigen Marschieren.«

Die Märsche durch den Schwarzwald forderten ihren Tribut. Viele Stiefel gingen kaputt, und es gab zu wenige Übermäntel. Die Männer waren schon erschöpft, bevor es zu den ersten Kampfhandlungen kam. Nachdem die Kolonnen die Donau überquert hatten, mussten sie feststellen, dass es auf der anderen Seite nichts Essbares gab. Die Soldaten, die bisher so diszipliniert marschiert waren, verwandelten sich in plündernde Horden.

»Ein Bauer attaquierte mich mit einem Beile und wollt' mir ans Leder«, schrieb ein anderer Soldat, »denn ich hatt es auf zwei seiner fetten Gänse im Stall abgesehen. Wär mein Kamerad nit gewesen, hätt ich bei Gott das Gänsevieh teuer bezahlen gemusst.«

Zweifellos sah sich auch Tobias gezwungen, Bauernfamilien mit Gewalt von ihren Wintervorräten zu berauben. Das hatte nichts Heldenhaftes. Um die Moral der Soldaten zu heben, hatte ihnen Napoleon bei der Brücke bei Lech persönlich Mut zugesprochen. Sie standen im Schlamm, große Schneeflocken fielen, aber alle lauschten mit beinahe religiöser Andacht den Worten des großen Feldherrn. Der Feind befinde sich in einem jämmerlichen Zustand, und die unbesiegbaren Soldaten der Grande Armée werden ihn auf glorreiche Weise vernichten. Am Ende von Napoleons Rede, so steht es in den Annalen geschrieben, hätten die Soldaten gejubelt. Der Kaiser habe ihnen mit seinen schönen Worten die Kälte aus den Knochen getrieben. Die Grande Armée gewann am 20. Oktober 1805 die Schlacht bei Ulm und trug am 2. Dezember den großen Sieg bei Austerlitz davon.

»Ich fühlte mich dem Tod nie näher als an diesem Tage«,

schrieb ein Kavallerist. »Wohin man die Füß' auch setzen wollte, lag schon ein toter Soldat oder ein toter Gaul.«

Tobias, der Soldat mit seinem Gewehr, befand sich mitten drin und behauptete sich. Der Leichengestank war bestialisch, er hing noch tagelang in der Luft. Darauf bekam er in der Militärstammrolle den Eintrag »un bon sujet«.

Es war merkwürdig, dass historische Fakten, die ich sonst nur aus Geschichtsbüchern kannte, mir jetzt plötzlich auf dem Umweg über meine Vorfahren so nah kamen. Obwohl uns fünf Generationen voneinander trennten, hatte ich großen Respekt vor Tobias: Er hatte das alles leibhaftig miterlebt. Im Frühling des Jahres 1806 verlieh sein Regiment übrigens der Krönung des »Königs von Holland«, Napoleons Bruder Louis Napoleon, einigen Glanz. Bei Wintereinbruch zog er erneut in den Krieg, diesmal gegen die Preußen. In der Nähe einer strategisch wichtigen Festung bei Hameln an der Weser wurde Tobias in der Hitze des Gefechtes verwundet. »In Hameln am Kopf verwundet von einem Bajonett.« Das war alles, was darüber in der Militärstammrolle zu finden war.

Dann kamen noch die Siege bei Auerstädt und bei Jena (beide am 14. Oktober 1806), der triumphale Einzug in Berlin (gegen Ende des Monats, an Tobias' einundzwanzigstem Geburtstag), die verheerende Niederlage gegen die Russischen Kosaken (Eylau, Februar 1807) und die Revanche (Friedland, 14. Juni 1807). Erst jetzt hatte Napoleon die Russen und die Preußen besiegt. Für eine Weile jedenfalls.

Das Kriegsgetümmel hatte im wahrsten Sinn des Wortes bei Tobias seine Spuren hinterlassen. »Erkennungszeichen: Eine Narbe auf der linken Gesäßbacke, einige Narben auf dem Rücken.«

Langsam wurde mir klar, warum man ihn »un bon sujet« nannte.

Er hatte sich voller Todesverachtung in den Kampf gestürzt. So jedenfalls stellte ich mir das vor.

In Tobias Lebenslauf gab es bis jetzt keinen einzigen Hinweis auf sein späteres Leben als Bettler oder Landstreicher, oder etwas, das seinen Gang nach Veenhuizen erklärt hätte. Im Gegenteil. Einige Wochen vor Ablauf seines siebeneinhalbjährigen Vertrages wurde er sogar noch befördert.

Im Jahr 1810 hatte sich Napoleon Holland als französische Provinz einverleibt. Aus Paris kam sogleich der Befehl, ein Melderegister einzuführen, um den Nachschub neuer Wehrpflichtiger zu erleichtern. Gleichzeitig verordnete der Oberbefehlshaber die Neuordnung der holländischen Truppeneinheiten. Bei einer Truppeninspektion wählte ein von zwei Adjutanten flankierter französischer Marschall die besten Männer für die kaiserliche Garde aus.

»Garde Impérial, 1re bataillon, Régiment des Grenadiers à pied, compagnie d'élite.«

Am sechsundzwanzigsten Juli 1810 wurde Tobias zum Elitesoldaten des Kaisers befördert. Der Personenbeschreibung zufolge, die an diesem Tage zu Papier gebracht wurde, haben sich seine rosigen Wangen und sein rundes Kinn in ein langes, spitziges Gesicht verwandelt. Er war im Lauf der Jahre mager geworden und noch fünfzehn Zentimeter gewachsen.

Als erwachsener, vierundzwanzigjähriger Mann marschierte er in diesem Sommer nach Paris, um sich zur Entourage des Kaisers zu fügen. Nach einem dreiwöchigen Fußmarsch machten die Elitetruppen ihre Aufwartung im Machtzentrum von Europa und wurden dort mit Applaus und Bewunderung überschüttet. Der Oberst zu Pferd, Lambert de Stuers, schrieb darüber: »Wir waren die Ersten, die unter musikalischer Begleitung durch das Port St. Martin in die Stadt kamen, wonach wir unter Freudenrufen der Pariser Bevölkerung über die Boulevards paradierten.«

Napoleon stellte seine Mannschaften so oft er konnte zur Schau. Tobias und seine Kameraden nahmen während der Tauffeierlichkeit seines Sohnes Napoleon II an prächtigen Militärparaden teil, ebenso an Feierlichkeiten im Louvre und den Tuilerien. Das waren groß angelegte Spektakel, mit Hofdamen in berauschenden Festroben. Tobias konnte der Pariser Crème de la

Crème in die Augen schauen, auch wenn er die ganze Zeit strammstehen musste.

Die Zeit des relativen Friedens war lediglich die Ruhe vor dem Sturm. 1812 brach Napoleon zu seinem fatalen Marsch nach Moskau auf. Von den fünftausend Niederländern, die mit nach Russland zogen, kehrten nur wenige Hundert zurück. Tobias, der Glückspilz, beendete gerade noch rechtzeitig im Herbst des Jahres 1811 seine Militärzeit. Wäre er nur ein paar Monate länger geblieben, dann wäre er irgendwo, zwischen Paris und Moskau, tot im Schnee liegen geblieben, ohne auch nur einen einzigen Nachkommen zu hinterlassen.

4

Aug in Aug mit dem General

Johannes van den Bosch, der Gründer Veenhuizens, ist auf einem Ölbild des Rijksmuseum Amsterdam verewigt. Der Maler Cornelis Kruseman porträtierte ihn zu Ehren seiner Ernennung zum Generalgouverneur in Niederländisch-Ostindien. Der frisch gebackene Würdenträger hat mit seinem bis über die Ohren in Wellen herabfallendem Haar etwas Jungenhaftes. Mit offenem Blick sieht er einen geradezu spitzbübisch an, als wäre es ihm schwergefallen, beim Posieren ernst zu bleiben. Er zieht die Augenbrauen zusammen, offensichtlich versucht er, die Strenge eines Gouverneurs auszustrahlen, doch die zum Lächeln ansetzenden Mundwinkel verraten milden Spott. Auf der Uniform mit breiten Epauletten prangen drei Ritterorden, ein Ellbogen ruht auf der Karte von Java, und in seiner rechten Hand hält er ein Stück aufgerolltes Papier: Es ist der Grundriss für die Armenkolonien in Drenthe.

Johannes van den Bosch ist Veenhuizen in Person. Er hat die Kolonie nach seinen eigenen Ideen und Idealen errichtet. Ich habe mir das Porträt lange angesehen. Wer war dieser Mann? Welchen Einfluss hatte er auf das Leben meiner Ahnen? Ich wollte ihn kennenlernen, gewissermaßen Aug in Aug, um herauszufinden, ob ich ihm dankbar sein oder ihn posthum zur Verantwortung ziehen musste.

Johannes war wie Tobias Soldat geworden, allerdings war er fünf Jahre älter. Obwohl sich ihre Wege kreuzten, hatten ihre Karrieren doch sehr wenig gemeinsam. Tobias begann als Füsilier seine Laufbahn ganz unten. Johannes stammte aus den Betuwe, einem Landstrich der östlichen Provinz Gelderland, wo sein Vater, von Beruf Chirurg, eine Backsteinfabrik besaß. Bevor Johannes in seinem achtzehnten Lebensjahr nach Batavia ausgesandt wurde, hatte er bereits Mathematik und Architektur studiert. Mit dem Vertrag als erster Lieutenant der Genietruppe und einem Vorschuss von sechshundert Gulden in der Tasche, reiste er im Jahre 1789 gerade noch rechtzeitig ab, bevor das holländische Heer in die großen europäischen Schlachten geschickt wurde. Johannes' Leben war, anders als das von Tobias, kaum von der französischen Epoche geprägt. Als junger Genieoffizier fiel er in den Truppen durch Tatkraft und Kreativität auf, sodass er schnell auf der Rangleiter der Armee emporklomm.

Johannes war eine energische Erscheinung, die sich gerne an komplizierten Problemen festbiss, egal ob sie in seinen Kompetenzbereich fielen oder nicht. Und so kam es auch, dass er auf seinem Landgut mit dem Anbau von Reis experimentierte. Er fand heraus, dass er den Ernteertrag durch ein neues Kanalisations- und Düngeverfahren steigern konnte. Auch erkannte er, wie wertvoll die einheimischen Arbeiter und Eingeborenen sein konnten, man musste sie nur richtig zu führen wissen. Hier in Batavia muss er zur Überzeugung gekommen sein, dass man sich nicht nur die Natur, sondern auch den Menschen nutzbringend unterwerfen kann.

Nach einem erbitterten Konflikt mit dem Generalgouverneur von Niederländisch-Ostindien, kehrte er im Jahre 1811 in die Niederlande zurück. Im Nachhinein betrachtet traf sich das nicht schlecht, so kurz vor dem Fall der Franzosen. Während Tobias noch dem Kaiser diente, verbrachte Johannes seine Tage ohne ein Amt in den Betuwe. Er vertiefte sich in Selbststudien, und – warum auch nicht – in das Schmieden von Zukunftsplänen für sein Land.

Währenddessen marschierte Napoleon durch das widerborstige Russland direkt auf seinen Untergang zu. Im Jahre 1813 war seine Armee empfindlich geschwächt und die seiner Feinde stark und vereint. Die Völkerschlacht bei Leipzig bedeutete das Ende: Drei Tage lang leistete der einst so mächtige Stratege Widerstand, bevor er sich geschlagen geben musste. Kaum hatten die französischen Herrscher in Amsterdam von der Niederlage erfahren, verließen sie fluchtartig die Stadt. Johannes van den Bosch war nicht der Typ, der tatenlos zusah. Umgehend meldete er sich bei der Interimsregierung und erhielt den Befehl zur Befreiung von Utrecht.

Die Nachkriegsjahre ließen erst allmählich deutlich werden, wie sehr Europa von den Kriegen zerrüttet worden war. Die Seeblockade, mit der der Kaiser die Engländer auf die Knie hatte zwingen wollen, hatte viele Menschen im Vereinigten Königreich der Niederlanden um ihr Einkommen gebracht. Dazu kamen noch die Missernten in den Jahren 1816 und 1817.

Für König Willem I, der nach dem Abzug der Franzosen den Thron bestieg, war die bittere Armut der Bevölkerung eines der drängendsten Probleme. Die Zahlen ließen keine Zweifel offen. Allein im Jahr 1818 musste das Amsterdamer Aalmoezenier-Waisenhaus 855 Waisen und 240 verlassene Kinder aufnehmen. In der Provinz Südholland war ein Viertel der Bevölkerung als notleidend registriert. Rotterdam zählte 800 Bettler, in Leiden benötigte die Hälfte der Bevölkerung finanzielle Zuwendungen. Untersuchungen zur »Lage der Armen« ergaben, dass in den Nördlichen Provinzen (den heutigen Niederlanden), zehn Prozent der Bevölkerung ohne Garküchen und Armenkasse krepieren würde. Das »Magazin für das Armenwesen im Königreich der Niederlande«, ein Blatt, das sich ausschließlich dem Problem der Armen widmete, schildert im Jahre 1817 die aussichtslose Situation des kleinen Mannes von der Straße:

> In den letzten fünfundzwanzig Jahren verdoppelten sich die Kosten zur Bestreitung des Lebens mehren teils, wogegen der Taglohn auf gleicher Höhe verblieb. Selbst einem Arbeiter mit einem redlichen Einkommen, ist es nahezu unmöglich, die Seinen mit Obdach, Bekleidung und Nahrung genügend zu versorgen. Er kämpft immerfort gegen den Strom, der ihn, beim kleinsten Zwischenfall, mitzureißen droht. Aus diesem Grund stürzen viele fleißige und nützliche Mitglieder der Gesellschaft oft in Armut.

Beim Studium alter Schriftstücke traf es mich, mit welchen Augen man die Armen betrachtete: Manchmal mit Mitleid, viel öfter aber mit heftiger Abscheu. Offensichtlich gab es zwei Sorten Arme: die »sittlich Guten«, schwer schuftende Arbeiter und Handwerker, die ins Unglück geraten waren und gelegentlich von den kirchlichen Armenkassen unterstützt wurden und so den Schein wahrten, so gut es ging. Aber es gab auch noch die Armen, die weiter abgerutscht waren. Diese gingen in Lumpen gehüllt herum und bettelten um Almosen, oder zogen, auf der Suche nach Gelegenheitsarbeit, von einem Ort zum anderen. Sie brauchten nicht mit Mitgefühl zu rechnen. Sie galten als Vagabunden, als Faulpelze, die ohne jeden Nutzen für die Gesellschaft waren. Sie suchten ihr Glück auf Kosten der anständigen Bürger und verursachten dabei nur Ärger: Schamlos ließen sie ihre ekelhaften Wunden sehen und bettelten mit drohender Stimme um Geld. Nicht umsonst waren Bettelei und Landstreicherei ins Strafgesetzbuch aufgenommen worden.

Das läuft darauf hinaus, dass »Sittlichkeit« das vage Kriterium war, aufgrund dessen jemand noch dazugehörte oder als Abschaum beiseite geschoben wurde. Für jemanden wie mich, der im einundzwanzigsten Jahrhundert lebte, war der Unterschied nicht so einleuchtend. Wie konnte man »anständig« bleiben, wenn man seine Kinder nicht ernähren konnte? Ich musste an meine Großmutter denken, die damals krampfhaft dafür gesorgt hatte, dass niemand etwas über ihre Familie zu klagen hatte, und ich fragte mich, wie es Tobias nach seiner Militärzeit ergangen war. War er vielleicht Opfer eines »kleinen Zwischenfalls«, der ihn an den Bettelstab brachte?

Für Johannes van den Bosch, der inzwischen dem Generalstab des Königs angehörte und zum Generalmajor befördert worden war, stellte das Armutsproblem eine Herausforderung nach seinem Geschmack dar. So kurz nach der Französischen und der Patriotischen Revolution erkannte er im sogenannten »Pauperismus« eine wachsende Gefahr für die bestehende Ordnung. Darum erarbeitete er aufgrund seiner Erfahrungen in Niederländisch-Ostindien im Jahr 1818 eine Gesamtlösung für das Problem.

> Traktat über die Errichtung einer Allgemeinen Armenanstalt im Reich der Niederlanden mittels der Gründung einer Landbaukolonie in den nördlichen Provinzen der Niederlande.

Der Ehrgeiz des Generals war groß. Er wollte die Armut nicht nur eindämmen, er wollte sie ausrotten. Sein Plan war einfach wie brillant: Es gab zu viel ungenutzte Arbeitskraft, und es gab zu viel ungenutzten, unkultivierten Boden. Wenn die Armen diesen Boden bebauen würden, würden sie der Gesellschaft einen Dienst erweisen und gleichzeitig ihren eigenen Lebensunterhalt verdienen. Überdies sorgte eine größere agrarische Anbaufläche für mehr Lebensmittel und somit automatisch für weniger Hunger und Entbehrung.

Die »Allgemeine Armenanstalt«, in der die Armen aus der Stadt das Bauernhandwerk lernen sollten, sollte vom niederländischen Volk finanziert werden, hier ging es schließlich ums Gemeinwohl. In seinem Pamphlet forderte Johannes van den Bosch jeden dazu auf, Mitglied seiner Gesellschaft für Wohltätigkeit zu werden. Für fünf Cent pro Woche konnte man »diesen großen Teil unserer Mitmenschen (sprich die Armen) nach und nach aus dem Zustand tiefen Elendes und dem daraus hervorgehenden sittlichen Zerfall holen«.

Johannes van den Bosch hatte ausgerechnet, dass ungefähr sieben Prozent der Bevölkerung, also 142 000 Seelen, bedürftig, aber arbeitsfähig war. Es würde sich für das Königreich eine beträchtliche Einsparung ergeben, wenn die Arbeitslosen die wohltätigen Einrichtungen nicht mehr in Anspruch nehmen müssten. Es gab so viel Heideboden, dass zweihunderttausend arme Familien gut davon leben konnten.

Mit seiner Idee schloss er an die allgemeine Auf- und Umwertung des Landes an, die sich seit der zweiten Hälfte des achtzehnten Jahrhunderts vollzog. Im Geiste des Zurück-zur-Natur-Ideals wurde dem Landleben eine reinigende Wirkung zugeschrieben. Die frische Luft und das ehrliche Handwerk würden eine gesunde und starke Menschenrasse heranbilden, und dies sei, gemäß van den Bosch, »die stabilste Grundlage, auf der sich der Wohlstand eines Volkes gründen kann«. Als Kind der Aufklärung war er davon überzeugt, dass man die Armen durch gesunde Arbeit, Erziehung und Schulung auf eine höhere sittliche Ebene heben könne, was automatisch das Ende ihres Elends bedeutete. Der Mensch sei das Produkt seiner Umgebung, verbessere man die Umgebung, dann verbessere man automatisch auch den Menschen.

Der Plan war für seine Zeit revolutionär. So manchem kam der Eingriff in das dem Menschen einmal bescherte Schicksal vor, als würde sich jemand selbst auf den Thron des Allmächtigen setzen. Schließlich war Er derjenige und nicht der hochmütige Mensch, der jedermanns Zweck in der Schöpfung festlegte. Die Klassenunterschiede waren von Gott gegeben.

»Er verdient es, dass man ihm den Kopf vor die Füße legt, diesem General van den Bosch,« schrieb der Dichter Isaäc da Costa empört. »Diese Gesellschaft für Wohltätigkeit ist des Teufels! Die Armut aus der Welt schaffen wollen? Dieser Plan übersteigt die Macht des Menschen.« Aber Johannes van den Bosch warb in kurzer Zeit mehr als zwanzigtausend Mitglieder, die er von der Notwendigkeit eines Wiederaufbaus nach den Kriegen überzeugt hatte. Genug, um mit dem Bau einer Versuchskolonie zu beginnen.

Ich studierte die Pläne der Versuchskolonie mit wachsendem Erstaunen. Der Beschreibung nach war dies keine unangenehme Umgebung, hier hätte meine Großmutter ziemlich normal aufwachsen können. In der ländlichen Umgebung von Drenthe, in der vornehmlich Plaggenhütten standen, in denen die Bauernfamilien mit ihrem Vieh unter einem Dach lebten, bekamen die Kolonisten-Familien vom General geräumige, steinerne Häuser, mit einem separaten Stall für das Vieh. Für die Reinhaltung des Hauses gab er jeder Familie einen Besen, einen Putzlappen und eine Bürste. Für die persönliche Hygiene gab es einen Waschzuber und zwei Handtücher. Und als letzter Anreiz zur Förderung des zivilisatorischen Prozesses, verfügte das Inventar über ein Tischtuch, Geschirr und Besteck, und zudem: einen Spiegel. Außerdem bekam jede Familie ein Stück Land in der Größe von drei Morgen, ungefähr zweieinhalb Hektar, von denen ein Teil mit einem Tannenwäldchen bepflanzt sein musste, welches als Rücklage für die Mitgift der Kinder im heiratsfähigen Alter vorgesehen war.

Die armen Städter, so hatte es sich Johannes van den Bosch ausgedacht, mussten sich auf dem Lande wohlfühlen, da sie sich sonst nach ihrem »faulen« Bettlerdasein zurücksehnen würden.

»Es gibt nur ein Mittel, um die Kolonisten im Zaum zu halten«, schrieb der General, »nämlich dafür zu sorgen, dass es ihnen sehr gut geht, aber dass sie zugleich strikt das tun, was ihnen vorgeschrieben wird.«

Johannes hatte seine Lektionen aus Niederländisch-Ostindien nicht vergessen. Für jeden Kolonisten – Mann, Frau, Kind, – wurden Arbeitspläne und Produktionsnormen festgelegt, inklusive der dazugehörigen Löhne. Kinder aber mussten von ihrem sechsten Lebensjahr an auch zur Schule, dies war, beinahe hundert Jahre vor der Einführung der Schulpflicht in den Niederlanden, zweifellos fortschrittlich. Sie mussten Rechnen und Schreiben lernen, um auf eine bessere Zukunft vorbereitet zu sein.

Bemerkenswerterweise schien die Kolonie nur »anständige« Arme zuzulassen, und nicht die Unruhe stiftenden Bettler oder »verkommenen« Subjekte, von denen erst die Rede war. Die Familien, die man gerne in der Kolonie haben wollte, waren bis ins Detail beschrieben. Diese mussten aus Ehepartnern unter 40 Jahren, beide gesund und stark, einem Jungen älter als zwölf, und zwei heranwachsenden Mädchen, älter als elf Jahre, zusammengesetzt sein. Sie mussten freiwillig in die Kolonie gekommen sein und durften keine Vorstrafen haben. Familien, die zu wenige Kinder hatten, um den Hof zu unterhalten, wurden Waisenkinder zugeteilt, deren Leben sich dadurch verbessern würde.

Die Methode, die dem General vorschwebte, war »die eines wohlwollenden Vaters, der sich mit wachsamen Auge um das Wohl seiner Kinder kümmert«. Ein Vater, der bei der Umerziehung seiner Kinder die Zuckerbrot-und-Peitsche-Methode anwendete. Zweimal im Monat sollte eine Feier stattfinden, bei der dem besten Kolonisten ein orangefarbener Schleifenorden an die Brust gesteckt werden sollte. Bei denselben Feierlichkeiten wurden denjenigen, die die Regeln übertreten hatten, die Medaillen wieder abgenommen.

Johannes van den Bosch ließ kein Gras über die Sache wachsen: Seine Gesellschaft für Wohltätigkeit erwarb ein ödes Stück Land im Südwesten von Drenthe, in der Nähe von Steenwijk. Ortsansässige Zimmerleute und Maurer bauten unter seiner persönlichen Leitung in kurzer Zeit zweiundfünfzig Backsteinhäuser mit Reetdächern, einen Lagerraum, eine Schule, einen Spinnsaal und zwei Unteraufseher-Wohnungen. Die Versuchskolonie Frederiksoord wurde nach dem zweiten Sohn des Königs benannt, den der General für seine Pläne zu begeistern gewusst hatte. Und im November des Jahres 1818, kaum ein Jahr nach Herausgabe der Prospekte, kamen die ersten auserwählten Familien an.

Brüder! Froh und munter,
Gehen wir singend zum Acker runter,
Wo die Arbeit auf uns wartet.
Damals noch im dunklen Loch
Man sich vor dem Licht verkroch,
Furchterregend heller Glanz,
Gab es doch für uns kein morgen,
Wenn dann nur mit Angst und Sorgen …
Ganz so anders war's als heut'!

Speziell für den Anlass komponierte Lieder brachten die Freude zum Ausdruck, die die Kolonisten erfahren sollten. Aus einem Bericht der ersten Silvesterfeier, wiedergegeben in der Zeitschrift der Gesellschaft für Wohltätigkeit, geht hervor, wie sehr man es den Pionieren recht machen wollte. »Am Silvesterabend hatte der Direktor für die Kolonisten eine Feier veranstaltet.« Der Spinnsaal war mit grünen Ästen verziert und mit über dreißig Kerzen erleuchtet. »Auf zwei langen Tischen, mitten im Saal, lagen lange Pfeifen und Tabak. Ab und zu spielte die Musikkapelle.«

Gesang und Tanz machten daraus ein richtiges Fest. Die Kolonisten wurden mit eineinhalb Fässern Bier bewirtet, »die mit Schnaps und Sirup veredelt waren«. Und bevor der Abend um elf Uhr zu Ende war, bekamen sie auch noch Rosinenbrot und Zwieback, was die Gesellschaft gute zwanzig Gulden gekostet hatte. Hocherfreut notierte General van den Bosch, dass sechs Wochen genug gewesen seien, um die Familien »dem heruntergekommenen Zustand zu entreißen.«

5

Die goldene Bucht

Als Tobias aus Paris zurückkehrte, fand er die engen Gässlein rund um den Kirchplatz – die Papenstraat, die Oude Molenstraat, die Juffrouw Idastraat – unverändert vor. Im Gegensatz zu den imposanten Gebäuden und dem Flair der Lichterstadt mit ihren zierlichen Öllaternen, muss Den Haag ziemlich dörfisch ausgesehen haben, aber alles stand noch da, wo es früher gestanden hatte, und dieser Anblick gab ihm ein vertrautes Gefühl. Nur Tobias war nicht mehr der Gleiche. Er war jetzt sechsundzwanzig. Nach dem rauen Soldatenleben, das er seit seiner Jugend geführt hatte, musste er wieder lernen, als Bürger zu leben.

Zwischen seiner Entlassung aus dem Militär im Herbst 1811 und seiner Anmeldung in der Bettleranstalt Veenhuizen lagen siebzehn Jahre. Wenn es stimmte, was man sich in der Familie erzählte, dann musste Tobias in dieser Zeit zu einer angesehenen Persönlichkeit mit einem gewissen Reichtum aufgestiegen sein, bevor er auf die Stufe eines Veenhuizen-Anwärters zurückfiel.

Um mir ein Bild von der Kulisse zu schaffen, vor der sich die dramatischen Ereignisse abgespielt hatten, besuche ich die Wohnorte, an denen sich Tobias während dieser Jahre aufgehalten hat, zuerst in Den Haag, dann in Delft. Jede Fassade, jeden Pflasterstein, jede Kurve in der Straße schätze ich auf ihr Alter: Alles was nicht in Tobias' Zeit passt, retuschiere ich aus meinem Bild weg. Wasser fließt durch das Spui, auf dem Binnenhof stehen Schildwachen – und keine Antiterroreinheiten. Die Grote Kerk, in der Tobias getauft wurde, kann man heute für Sportveranstaltungen oder Modeshows mieten. Diese Mitteilung, die einem Anschlag neben der Kirchentür zu entnehmen ist, klingt so absurd, dass sie mühelos durch meinen Zeitfilter dringt. Ich male mir aus, dass der Kirchplatz der Ort gewesen war, wo Tobias seinem Schatz begegnete. Ihr Name war Christina, Christina Maria Koenen. Sie wohnte im selben Viertel wie er und der Kirchplatz lag genau in der Mitte zwischen ihrem und seinem Haus. Ich kann mir gut vorstellen, dass die Nischen in der Kirchmauer ideal waren für heimliche Verabredungen und verstohlene Küsse.

Tobias' Bürgerleben dauerte nicht länger als drei Jahre. In Den Haag versuchte er, als Schmied sein Geld zu verdienen, aber sein Name tauchte schon bald wieder in den Militärstammbüchern auf. In diesen Büchern lässt sich das Ende der napoleonischen Herrschaft deutlich erkennen: Nach 1813 wird statt Französisch wieder Niederländisch geschrieben. Aber das System, welches der Kaiser eingeführt hatte, blieb großteils intakt: Die Wehrpflicht auf der Grundlage des Melderegisters, die Losverfahren für junge Männer, die Tricks, mit denen sich die reichen jungen Männer freikaufen und einen *Remplaçant*, also einen Ersatzmann, ins Feld schickten. Tobias hatte seine Dienstpflicht schon mehr als erfüllt, er musste nicht mehr damit rechnen, aufgerufen zu werden. Aber als Christina ihr erstes Kind erwartete, entschied er sich erneut für die Sicherheit, die sein ehemaliger Beruf zu bieten hatte. Diesmal als *Remplaçant*.

Bei seiner Musterung wurde er – als alter Hase in seinem Fach – sofort zum Unteroffizier befördert und in die Festungsstadt Namur in die Südlichen Provinzen geschickt. Er erreichte, dass Christina, inzwischen seine Frau, mit ihm mitkommen durfte. Er wurde in einer jahrhundertealten Zitadelle stationiert, dem »Termitenhügel« mit seinem Netzwerk unterirdischer Gänge, wo Touristen heutzutage nicht mehr aus dem Staunen herauskommen. Im September des Jahres 1814 wurde dort ihr erstes Kind geboren: Cato Braxhoofden.

Es war eine chaotische Zeit. Napoleon war aus seinem Exil geflohen und nochmals für hundert Tage Herrscher über Frankreich, bis er bei Waterloo endgültig besiegt wurde. Diese Schlacht war Tobias erspart geblieben. Im Stammbuch findet man den Vermerk, dass seine Stirn »verdickt« gewesen sei. Was das auch immer heißen mag: Die Tatsache, dass dies vermeldet war, weist darauf hin, dass es ihn in der Ausübung seiner Tätigkeiten gehindert haben musste. Umso verwunderlicher ist es, dass er für immer bei der Armee blieb. Es steht jedenfalls geschrieben, dass er im Jahre 1821, nach mehreren Einsätzen als *Remplaçant* im Einsatz gewesen war, vom Militär »auf Lebenszeit angestellt« worden sei.

In Tobias' Heimatkaserne im Den Haager Westeinde ist heute die *Gemeentelijke Kredietbank* untergebracht. Diese moderne Form der Armenkasse bietet »Finanzprodukte« zum Kauf an. Wer sich in Geldnot befindet, muss nicht um Almosen betteln, sondern kann an einem Schalter, an dem die Privatsphäre gewährleistet wird, einen Kredit beantragen. Nach der Renovierung des Gebäudes befindet sich nur noch der winzige Innenhof mehr oder weniger im ursprünglichen Zustand: Eine alte Mauer mit ein paar kleinen Fenstern. Dahinter hatte Tobias höchstwahrscheinlich geschlafen. Hier hatte er sich wohl mit siebzehn freiwillig gemeldet, hier war er mit siebenundvierzig stationiert. Letzteres fand ich in einem Buch der Niederländisch Reformierten Kirche, in dem die Teilnehmer einer Konfessionsfeier in der Grote Kerk verzeichnet waren.

> Januar, 1823, Abendmahlfeier, aus Anlass des
> Glaubensbekenntnisses des Tobias Braxhoofden,
> Soldat aus der Kaserne am Westeinde.

Einen Augenblick lang dachte ich, dass mein Ahne als erwachsener Mann plötzlich zu einem tief (protestantischen) Glauben fand. Das würde erklären, warum Helenas Ehe mit einem Katholiken auf so viel Widerstand stieß. Aber beim Weiterlesen sah ich, dass an diesem Sonntag nicht weniger als einunddreißig »Soldaten aus der Kaserne Westeinde« das Glaubensbekenntnis abgelegten. Allem Anschein nach geschah dies auf höheren Befehl, dem die Soldaten, und mit ihnen Tobias, ohne Murren Folge leisteten.

Mehr Spuren sind in Den Haag nicht zu finden. Tobias ließ sich im selben Jahr, in dem Johannes van den Bosch seine Versuchskolonien gründete, mit seiner Familie vorübergehend in Delft nieder. Gespannt mache ich mich auf die Suche nach ihrer neuen Wohnadresse. Ich glaube, dass das, was mich in Delft erwartet, wenig zum Bild eines Soldaten auf Lebenszeit passt. Ein Mitarbeiter des Gemeindearchivs in Delft hat mich während eines Telefongesprächs auf etwas Merkwürdiges aufmerksam gemacht.

Ich wollte von ihm wissen, ob die Wohnadresse Oude Delft 196 noch existiere. Der Mann am anderen Ende der Leitung unterdrückte ein Lachen. »Aber sicher«, antwortete er. »Und sie liegt ganz sicher nicht in einem Elendsviertel. Das war es auch früher nie gewesen.«

»Ach!«

Er machte eine effektvolle Pause. »Nein, da wohnten damals keine Gewerbebetreibenden. Sie können die Oude Delft am besten mit der *Goldenen Bucht*, dem prestigeträchtigsten Teil der Amsterdamer Herengracht, vergleichen. Hier wohnten die Patrizier und die Elite.«

Damals bestand Tobias Nachbarschaft aus Direktoren, der Niederländischen Ostindien-Kompanie, sowie aus Schatzmeistern und Chirurgen.

Ich versuchte, mir nicht anmerken zu lassen, wie verwundert ich war und legte auf. Wie konnte Tobias als Berufssoldat sich in so kurzer Zeit in einen derart angesehenen Kreis hocharbeiten? Die einzige sichere Information über die Familie Braxhoofden entstammte einer Sterbeurkunde.

> Im Jahr 1819, den 29sten des Monats September, des Vormittags ist erschienen Jacoba Dortmond, alt sechzig Jahre, von Beruf Hebamme, die uns bestätigt hat, dass des Morgens um 4 Uhr in dem Haus Nr. 196 an der Ouden Delft, all hier ein totes Kind wurd geboren von weiblichem Geschlecht.
> Die Mutter ist Christina Koenen, Hausfrau von Korporal Tobias Braxhoofden.

Eine Totgeburt kam in allen Schichten vor, dagegen konnte man wenig tun. Die Hebamme half, so viel sie konnte, der Vater saß machtlos daneben beziehungsweise zog sich zurück, in der Hoffnung, dass es ein gutes Ende nehmen würde. Es war ja schon ein Glück, dass Christina nicht auch noch im Wochenbett gestorben war.

Aber wie kam es, dass ein Korporal an so einer vornehmen Adresse wohnte?

Die Oude Delft ist eine schmale Gracht, über die alle paar Meter eine Bogenbrücke führt. Die Häuser haben geräumige Zimmer und hohe Fenster, die Fassaden sind prächtig mit Ornamenten verziert. Der Kontrast zwischen den jungen, kümmerlichen Bäumen und den monumentalen Gebäuden sticht mir ins Auge. Standen hier damals, als die Kartoffelboote noch durch die Gracht fuhren, auch schon Bäume? Wenn ich mir die Autos wegdenke, sehe ich Tobias vor mir, wie er mit seinen Kindern spazieren geht und sie festhält, damit sie nicht ins Wasser fallen. Beim Überqueren der Straße mussten sie den Mietkutschen und Chaisen der Damen ausweichen, die unterwegs in die Salons waren, und auch den Herren mit ihren hohen Hüten, die beim Spazierengehen über ihre Geschäfte sprachen.

Ich verstehe langsam, warum man Veenhuizen Holländisch Sibirien nannte. Im Vergleich zu Delft muss das damalige Drenthe sehr einer endlosen, russischen Ebenen geglichen haben. Verließ wirklich jemand freiwillig die Stadt für so ein Niemandsland?

Eine elegante Brücke führt mich zu der Seite der Ouden Delft mit den geraden Hausnummern, und dann stehe ich plötzlich vor dem Haus meines Ahnen. Die Nummer 196 ist das allerkleinste Haus an der Gracht. Es sieht aus, als würde es, eingeklemmt zwischen zwei großen Herrenhäusern, die Luft anhalten. Es hat ein Erdgeschoss und eine Etage, der Dachboden ist zu klein, um darin wohnen zu können. Der Archivar erzählte mir, dass damals zwei Familien unter dieser Wohnadresse eingeschrieben standen:

Die Familie Braxhoofden bewohnte lediglich eines dieser (schmalen) Stockwerke.

Ich hätte enttäuscht sein können, war es aber nicht. Mit großen Schritten messe ich die Fassadenbreite: Nicht mal vier Meter. Kurz erwäge ich zu klingeln, lass es aber sein. Was soll ich sagen: Meine Familie hat hier vor zweihundert Jahren gewohnt? Es ist ein komisches Gefühl zu sehen, dass dieses Haus meiner Vorfahren so sehr dem Haus ähnelt, in dem ich selbst in Amsterdam wohne. Es hat dieselbe, mit Holz getäfelte Fassade, als wäre hier einmal ein Geschäft gewesen. Die gleichen Maße, die gleiche Aussicht: Links eine Brücke über die Gracht und rechts ein Baum, der seinen Schatten bis ins Zimmer wirft. Vor dem Haus, in dem Tobias und Christina gewohnt haben, steht genau wie bei mir zu Hause, ein Fahrrad mit Kindersitz.

6

Der Vertrag

Für Johannes van den Bosch war die Versuchskolonie Frederiksoord erst der Anfang. Nachdem er sie nach sechs Wochen zum Erfolg katapultiert hatte, konzentrierte er sich auf deren Erweiterung. Er ließ Willemsoord und Wilhelminaoord aus dem Boden stampfen, die zusammen mit Frederiksoord, die »Freien Kolonien« bildeten. Danach baute er das alte Fort De Ommerschans zu einer »Strafkolonie« für widerspenstige Kolonisten um.

Es war sein Ziel, vierzigtausend Arme aufzunehmen. Das ganze Gebiet zwischen Steenwijk und Groningen sollte mit Armenkolonien übersät werden. Nur: Es war zu wenig Geld da. Die Mitgliederzahl der Gesellschaft für Wohltätigkeit war bei etwa zwanzigtausend stehen geblieben, und das reichte bei Weitem nicht aus, ein so großes Projekt zu finanzieren. Obendrein gab es zu wenig zukünftige Bewohner. Trotz der besseren Lebensumstände wollten die Städter, wie arm auch immer, nicht ins unwirtliche Drenthe auswandern.

»Wir waren noch nicht erfolgreich darin, eine geeignete Familie zu finden«, schrieb die Gemeinde Delft an die Gesellschaft für Wohltätigkeit. »Es ist schwieriger als erwartet, hier ansässige und ihrer Stadt zugetane Personen aus dem arbeitenden Stand aus Haus und Broterwerb wegzulocken. Leichtsinnige Abenteurer ohne sittliche Einstellung und ohne geschickte Hände würden jedoch das hehre Ziel in Gefahr bringen.« Delft war keine Ausnahme. In Maassluis, wo die schlechte Heringssaison so manche Familie an den Bettelstab brachte, suchte man nach neuen Gesetzen, um »Unwillige und Faule« samt ihren Familien, auch gegen deren Willen nach Veenhuizen verfrachten zu können.

Die Leute, die sich doch überzeugen ließen, sorgten trotzdem für Kopfzerbrechen. Obwohl ihnen anständige Wohnungen und ein väterlicher Empfang zuteil wurden, ließen sie sich einfach nicht erziehen. Johannes van den Boschs positive Bilanz nach sechs Wochen war zu voreilig gezogen. Kaum zwei Jahre später stand in einem Protokoll der Gesellschaft für Wohltätigkeit:

> Nur wenig erfolgreich waren wir jedoch darin, die Menschen zu mehr Reinlichkeit und der Sparsamkeit zu bringen; es ist auch nach wie vor schwierig, die Familien, deren Mitglieder es oft von Geburt an gewöhnt waren, in schmutzigen Löchern und Höhlen zu leben, zu Ordnung und Sauberkeit zu erziehen.

Manchmal kam es sogar zu Ausschreitungen. Eine Gruppe übermütiger Bewohner hatte es gewagt, den Direktor, einen Bruder des Generals, als »Blutsauger« und »Wucherer« zu beschimpfen. Zwei Familien wurde wegen ihres schlechten Benehmens sogar weggeschickt. Der Grund dieser Aufmüpfigkeit: Die meisten hatten genug davon, dass jede Minute ihres Lebens fremdbestimmt wurde. Das Reglement schrieb ihnen vor, wann sie arbeiten mussten, was sie aßen, wie sie ihre Kinder zu erziehen hatten. Die Frauen konnten ihre Pflichtuniform nicht ausstehen und ersetzten diese am Sonntag stets häufiger durch »allerlei Buntes«, was dem General ein Dorn im Auge war. Er betrachtete die »liederliche und verschwenderische Art der Frauen« als eine der Ursachen der Armut.

Um der ebenso vermaledeiten Trinksucht entgegenzutreten, wurde den Kolonisten der Lohn in besonderer Währung ausbezahlt, die nur in den (alkoholfreien) Kolonieläden angenommen wurde. Aber dieses Hindernis wussten sie durch Tauschhandel mit den umliegenden Dörfern zu umgehen.

Dass die strenge Bevormundung ein Grund für den Widerstand der Kolonisten sein könnte, ließ man außer Betracht, denn so weitreichend war die Kenntnis der Psychologie noch nicht. Also suchte man den Grund im schlechten Wesen der Kolonisten. General van den Bosch beklagte sich darüber, dass ihm die Gemeinden die lästigsten Subjekte aufhalsten. Eine Gruppe von dreihundert Menschen aus dem Armenhaus in Dordrecht erwies sich als besonders unverschämt. Lauthals forderten sie ein Regenfass pro Haus und »ein Federbett«. Unter ihnen befanden sich ein Buchhalter, der »mit der Schaufel so viel anfangen konnte, wie ein Affe mit dem Gewehr«, ein Bäcker, der seine Bäckerei versoffen hat und ein Schneider, der zwar Französisch und Englisch sprach, aber sonst als die »personifizierte Faulheit« galt. Die Erwartung, dass solche Städter durch ihre Arbeit auf dem Feld die Kolonien mit Lebensmitteln versorgen könnten, erwies sich schnell als Illusion.

Manchmal wurde Johannes van den Bosch mutlos. Nach einem monatelangen Aufenthalt in Steenwijk, wo er persönlich um alles kümmerte, sehnte er sich danach, wieder einmal im Garten seiner Villa Waldlust in Den Haag zu arbeiten. Er liebte es, neue Pflanzen zu züchten, genauso wie damals in Niederländisch-Ostindien, aber dazu fehlte ihm die Zeit. Die finanzielle Lage der Gesellschaft für Wohltätigkeit zwang ihn dauernd dazu, seinen großen Plan zu revidieren, und sich ständig etwas Neues einfallen zu lassen.

Als er zufällig las, welche Geldsumme die Regierung jährlich für die Betreuung der Waisen und verstoßenen Kinder aufbringen musste, kam er auf eine ausgefallene Idee. Wenn er nun dreißigtausend kinderreiche Familien finanziell dadurch entlastete, dass er aus jeder Familie zwei Kinder aufnähme, dann könnten diese sich vermutlich leichter über Wasser halten. Gemäß seiner einfachen Berechnung wäre mit dieser unorthodoxen Maßnahme innerhalb von zwölf Jahren die Armut aus den Niederlanden verbannt. Aber van den Bosch war nicht nur ein Träumer, sondern auch ein Pragmatiker. Um Anspruch auf das Regierungsbudget für die Waisen erheben zu können, musste er seinen früheren Vorbehalt gegen große Kinderheime aufgeben. Auch der ursprüngliche Plan, jeder Familie einen eigenen Bauernhof zuzuweisen, war ihm plötzlich viel zu teuer. Ein »Platz zum Schlafen und sich Aufwärmen« war für Bettler und Landstreicher eigentlich gut genug. Weniger Komfort, dafür mehr Überwachung hieß das neue Motto. Im Jahr 1823 hatte der General die Regierung davon überzeugt, mit ihm einen Mammutvertrag über die Stiftung einer neuen »unfreien« Kolonie, weit weg von der bewohnten Welt, abzuschließen. Hiermit sollte der prekären Finanzlage der Gesellschaft für Wohltätigkeit ein Ende bereitet werden.

Der General übernahm, auf Staatskosten, in den nördlichen Provinzen die Fürsorge für alle Waisen, die älter als sechs Jahre waren. Ebenso für tausende Bedürftige, von denen viele nicht freiwillig, sondern unter Zwang verschickt wurden. Im Vertrag wurde sie wie folgt beschrieben:

> 4 000 Waisen oder Findelkinder älter als sechs Jahre
> 500 Bettlerfamilien (insgesamt 2 500 Menschen),
> und 1 500 Bettler
> alle zu körperlicher Arbeit fähig.

Johannes van den Bosch kümmerte sich eigenhändig um den Entwurf der Bettleranstalten: Drei kasernenartige, von einem Wassergraben umgebene Gebäude, mit abgeschlossenem Innenhof. Die unfreie Kolonie wurde in der Gemeinde Norg gegründet, auf dreitausend Morgen Wald- und Heidegrund, in der Nähe von Veenhuizen. Der General war von der Rentabilität der neuen Kolonien überzeugt, die über tausend Waisen und ebenso viele Bettler aufnehmen konnte. Aber auch diesmal war er zu optimistisch gewesen. Schon kurz nach der Eröffnung der neuen Kolonie musste man feststellen, dass keiner freiwillig hierher kam.

Die Zwangsversetzung der Waisen nach Veenhuizen stieß auf großen Widerstand. Die Waisenhäuser im ganzen Land weigerten sich, ihre Pflegekinder wegzugeben. Die Behörden waren nicht damit einverstanden, dass die Kinder nicht in ihrer Heimatstadt aufwachsen durften, in der Nähe ihrer Familien. Es kam oft vor, dass Eltern ihre Kinder aus Armut ausgesetzt hatten, aber ihnen auf Abstand beim Heranwachsen zusahen, in der Hoffnung, ihre Kinder in besseren Zeiten wieder zu sich nehmen zu können. Die Einwohner der Stadt protestierten energisch gegen die Zwangsverschickung dieser armen, wehrlosen Jungen und Mädchen in die ungastliche und trostlose Provinz.

Vor allem in Amsterdam, wo die Transporte aus dem Aalmoezeniers-Waisenhaus im Schutz der Nacht und unter Polizeibegleitung stattfinden mussten.

Bettler kamen auch keine mehr, obwohl diese zwangsverschickt werden konnten. Es zeigte sich, dass sie die einzig noch bestehende Bedingung für einen Einzug in Veenhuizen – die Arbeitsfähigkeit – meist nicht erfüllten. Um eine noch größere Verschuldung der Gesellschaft für Wohltätigkeit zu verhindern, ließ van den Bosch auch sein letztes Kriterium fallen: Von jetzt an war es auch armen Leuten, die nicht arbeiten konnten – Behinderten, »alten verbrauchten« und anderen Arbeitsunfähigen – erlaubt, in den Anstalten zu wohnen. Im Jahr 1826 schloss Johannes van den Bosch mit den Behörden in Den Haag einen neuen Vertrag, in dem festgelegt wurde, dass alle, außer Blinde und geistig Kranke, Anspruch auf eine Unterkunft in Veenhuizen hätten. Damit wurden die Kolonien zum Sammelbecken hoffnungsloser Fälle.

Zu guter Letzt, um jeden Platz in der Anstalt zu besetzen, und weil der Kriegsminister ohnehin nicht wusste, was er mit ihnen anfangen sollte, wurde dem Vertrag noch eine weitere Gruppe hinzugefügt: 178 invalide Soldaten mit ihren Familien, insgesamt 653 Personen, die in Veenhuizen die Bettler beaufsichtigen sollten.

Tobias Braxhoofden, »verwundet durch ein Bajonett«, und »verdickt« an der Stirn, fiel unter diese Kategorie: Er wurde für den Rest seines Lebens nach Drenthe versetzt.

Cato

7

Die Überfahrt

Die Dritte Anstalt, wie sie Cato Braxhoofden nach ihrer Ankunft vor Augen gehabt haben muss, war 1826 auf einem Stahlstich abgebildet worden.

Auf diesem Stich stimmt etwas nicht: Über der Anstalt schweben Wolken, die keine Schatten werfen. Im Vordergrund steht ein Mann mit Stock und Bündel. Er will die Zugbrücke überqueren, aber etwas hält ihn zurück. Staunt er über die Größe der Anstalt, oder zweifelt er an der Richtigkeit seiner Entscheidung? Auf den umliegenden Feldern sind kaum Menschen zu sehen: Eine gebückte Gestalt mit einer Schubkarre, eine Gruppe von Kindern, und ein einsamer Spaziergänger auf den Wiesen.

Cato muss an derselben Stelle stehen geblieben sein, wie der Mann mit dem Stock. Als dreizehnjähriges Mädchen ging sie über diese Zugbrücke ihrem neuen Zuhause entgegen. Es geschah an einem Dienstag, dem 12. März im Jahr 1828. Ich wollte, sie hätte auch gezögert, aber das war unwahrscheinlich. Sie hatte eine beschwerliche Reise hinter sich und ich kann verstehen, dass sie schnellstmöglich am Ziel sein wollte.

Sie waren vor etlichen Tagen aus Den Haag abgereist, der Stadt, in der sie nach Delft noch einmal gewohnt hatten. Im Morgengrauen machten sie sich, beladen mit ihrem Gepäck, auf den Weg: Vater Tobias, Mutter Christina, Cato, ihre jüngeren Schwestern Marie und Stientje, die beiden Knirpse Wim und Karel, und dem erst ein paar Wochen alten Freddie. Sie gingen an der Grote Kerk vorbei, über den Fischmarkt und den Grünmarkt und warfen einen letzten Blick auf den Binnenhof. Ich stelle mir vor, wie sie versuchten, sich die Bilder und Eindrücke im Gedächtnis einzuprägen: Die Kutschen in den Straßen, die Gerüche des Marktes.

Bei der Stadtschänke lagen die reisefertigen Treckschuten. Für die Familie Braxhoofden waren nach Amsterdam Plätze reserviert, wo sie, gemäß Fahrplan noch am selben Tag ankommen würden. Nachdem der Schiffer das Gepäck festgezurrt und sein Pferd mit einem Seil am Treidelmast festgebunden hat, blieb den Menschen am Kai kaum Zeit, sich voneinander zu verabschieden. Man umarmte sich und weinte, bis alle an Bord mussten. Tobias, Christina und die Kinder, sowie die meisten gewöhnlichen Passagiere, suchten sich einen Sitzplatz an Deck. Planen aus Leder schützten vor Regen und Kälte. Wer es sich erlauben konnte, saß im Innern des Schiffs. Mit einer Geschwindigkeit von sieben Kilometern pro Stunde verschwand der Turm der Grote Kerk, der höchste im ganze Umkreis, aus ihrem Blickfeld.

Der rhythmische Trott des Zugpferdes wiegte die Passagiere in Schlaf. Die Reise mit dem Schiff war viel angenehmer als die Reise mit der Postkutsche über holprige Straßen. Dank des ausgedehnten Kanalnetzes und den aufeinander abgestimmten Fahrplänen, konnte man das ganze Land bereisen. Der Haager Kanal verband die Stadt mit Leiden. Von dort fuhr alle zwei Stunden ein Schiff nach Amsterdam.

Die Reise in die ungeliebte Region Drenthe kam einer Auswanderung gleich. Es war für Cato nicht das erste Mal, dass sie umziehen musste, denn sie hatte bereits in Namur, Delft und Den Haag gewohnt. Aber nie zuvor hatte ein Wegzug so große Folgen gehabt. Ihre Eltern hatten der Hausrat verkauft oder verschenkt und sich von den übrigen Familienmitgliedern verabschiedet. Keiner wusste, ob man sich jemals wiedersehen würde.

Dass meine Vorfahren aufgrund eines Veteranenvertrages des Kriegsministers eines Tages in einem Obdachlosenasyl wohnen würden, konnte keiner voraussehen. Ich suchte nach einem dramatischen Grund für ihre Abreise nach Veenhuizen, aber sehe nun, dass es sich um eine Beförderung, oder jedenfalls um eine Gunst handelte. Die neue Kolonie war für alle ein Glücksfall, denn dort konnte mein Ahne, trotz seiner Invalidität, die Familie ernähren. Allmählich wurde mir klar, dass die vornehme Aura, die meine Familie dem Namen Braxhoofden verliehen hatte, weder etwas mit Adel noch mit Reichtum zu tun hatte. Es war viel einfacher: Tobias war als Aufseher ein angesehener Mann. Er stand eine Stufe höher auf der sozialen Leiter der Bettleranstalten als ihre anderen Bewohner. Eine kleine Stufe, aber immerhin.

Amsterdam war ein üblicher Halt auf der Route nach Veenhuizen. Weil es in Drenthe damals noch keine Straßen gab, konnte die Kolonie nur auf dem Wasserweg erreicht werden, über die Zuiderzee. Die zukünftigen Kolonisten, die auf ihre Überfahrt warteten, durften die Pritschen benutzen, die in den Militärbaracken bei der Utrechtpforte standen. Hier haben schon Napoleons Truppen biwakiert.

Cato und ihre Familie war nicht lange in der Hauptstadt, denn das Schiff, das sie nach Meppel bringen würde, fuhr einmal pro Woche. Nachdem es vom Texelschen Kai abgelegt hat, standen die Passagiere noch so lange an Deck, um sich die Stadt anzusehen, bis sie beim Verlassen des IJ ins Schiffsinnere geschickt wurden, damit der Kapitän auf See ungehindert manövrieren konnte. Im Schiffsbauch konnte man kaum atmen, es war kalt, das Gepäck rutschte hin und her, es roch nach Seilen und Teer. Die Mütter drückten ihre Säuglinge an sich, denn für die Kleinsten und Schwächsten konnte eine solche Reise vor allem im Winter ein fatales Ende nehmen.

Die Fahrt über die Zuiderzee war mehr als nur eine unbequeme Reise mit hohen Wellen und seekranken Passagieren. Jetzt gab es keine Umkehr mehr. Es war wie das Überschreiten des Rubikons: Man konnte zwar zurückkehren, aber die Folgen waren nicht absehbar. Vor allem nicht im Jahr 1828.

Als die Passagiere in Meppel wieder sicheren Boden unter den Füßen hatten, begriffen sie sofort, dass sie in einer anderen Welt angekommen waren. Die Treckschute, die sie anschließend über den Drenthsche Hauptkanal zog, sah aus wie jene in Den Haag, nur nannte man sie hier »Snik«. Der Schipper sprach in einem Dialekt, den die Städter nicht verstehen konnten, und in der

Landschaft standen seltsame niedrige und dunkle Hütten. Solange man durch die westlichen Provinzen Hollands fuhr, sah man überall Menschen und Häuser und entgegenkommende Schiffe. Doch während der zwanzigstündigen Fahrt durch Drenthe sahen sie nur Plaggenhütten und die noch ärmlicheren Hütten der Torfstecher, die von nah und fern gekommen waren, um die Torfschicht, Stück für Stück, abzutragen. Torfsumpf, so weit das Auge reichte.

Nachdem sie einen ganzen Tag lang nur geradeaus gefahren waren, machte der Treidelweg zweimal eine Linkskurve. Auf der ersten, kartografisch korrekten Landkarte der Niederlande, auf der Drenthe im Jahre 1822 verzeichnet wurde, ist der Kolonievaart-Kanal zu sehen: Eine schmale Fahrrinne durch ein Niemandsland, die in ein abseits gelegenes Quadrat mündet, dem Grundriss einer sich noch im Bau befindlichen Anstalt. Sechs Jahre nach Erscheinen der Karte, als der Snik die Familie Braxhoofden nach Veenhuizen brachte, waren alle drei Anstalten schon in Gebrauch, aber vom Kolonienkanal aus konnte man sie nicht sehen. Die erstickende Monotonie der Landschaft schnürte so manchem Reisenden die Kehle zu.

Und plötzlich, mitten in dieser Einöde, tauchten die Anstalten auf: kühle Mauern aus Stein, noch ohne schmückende Lindenbäume.

Im Veteranenvertrag, den der Kriegsminister mit Johannes van den Bosch geschlossen hat, fand ich eine Liste mit Leistungen, auf die Familien wie die Braxhoofdens ein Anrecht hatten:

> 178 verheiratete Männer der Garnisonskompanien mit ihren Familien.
> Jede Familie erhält eine eigene Wohnstätte mit ausreichend Raum zum Leben und Schlafen, des weiteren Möbel, Bettzeug und alles, dessen sie sonst bedürfen.
> Jede Familie erhält einmal in der Woche von der Gesellschaft für Wohltätigkeit 12 niederländische Pfund koloniales Roggenmehl,

2/3 niederländische Hektoliter Kartoffeln und für 90 Cent Marken, welche beim Krämer der Anstalt einzulösen sind.
Die Familie erhält auf Wunsch ein Stückchen urbar gemachtes Land von 500 Quadratellen, worauf Gemüse oder Früchte nach eigenem Geschmacke anzubauen erlaubt ist.
Die Gesellschaft für Wohltätigkeit verpflichtet sich dazu, den Familien so viel Arbeit in der Fabrik und auf dem Feld zu verschaffen, wie sie es wünschen.
Unteroffiziere und Korporäle erhalten außerdem wöchentlich einen ihrem Rang zukommenden Extrasold in Form von Marken oder Taschengeld:
Sergeant Major 50 Cents; Sergeant 40 Cents; Fourier 30 Cents; Korporal 20 Cents.
Die Veteranen ist es gestattet, pro Tag auf deren eigene Kosten, Genever im Werte von täglich 5 Cent zu erwerben.

Als Cato am 12. März 1828 in Meppel von Bord ging, war Johannes van den Bosch nicht in Drenthe. In den ersten Jahren besuchte der General noch regelmäßig seine neuen, »unfreien« Kolonien. Stolz wie ein Gutsherr kam er angeritten und wollte von den Kolonisten wissen, was sie beschäftige. Dass er sich mit seiner Familie in Drenthe niedergelassen hatte, war ein Zeichen dafür, wie sehr ihm die Kolonie am Herzen lag. Aber schon in dem Jahr, in dem die Braxhoofden nach Veenhuizen kamen, hat der König Johannes van den Bosch als Gouverneur nach Niederländisch-Ostindien geschickt. Diese neue Aufgabe brachte er mühelos in Einklang mit seinen Idealen vorort: Wenn er die niederländische Staatskasse mit höheren Einnahmen aus Ostindien füllen würde, hätte er mehr Geld zur Bekämpfung der Armut in seinem Vaterland zur Verfügung. Während Cato mit ihren Eltern und Geschwistern versuchte, sich an das neue Leben in der Kolonie zu gewöhnen, bereitete sich der General auf seine Reise nach Übersee vor. Er kümmerte sich persönlich um den Umbau der Fregatte, die ihn und seine Familie nach Niederländisch-Ostindien bringen sollte. Er ließ englische Möbel, Kleider aus Paris, Schmuck, Zigarren, gesalzenes Fleisch, Gemüse, sechs Kisten mit Zuckergebäck, vier Kisten mit Brot, eine Bibliothek aus zwölfhundert Büchern (Voltaire, Shakespeare, Vondel) und auch eine Eselin und ein paar Kühe, die für den fünf Monate alten Generalssohn Milch geben sollten, an Bord bringen. Die Fregatte legte erst ab, als der Säugling kräftig genug war, um die strapaziöse Schiffsreise unbeschadet zu überstehen.

8

Die Dritte Anstalt

Auch heute noch liegt die Dritte Anstalt im entlegensten Winkel von Veenhuizen. Man lässt zuerst die Vollzugsanstalt Esserheem hinter sich, dann das Untersuchungsgefängnis mit seinen betonklotzartigen Zellblöcken für Drogenkuriere und schließlich kommt man noch an einigen Baumreihen vorbei. Man sagt immer noch die »Dritte«, obwohl das eigentliche Gebäude schon vor langer Zeit abgerissen wurde. Die noch existierenden Nebengebäude machen einen verwaisten Eindruck: Als hätte eine Windböe irgendwo eine Handvoll Häuser erfasst und hier wieder fallen gelassen. Ich sehe einen alten Bauernhof mit rot-weißen Fensterläden, auf dem »JAGDWEIDE« steht, einige umzäunte Ruinen und das Werbeschild eines Bauunternehmers, auf dem das Logo der EU prangt. Im Vorgarten eines ehemaligen Reihenhäuschens, dessen Nachbarhäuser verschwunden sind, steht ein Storch aus Holz, der mit rosafarbenen Girlanden verziert ist. Unwillkürlich denke ich an die Geburt von Helena, Catos Tochter, hier, an diesem Ort. Hat man sie gefeiert? Oder war das damals, vor 150 Jahren, nicht üblich? Vor dem letzten Haus in Veenhuizen stehen zwei Männer, die den Gartenzaun reparieren. Als ich mich ihnen nähere, beginnt ihr Hund, mich bedrohlich anzuknurren.

»Hier hat früher der Direktor gewohnt«, erzählt mir einer von ihnen, nachdem ich mich aus sicherem Abstand erkundigt habe. »Der Direktor konnte innen durchgehen, ohne nass zu werden.«

Ich nehme an, dass er von einem Gang spricht, der von diesem Haus in die Dritte Anstalt führt. Ich frage ihn: »Wo genau war die Anstalt?«

Der Mann zuckt mit den Schultern. »Keine Ahnung. Die Vergangenheit interessiert mich nicht.« Er deutet mit dem Kopf in

Richtung Baustelle. »Bei meinem Nachbarn bist du an der richtigen Adresse, der weiß alles von früher.«

Es stellt sich heraus, dass dieser Nachbar die Überreste der Baumwollspinnerei aus dem Jahr 1839 erworben hat. Er lässt die Gebäude sanieren und in ihren Originalzustand zurückversetzen. Als der Nachbar hört, weshalb ich hier bin, fragt er mich, ob ich die Gebäude von innen sehen wolle. Ich sei nicht die Erste, die auf der Suche nach ihren Vorfahren in der Dritten Anstalt bei ihm anklopfe, sagt er.

Mein Gastgeber ist ein Dreißiger in gestreiftem Oberhemd, mit offenem Kragen und aufgerollten Ärmeln. Sein Lächeln strahlt ein Selbstvertrauen aus, das ich an diesem verlassenen Ort nicht erwarte. Er gesteht mir, dass er, als er das erste Mal herkam, nichts über Veenhuizen wusste. Die zum Kauf angebotenen Fabrikgebäude beeindruckten ihn anfänglich kaum. Er sah verfallene Mauern, Konturen ehemaliger Fensteröffnungen, einen zerstörten Fußboden, ein Dach, in das ein großes Loch geschlagen war – und das alles im entlegendsten Winkel eines entlegenen Dorfes. Aber als er eine Fabrikhalle betrat, zog ihn das Licht in den Bann: Durch eine Reihe von Bogenfenster fallen Lichtstreifen wie im Film. Inzwischen wohnt er schon zwei Jahre lang in Containern auf der Baustelle. »Du willst sicher wissen, wer sich an so ein großes Projekt heranwagt?«, sagt er laut, und beantwortet die Frage gleich selbst. »Einer, der von Beruf Subventionsberater ist und der davon ausgeht, dass er die Kosten nicht allein zu tragen braucht.« Er zeigt auf das EU-Schild, auf dem etwas über die Entwicklung des ländlichen Raumes geschrieben steht.

Die Ruine, die er mit finanzieller Unterstützung der EU wieder aufbaut, ist das Gerippe dessen, was einst eine ultramoderne Fabrik war. Im Jahr 1839 stand hier eine der ersten mit Dampfmaschinen betriebenen Fabriken im Norden des Landes: eine mechanische Baumwollspinnerei und eine Weberei. Jetzt sind nur noch die zur Spinnerei gehörenden Gebäude erhalten. Ich folge ihm in eine alte Fabrikhalle, die er in ein Gästehaus umfunktionieren möchte. Der Fußboden besteht vorläufig noch aus Sand, im Raum stehen etliche Baugerüste. In aller Ruhe klettert er eine meterhohe, wacklige Leiter hinauf bis zu den Hahnenbalken. Ich zögere kurz, und klettere ihm dann doch hinterher. Als wir über eine schmale Laufbrücke hoch über dem Boden balancieren, zeigt er mir zwei runde, einen Meter große Öffnungen im Dach. Diese zwei originalen Zuglöcher kamen während der Renovierung zum Vorschein, durch sie entwich der Maschinendampf. Man konnte sie nicht abdecken, da die Arbeiter in der Halle sonst zu wenig Luft bekommen hätten. Wenn die Dampfkessel im Winter einmal stillstanden, drang durch die beiden Löcher unerbittlich die Kälte. Als ich wieder festen Boden unter den Füßen habe, erzähle ich meinem Führer von meiner Vermutung, dass Cato, die Großmutter meiner Großmutter, hier einen Teil ihres Lebens verbracht habe. Wenn sie im Gemüsegarten ihres Vaters arbeitete oder die Wäsche zum Trocknen aufhängte, musste sie gesehen haben, wie der Dampf durch die Löcher in die Höhe stieg.

Geschichten wie diese scheinen meinem Gastgeber zu gefallen. »Dann hab ich noch etwas für dich«, sagt er triumphierend. Wir steigen über einen Haufen alter Backsteine und Deckenbalken, die restauriert werden müssen und kommen zu einem schmalen, kleinen Feldweg. Nach ein paar Schritten bleibt er stehen und deutet auf den Boden. Zwischen den Gräsern steht schief eine steinerne Duckdalbe. Die Gracht, an der sie stand, gibt es nicht mehr. Auch keine Ziehbrücke. Mein Architekturführer zieht eine Kopie jenes Stichs von 1826 hervor, den ich schon kenne. Hier, an dieser Stelle muss Cato vor zweihundert Jahren zum ersten Mal die Bettleranstalt gesehen haben. Ich löse meinen Blick von der Duckdalbe und schaue in dieselbe Richtung, wie damals Cato. Nur sehe ich heute nicht mehr die Anstalt, sondern eine quadratische Weide mit schwarzbunten, wiederkäuenden Kühen. Auf diesen zwei, drei Hektaren fand meine Ururgroßmutter ihr neues Zuhause. Hier spielten sich die wichtigsten Ereignisse in ihrem Leben ab: Hier wurde sie erwachsen, lernte ihren Mann kennen, hier brachte sie ihre Kinder zur Welt. Der Lärm der überfüllten Anstalt, von dem Cato damals stets umgeben war, ist verflogen. Ich höre nur das mahlende Geräusch wiederkäuender Kühe.

Nach ihrer Ankunft in Veenhuizen bekam die Familie Braxhoofden eine eigene Einzimmerwohnung. Ihre Haustür mit der Nummer 34 zur Außenseite der Dritten Anstalt war eine von vielen. Es gab mindestens hundert Türen, hinter denen Beamte, Aufseher und andere anständige Familien wohnten.

Der Wohnraum war nicht sehr groß, etwa vier Meter breit und vier Meter siebzig lang, aber sie waren ordentlich eingerichtet: zwei Doppelschrankbetten, ein Holzofen in der Mitte des Raums, zwei Öllampen. Hinter der Rückwand befanden sich die Schlafsäle. In der Ersten und Zweiten Anstalt wohnten die Landstreicher und Bettler, in der Dritten die Waisen und verstoßene Kinder aus dem ganzen Land; sie waren Catos Nachbarn. Manchmal durften sie im Englischen Garten des Innenhofs spielen. In der Kinderanstalt betreuten eine Pflegemutter und ein Pflegevater sechzig Jungen und Mädchen im Alter zwischen sechs und zwanzig Jahren. Etliche Kritiker bemängelten die Größe der Gruppen. Deshalb betonte die Gesellschaft für Wohltätigkeit stets, wie gut es den Kindern in der Anstalt gehe. Ein hausinterner Untersuchungsausschuss schrieb im Jahr 1826:

> Als wir dem Dritten Etablissement einen Besuch abstatteten, sahen wir [den Doktor] beim Untersuchen der neu angekommenen Kinder. Er tat dies mit der größten Menschenliebe, worauf er einigen von ihnen eine außerordentliche Behandlung vorschrieb. Zudem bat er den stellvertretenden Leiter, in den Sälen Öfen aufzustellen, damit die kleinen Kinder nicht unter der Kälte zu leiden hätten. Wir fanden 80 Kinder aus dem Amsterdamer Aalmoezeniers-Waisenhaus vor. Ihre Gesichter waren von gesunder Farbe. Keines der hierher gebrachten Kinder war krank geworden oder gar gestorben. Viele dieser Kinder haben wir gefragt, ob sie zufrieden seien, und sie haben dies bejaht. Nur gaben einige dem Bedauern Ausdruck, ihre Familie nicht besuchen zu können.

Trotz aller Kritik war eines nicht von der Hand zu weisen: In der frischen Luft von Drenthe starben weniger Kinder als in den stickigen städtischen Waisenhäusern. Außerdem bekamen hier die Kinder eine gute Ausbildung. General van den Bosch gründete, seinen aufklärerischen Ideen folgend, sogar für die unfreien Kolonisten Schulen. Alle Kinder – auch Cato, die Veteranentochter – drückten bis zu ihrem vierzehnten Lebensjahr tagtäglich die Schulbank. Danach mussten sie, neben ihrer Arbeit, die Abendschule besuchen: die Mädchen zweimal, die Jungen dreimal pro Woche.

Zusammen mit den Waisenkindern lernte Cato die »Lesekunst«, das Schreiben »deutlich lesbarer Buchstaben«, Rechnen »aus dem Kopf und auf der Schiefertafel«, und sogar etwas Geografie, Geschichte und Physik, »um sie vor Aberglauben zu behüten oder diesen zu vertreiben, damit sie ein glückliches Leben führen können«.

In einer Zeit, in der Arbeiterkinder kaum zur Schule gingen, kamen diese Neuerungen nicht bei allen gut an. Selbst die fortschrittlichsten Denker konnten sich nur schwerlich eine Gesellschaft vorstellen, in der nicht jeder Mensch ein vorbestimmtes Schicksal hat – innerhalb seiner eigenen Klasse. Man fürchtete, dass zu viel Wissen die Kinder auf falsche (weil unerreichbare) Ideen bringen könnte.

Der Schriftsteller Jacob van Lennep besuchte im Jahr 1823 eine Schule der Kolonie und schrieb darauf in sein Tagebuch:

> Wozu sollte es gut sein, Menschen, die dazu bestimmt sind, den Pflug zu führen oder die Schaufel zu ergreifen, solcherlei zu lehren? Macht man diese nicht unzufrieden über das ihnen zuteil gewordene Schicksal? Erweckt man dadurch nicht Gedanken, die ihnen nichts nützen?

Um mir ein Bild vom Alltagsleben in der Zeit von Cato zu verschaffen, war ich auf Informationen von Besuchern wie van Lennep angewiesen, die entweder berufshalber oder aus Neugier hierher kamen – die heutigen »Qualitätstouristen«. In einigen Reiseführern aus dieser Zeit werden die Anlagen als einzige Sehenswürdigkeit zwischen Zwolle und Groningen angepriesen. Mit dieser Tatsache machte die Gesellschaft in ihrer Zeitschrift unumwunden Reklame:

> Je näher man der Jahreszeit kommt, wo die Feldfrüchte ihrer Ernte entgegenreifen, desto mehr sollte man sich einen Besuch der Kolonien angelegen sein lassen, zumal das Vergnügen für einen Liebhaber von Land und Leute ungleich grösser ist als die Kosten.

Ein deutscher Tourist, der das Landstreicherasyl besuchte, wusste zu berichten, dass man nach der Anmeldung beim Portier ein Eintrittsgeld entrichten musste, wofür man jedoch einen kundigen Führer erhielt. Er habe mit eigenen Augen gesehen, dass in der Schule die berühmte holländische Ordnung und Disziplin herrschte und kein Schüler durch Ungehorsam und Aufmüpfigkeit den Zorn des Lehrers auf sich gezogen habe.

Häufig kamen auch offizielle Delegationen aus dem Ausland zu Besuch, Parlamentarier und andere Sachverständige, die prüfen wollten, ob die Methode des van den Bosch auch im eigenen Land funktionieren würde. Freiherr von Lüttwitz, ein preußischer Regierungsbeamter, notierte im Jahr 1834, welch großes Gewicht man auf militärische Disziplin bei der »Behandlung« der Bettler legte:

> Die Arbeitsaufträge werden auf militärische Weise verlesen. Trommel und Glocke kündigen die Stunde der Arbeit an. Auf dem Versammlungsplatz werden die Kolonisten namentlich aufgerufen. Wer nicht anständig gekleidet ist oder zu spät erscheint, erhält einen geringeren Lohn.

Der preußische Herr von Lüttwitz war der Ansicht, dass die ländlichen Bettleranstalten aufgrund der Arbeit an der frischen Luft gesünder und weniger streng seien und dass sie ihre Ziele rascher erreichten als diejenigen in den Städten. Er war fest davon überzeugt, dass schwere körperliche Arbeit »dieser Menschenklasse die ihnen eigene Neigung zum Vagabundieren austreibt und der Bindung an Haus und Herd förderlich ist«. Eine französische Kommission jedoch verhehlte ihr Entsetzen über den Umgang mit den Waisen nicht, vor allem darüber, dass »ein Mann inmitten von sechzig jungen Mädchen und eine Frau inmitten von sechzig Knaben« ihrer Arbeit nachgehen mussten.

Egal, welche Meinung sich die Besucher bildeten, von der Urbarmachung des Landes waren alle tief beeindruckt. Eine Delegation aus Schottland sah in den Feldern der Kolonie eine »Oase, welche inmitten der Unfruchtbarkeit und Einsamkeit blüht«.

Auch ich war so ein Besucher, der als Außenstehender versuchte, einen Blick auf die Realität der Alltags im Veenhuizen des Johannes van den Bosch zu werfen. Die baufällige Fabrik, in der ich im Jahr 2005 umherging, war nur der Abglanz jener Dampffabrik, die damals das lebendige Zentrum der Bewohner der Dritten Anstalt bildete. Schon von Weitem hörte man damals den Lärm der Hebelscheren, der Walzen und des sich drehenden Rads und sah das Kunstlicht, welches von einer eigenen kleinen Gasfabrik produziert wurde: Jetzt war es sogar im Winter möglich, zwölf Stunden am Tag zu arbeiten.

Die Fabrik war, wie könnte es auch anders sein, eine Idee von Johannes van den Bosch gewesen. Als Generalgouverneur in Niederländisch-Ostindien erntete er viel Lob, da dank ihm endlich wieder Geld aus den überseeischen Gebieten in die niederländische Staatskasse floss. Mit derselben Tatkraft, mit der er die Armenanstalten in Drenthe aus dem Boden gestampft hatte, führte er in Niederländisch-Ostindien ein neues Abgabesystem ein, das sogenannte Kultursystem.

Er verpflichtete die Eingeborenen dazu, ein Fünftel ihrer Felder mit Exportgewächsen zu bepflanzen. Dafür wurde ihnen eine Entschädigungssumme ausbezahlt, die von hoher Hand festgelegt wurde. Seitdem wurden Kaffee, Zucker und Indigo in die niederländischen Häfen verschifft und dort gewinnbringend verhandelt. Dass man den Bauern in Java mit diesem Hungerlohn das Fell über die Ohren zog, sollte Multatuli erst dreißig Jahre später anprangern. Zur Zeit Johannes van den Boschs betrachtete man dieses Kultursystem ganz allgemein als einen großen Erfolg. Die Textilindustrie in Twente, im östlichen Teil des Landes, blühte auf und mit ihr noch so manch anderer Industriezweig.

In seiner Villa mit Marmorschwimmbad in Buitenzorg vergaß der General seine Bettleranstalten in Drenthe keine Minute. Auch nicht, als er im Jahr 1834 in die Niederlande zurückkehrte und bei der Regierung in Den Haag plötzlich hohes Ansehen genoss. Der König verlieh ihm den Titel eines Barons und den mächtigen Posten des Kolonialministers, den man extra für ihn freigehalten hatte. Johannes van den Bosch sah in alldem eine große Chance für seine Gesellschaft für Wohltätigkeit. Da die Staatskasse vom Reichtum profitiere, den die Eingeborenen in Niederländisch-Ostindien erwirtschafteten, solle ein Teil der Summe auch den vaterländischen Armen zugute kommen, fand er.

Zu dieser Zeit hielt die revolutionäre Erfindung der Dampfmaschine ihren Einzug in den Niederlanden. Um die schnell auflaufenden Schulden seiner Gesellschaft für Wohltätigkeit zu begrenzen, ließ der frisch gebackene Minister in Veenhuizen eine Baumwollfabrik bauen. Wenn die Textilindustrie in Twente florierte, warum dann nicht auch in Veenhuizen? Dabei schwebte ihm eine Modellfabrik vor, in der Fachkräfte ausgebildet würden. Das Landstreichervolk sollte, sowohl im Auftrag als auch auf Kosten seines eigenen Ministeriums, Leinen für Niederländisch-Ostindien herstellen. Die Dampffabrik, deren Bau sechzigtausend Gulden kostete und einige Jahre dauerte, wurde zum Paradestück der Gesellschaft für Wohltätigkeit. Der Mechanismus der Maschinen war so kompliziert, dass sie von einem Spezialisten aus England gewartet werden mussten. Weber und Spinner aus allen Ländern wurden herbeigeholt, um den Kolonisten das Fach beizubringen. Die jungen Frauen und Mädchen wechselten die Spulen am geschicktesten.

Diese moderne Fabrik erhöhte die Anziehungskraft Veenhuizens auf neugierige Besucher. In der Zeit, in der Cato in der Dritten Anstalt lebte, besuchten auch zwei Friesen die Fabrik: Tjibbe Geerts van der Meulen, Dichter und Verleger, und Hindrik Bosgra, Baumzüchter. Auf ihrer Ferienreise durch Drenthe klopften sie an der Pforte »der berühmten Dampffabrik« an. Der Zugangspreis betrug acht Heller pro Person. Während ich ihre Aufzeichnungen lese, stelle ich mir vor, wie Cato an den Maschinen stand und arbeitete.

> Man bat eine junge Frau, ihre Arbeit niederzulegen und uns zu erklären, wie ihre Maschine funktioniere. Zuerst sahen wir, wie große Ballen grober und unbehandelter Baumwolle in einen großen Kessel oder ein eisernes Fass gestopft wurden. Danach legte man die Baumwolle auf eine Art Mangel mit zahlreichen Zahnrädern, welche die Baumwolle automatisch auf große Rollen wickelten. Von jeder dieser Rollen wurden fünf Fäden gesponnen, die am Ende so dünn waren, dass ein Garn daraus hergestellt werden konnte. All die Räder, Rädchen, Rohre und Stäbe bewegten sich buchstäblich mithilfe von Feuer und Wasser. Das Feuer durfte keinesfalls ausgehen, zu welchem Zweck Männer mit Schubkarren fortwährend Torf zur Esse brachten. Hier an der Quelle der Dampfkraft befand sich ein riesiges Rad mit einer Achse in der Mitte, wodurch die ganze Maschinerie in Bewegung gehalten wurde.
> Diese Erfindung war zweifellos beeindruckend und genial, doch hatten wir beide an diesem Tag vermutlich mehr Spaß und Freude als die hundertfünfzig Menschen, Männer und Frauen zusammen, die tagein tagaus und jahrein jahraus entweder im Sitzen oder im Stehen Rollen aufziehen, Fäden verknoten und aufspulen mussten.

Den Friesen fiel auf, dass es in der Kolonie ganz anders zu und her ging, als sie es gewohnt waren. Sie fühlten sich zwischen den Leuten aus der Stadt nicht wohl und wunderten sich über die

»Blumen und komischen exotischen Pflanzen, die mal hier, mal dort durch die blitzblanken Fensterscheiben zu sehen sind«. In der Herberge neben der Fabrik bediente die beiden kein »alter, gichtkranker Wirt«, sondern ein »hübsches junges Fräulein«, das sie in einer mit bunten Teppichen, großen Spiegeln und Bildern an den Wänden ausgestatteten Wirtsstube freundlich willkommen hieß. Am Schanktisch konnte man keinen gewöhnlichen Schnaps bestellen, dafür aber Liköre aus aller Welt. Das Fräulein erzählte ihnen, dass unlängst sogar Minister Thorbecke zu Besuch gewesen sei. Die Friesen sagten scherzend zueinander: »Bist du sicher, dass wir hier in Drenthe sind?«

Schon öfters hatte ich Gesprächsfetzen aufgefangen, in denen es darum ging, dass Veenhuizen eher ein typisches westholländisches Dorf sei und in keiner Weise mit den Dörfern der Umgebung zu vergleichen. Als ich einen Mitarbeiter der Gemeinde Norg sprach, sagte er mir auf den Kopf zu, dass ich nicht aus der Gegend käme, denn ich betonte Véénhuizen auf der ersten Silbe statt wie in Drenthe üblich Veenhúízen, auf der vorletzten. Sprach ich den Namen im Dorf dann vermeintlicherweise richtig aus, wurde ich wieder verbessert. Offensichtlich war Veenhuizen noch immer eine Enklave der Provinz Holland: Die meisten Einwohner, hinter Gittern oder nicht, stammten nicht aus Drenthe.

Im Jahr 2005 ist die Baumwollfabrik keine Touristenattraktion mehr. Die Tagesausflügler, die nach Veenhuizen kommen, gelangen nur selten bis zur Dritten. Was sollte an einer Kuhweide, einer Handvoll Häuser und einer Sackgasse auch sehenswert sein?

Aber für mich scheint die Vergangenheit hier überall durch. Die Sanierung der alten Fabrikhallen, bei der alle modernen Schichten entfernt wurden, brachte hundertfünfzig Jahre Geschichte zum Vorschein. Mein Gastgeber versuchte mithilfe alter Fotografien und Dokumente zu rekonstruieren, wie die Fabrik früher einmal aussah. Er zeigt mir zahlreiche Spuren der Vergangenheit: die ursprüngliche Höhe der Fenster (hoch genug, um genügend Licht zu spenden und die Arbeiter nicht abzulenken); die herabgesetzten Fenster aus der Zeit, in der die Fabrik nach nur zwanzig Jahren Betrieb wieder demontiert und in einen Aufenthaltsraum für Waisen umfunktioniert wurde; einen alten Sicherungskasten, der, wie ein Foto bewies, schon zur Zeit des Ersten Weltkriegs hier hing, als im Gebäude belgische Flüchtlinge untergebracht waren; und zu guter Letzt die gelben Streifen auf der Rückwand der Latrine der alten Landstreicher, die hier im Jahr 1924, nach dem Abriss der Dritten Anstalt, untergebracht waren. Sogar das Loch im Dach besaß eine eigene Geschichte: Spezialeinsatzkommandos übten hier in den Siebzigerjahren die Erstürmung des von molukkischen Jugendlichen entführten Intercitys im nahe gelegenen De Punt.

Als wir wieder draußen sind, muss ich an Cato denken. Ich gehe dieselbe Straße entlang wie sie. Ihre Welt ist in dieser Umgebung noch spürbar. Die Gracht, die damals die Anstalt umgab, ist heute nur noch ein breiter, etwas tiefer liegender Grasstreifen im Weideland. Jetzt kann man gut sehen, wie das Wohnhaus des Direktors mit der Spinnerei verbunden war. Und wo die ehemalige Weberei stand, die am 1. April 1961 in Flammen aufging und völlig abbrannte, weil die Feuerwehr glaubte, es handle sich bei der Feuermeldung um einen Scherz.

Mein Gastgeber nickt in Richtung des Nachbarhauses mit den rot-weißen Fensterläden und der Aufschrift »JAGDWEIDE«. Es stand hier schon vor dem Bau der Anstalten. Es stellt sich heraus, dass es genau die Herberge ist, in der die beiden Friesen über das »hübsche junge Fräulein« und die ausländischen Liköre staunten.

Es wird langsam dunkel. Während mein Blick über das leere Weideland schweift, spüre ich die Anwesenheit der unsichtbaren, abgerissenen Anstalt. Irgendwo auf dieser Wiese hat Cato ihren zukünftigen Ehemann Teunis kennengelernt. Irgendwo vor mir liegt der Ort, an dem sie die ersten Blicke miteinander wechselten. Wenn ich doch nur wüsste, wo.

9

Auf der glücklicheren Seite

Im Herbst des Jahres 1839 traf ich Anstalten für eine Reise nach Ommerschans. Dort gebe es, wie man mir sagte, bessere Bedingungen, sich einen Lebensunterhalt zu verdienen, als in meinem Heimatort. Ich möchte nicht über die traurigen Tage sprechen, die diesem Entschluss vorangingen, und beschränke mich auf die Mitteilung, dass ich mich am 5. November dieses Jahres freiwillig in Ommerschans meldete.

Mit diesen Zeilen beginnt ein entlarvendes Porträt über das Leben in Veenhuizen. Der Verfasser, ein Mann namens T. L. Hoff, verbrachte eineinhalb Jahre in den Anstalten. Sein Büchlein »Die Kolonien der Gesellschaft für Wohltätigkeit in Ommerschans und Veenhuizen, wahrheitsgetreu aufgezeichnet von T. L. Hoff, ehemaliger Kolonist«, war als Warnung gedacht. Wenn er mit seinem Büchlein auch nur einen einzigen Unglücklichen, der sich in seiner Verzweiflung in den Kolonien melden wollte, von diesem Schritt abhalten konnte, war für ihn die Mühe nicht umsonst gewesen.

Im Gegensatz zu den Schilderungen der Touristen, Beamten und anderen Außenstehenden, in denen noch Bewunderung für das Leben in den Kolonien mitschwang, erzählte T. L. Hoff zum ersten Mal die ungeschönte Wahrheit. Er war der Einzige, der in den ersten fünfundsechzig Jahren ihrer Existenz die harte Realität des Alltags in Veenhuizen aus der Sicht der Landstreicher und Bettler beschrieb, den eigentlichen Hauptfiguren im System der Gesellschaft für Wohltätigkeit. Schon auf den ersten Seiten erwies sich seine Beobachtungen von großem Nutzen für den, der Catos Lage als Veteranentochter unter gewöhnlichen Kolonisten begreifen wollte. Am meisten erstaunte mich der Kontrast zwischen der Realität, die Hoff beschrieb und den Theorien von Johannes van den Bosch, der die Menschen zur Selbstständigkeit erziehen wollte: Sobald ein Hilfesuchender über die Schwelle der Kolonie trat, wurde ihm seine Unabhängigkeit genommen.

Nach seiner freiwilligen Aufnahme in Ommerschans wurde Hoff sogleich in einem der oberen Säle eingeschlossen, in dem bereits etwa neunzig Männer warteten. Sie schliefen auf Stroh auf dem Boden, wo es vor Ungeziefer wimmelte. »Die Männer stammten aus Rotterdam und Middelburg und hatten statt anständiger Kleidung nur Lumpen am Leib.« Nach zwei Tagen erst brachte der Fourier die Kolonie-Kleidung und die Männer durften sich endlich waschen. Danach wurden sie unter strenger Bewachung nach Veenhuizen gebracht.

Hoff erlebte den Transport als »eine Qual für jeden, der weiß und fühlt, dass er kein Verbrecher ist«. Gendarmen und ein Brigadier bewachten den überfüllten Karren, der Landstreicher nach Meppel brachte. Die Nacht verbrachten sie im Bauch eines Schiffs, das sie nicht mal verlassen durften, »um die ärgste Notdurft zu verrichten«. Erst am nächsten Abend legten sie in Veenhuizen an, wo sie in der Zweiten Anstalt eine Hängematte bekamen.

> In den Sälen der Kolonisten schlafen etwa achtzig Mann, möglichst nach ihrer Religion abgesondert. Jede Person besitzt einen eigenen Schlafplatz mit einer leinernen Hängematte, einem Sack aus Stroh, dito Kopfkissen, einem Laken, und zwei Decken. Das alles wird am Morgen sauber zusammengelegt zur Decke gezogen, sodass ein ansehnlicher Aufenthaltsraum entsteht.
> Vor den Wänden stehen Kisten, in denen die Kolonisten ihre Habe aufbewahren können. Sie dienen überdies zum Sitzen. Es ist bedauerlich, dass man es bei der Errichtung der Anstalt verabsäumte, Sekrete einzurichten, aus welchem Grund es nun am Abend vor Verrieglung der Türen nötig ist, zwei Fässer für die nächtliche Notdurft hereinzubringen. Diese stehen hiernach zu aller Verärge-

> rung mitten im Raum und ohne Abdeckung, was, wie jeder begreifen wird, bei achtzig Mann nicht nur eine üble Luft verursacht. Die Hygiene in den Bettleranstalten lässt viel zu wünschen übrig.

Einmal in Veenhuizen begriff Hoff schnell, dass er in der Falle saß. Jeder Kolonist musste mindestens ein Jahr lang arbeiten, um durch Überstunden die Schuld bei der Gesellschaft für Wohltätigkeit abzutragen, da ihm eine Summe für Kleidung und Obdach in Rechnung gestellt wurde. Wem dies nicht gelang oder wer ein zweites Mal in die Kolonie eingewiesen wurde, musste eine höhere Summe abverdienen, da nun zusätzlich ein Betrag für die »Entlassungskasse« angespart werden musste, damit er bei seiner Abreise nicht mittellos dastand. Hoff hatte den Eindruck, dass das Interesse für die Armen erst an zweiter Stelle stand.

> Da es keinem möglich ist, diese Summe innerhalb von zwei Jahren durch Überstunden zu verringern und dies selbst einigen in drei Jahren nicht gelingt, begreift ein jeder schnell, dass die Gesellschaft für Wohltätigkeit sich dies fein ausgedacht hat, um die Kolonisten in eine gewisse Abhängigkeit zu bringen.

Es zerriss ihm fast das Herz, als er sah, wie die Familien behandelt wurden, die in den Kolonien ihre Zuflucht suchten. Weil man sicher gehen wollten, dass die Kinder zu sittlichen Menschen erzogen wurden, riss man die Familien erbarmungslos auseinander, die Männer wurden auf der einen Seite der Anstalt untergebracht, die Frauen auf der anderen, auf dem Innenhof durch einen Bretterzaun getrennt. Die Kinder kamen in den Kindersaal.

> Ein verheirateter Zimmermanns-Knecht hat drei Kinder im Alter von drei, fünf und sieben Jahren und ist arbeitslos. Sein Ehrgefühl verbietet es ihm, um Unterstützung zu betteln, von der er nicht sicher ist, ob er sie überhaupt erhält. Deshalb fasst er den Entschluss, zusammen mit seiner Familie bei der Gesellschaft für

> Wohltätigkeit Zuflucht zu suchen, wie so viele andere im Glauben, dort Arbeit zu finden und für seine Familie sorgen zu können. Doch was geschieht nach der Ankunft in Veenhuizen? Der Mann wird von seiner Frau getrennt und die Kinder von ihren Eltern. Das siebenjährige Kind wird in die Dritte Anstalt gebracht, wogegen die anderen beiden unter die Aufsicht einer sogenannten Kinder-Mutter in den Kindersaal geraten. Die Folge davon ist eine herzzerreißende Abschiedsszene. Ich konnte bereits mehrere Male Zeuge eines solch entsetzlichen Ereignisses sein, und man muss wahrlich jedes Gefühl für Menschlichkeit verloren haben, wenn man bei einer solchen Szene nicht Tränen der Rührung vergießt, zumal die Kinder sich meist in einem jammervollen Zustande befinden.
>
> Nur sonntags ist es dem Vater unter strenger Aufsicht erlaubt, mit den Kindern die Mutter zu besuchen und die Familie findet für kurze Zeit beieinander Trost.

Dass auch eine solche Familie nicht mehr weg durfte, bevor sie ihre Schulden nicht bis auf den letzten Cent zurückbezahlt hatte, geschah angeblich aus erzieherischen Gründen. Man glaubte dass die Armen auf diese Weise lernen würden, mit Geld umzugehen. Aber mit dem komplizierten Leistungslohn-System und der »Entlassungskasse« war genau das Gegenteil der Fall.

Während Hoffs Aufenthalt, konnte man nicht mehr als drei Gulden pro Woche verdienen. Doch diese Summe bestand nur auf dem Papier, denn die Kolonisten bekamen davon nur achtundzwanzig Cent Taschengeld und vierzehn Cent Überstunden-Erlös ausbezahlt, der Rest floss in die Gemeinschaftskasse. Hoff rechnete sich aus, dass es fast besser war, überhaupt nicht zu arbeiten. Denn die Kleidung der Landarbeiter, die täglich bei Wind und Wetter Erde schaufeln und wegkarren mussten, verschliss rasch und die Kosten für die Reparatur der Kleidung wurden ihnen von ihrem Überstunden-Erlös abgezogen. Zudem brauchten sie ihr ganzes Taschengeld für Lebensmittel, da keiner, der eine derart harte körperliche Arbeit verrichten musste, von den spärlichen Portionen in der Anstalt leben konnte. Somit war es auch keine Überraschung, als am zweiten Ostertag im Jahr 1840 unter den ansonsten so fügsamen Anstaltsbewohnern eine Brot-Revolte ausbrach. »Es ereignete sich während des Mittagsmahl, als wir den vierten Tag hintereinander Gerstensuppe vorgesetzt bekamen, ein Gericht, das den Hunger eher hervorruft denn stillt.« Da wegen des Feiertags der Lebensmittelladen geschlossen war, knurrte den Arbeitern der Magen. Die Männer und Frauen verlangten das Roggenbrot, das in der Küche für das Frühstück bereitlag. Sonst wollten sie nicht mehr an die Arbeit gehen. »Fast alle Kolonisten rannten fluchend und schimpfend durcheinander und schrien um Brot.«

Der Protest hätte leicht zu Ausschreitungen führen können. Den armen Leuten fehlte das Selbstvertrauen oder vielleicht eine gemeinsame Stimme, um beim Direktor Änderungen durchzusetzen. »Jeder der wie ich Augenzeuge war, erkannte sofort, dass zwar eine große Unzufriedenheit unter den Arbeitern herrschte, es aber an einem gemeinsamen Plane zum Aufruhr fehlte.« Schließlich gab man den Arbeitern das Brot, und sie machten sich wieder an ihre Arbeit, als wäre nichts geschehen.

Ein solch kleiner Aufstand änderte wenig am Kern des Problems. Die Kolonisten waren weiterhin abhängig von den Entscheidungen der Direktion im fernen Den Haag und von den Beamten in der Anstalt, die kaum besser geschult waren, als sie selbst. Die Kolonisten mussten der Misswirtschaft ihrer unkundigen Vorgesetzten machtlos zusehen. Hoff sah, wie eine ganze Kartoffelernte durch den Frost vernichtet wurde, weil die Vorratsgruben zu spät abgedeckt wurden. Sogar der Direktor fand, dass die Kartoffeln merkwürdig süß geworden seien, ja fast ungenießbar. Doch gab es in der Kolonie nichts anderes, was man den Kolonisten hätte vorsetzen können. Deshalb beschloss die Direktion, in dieser Saison Essig zu den Kartoffeln zu servieren.

Cato Braxhoofden stand auf der glücklicheren Seite als die Bettlerkinder. Als Tochter eines Veteranen wohnte sie bei ihren Eltern und nicht mit fremden Kindern in einem Schlafsaal. Zu Hause entschied die Mutter, wie viel die Kinder sich aufschöpfen durften. Die kärglichen Anstaltsportionen bereicherte sie mit Gemüse und Früchten aus dem eigenen Garten. Das Leben in der Kolonie unterschied sich für Cato kaum von dem Leben, das die Familie Braxhoofden in Den Haag zu führen gewohnt war, vor allem nicht im Sommer, wenn sich alles draußen abgespielte. Mit dem kleinen Unterschied, dass man hier in eine endlose Weite blickte. Obwohl Cato sich täglich zwischen den Waisen und Kolonisten bewegte, war die dünne rote Linie, die sie sowohl in der Schule als auch bei der Arbeit voneinander trennte, immer spürbar: Die Kolonisten mussten jeden Morgen zum Appell erscheinen, unter den wachsamen Augen der Veteranen.

Gemeinsam mit den anderen ehemaligen Soldaten bildete Tobias die Veteranen-Kompanie, unter der Leitung von Hauptmann Johannes Thonhäuser. Hatte der Hauptmann Garnisonsdienst, dann begleitete Tobias die Männer und Frauen aufs Feld hinaus oder zur Kirche, oder er bezog einen Grenzwachposten der Kolonie, wo er überwachen musste, dass keiner der Anstaltsbewohner »desertierte«. Die Veteranen defilierten regelmäßig in Uniform vor den Gebäuden der Anstalt, und das war beeindruckend. Der Anblick eines solchen Pelotons grauhaariger, aber bewaffneter Haudegen übte eine einschüchternde Wirkung auf die Landstreicher aus und hielt sie im Zaum, so stand es jedenfalls im Jahresbericht des Gesellschaft für Wohltätigkeit.

»Wir betrachten diese Menschen mit Wehmut«, schrieben zwei französische Besucher im Jahr 1851 über die Veteranen. »Wir fanden hier einen ehemaligen Soldaten aus dem Kaiserreich, der unter Napoleon gedient hatte: Das also war der Rest unserer Grand Armée, umgeben von Zwangsarbeitern.«

Diese Garnison aus 178 invaliden Soldaten und ihren Familien gehörte weder der Kategorie der Bettlern noch der des Personals an. Die Stellung jedes Einzelnen in dieser Miniatur-Gesellschaft war einer strikten Hackordnung unterworfen. Hoff schilderte dies am Beispiel der Fleischverteilung nach dem Schlachten eines Schweins oder einer Kuh:

> Wenn das Tier geschlachtet und ausgebeint ist, erwerben die Beamten so viel vom Fleisch, wie ihnen gefällt. Sind diese zufrieden, können die Haushalte der Veteranen aus dem wählen, was die Beamten übrig gelassen haben. Doch ist das Fleisch in einem kaum genießbaren Zustande, was gelegentlich vorkommt, dann kauft niemand etwas, und das Ganze wird in die Anstalt gebracht und den Kolonisten vorgesetzt.

Ich sah im Melderegister, dass der Unteroffizier Braxhoofden, wenn er nicht gerade patrouillierte, in der Dritten Anstalt als »Aufseher der Skabiösen« arbeitete. Keine Ruhmestat für jemanden, der an den wichtigsten Schlachten Europas teilgenommen hatte. Skabies, oder Krätze, kam in Veenhuizen häufig vor: Fast die Hälfte aller Anstaltsbewohner litt daran. Diese ansteckende Krankheit verbreitete sich in den übervollen Schlafsälen wie ein Torfbrand. Sie war im Grunde nicht gefährlich, aber wegen ihres starken Juckreizes sehr hinderlich. Mithilfe einer guten Salbe und einer gründlichen Reinigung der Kleider und des Bettzeugs, konnte man den Erregern in wenigen Tagen den Garaus machen. Doch in Veenhuizen tat man so wenig an der Heilung der Skabiösen, dass man um weitere Ansteckung zu vermeiden, einen speziellen Aufseher wie Tobias nötig hatte. Eine Inspektionskommission war der Ansicht, dass die Schuld für das Ausmaß der Krankheit bei der Gesellschaft für Wohlfahrt lag, da den Patienten viel zu wenig Salbe verabreicht wurde.

Die Hygiene ließ in der ganzen Anstalt zu wünschen übrig. Im Hospital hängte man die nassen Laken zwischen den Betten der Patienten zum Trocknen auf, und manchmal wurden zwei Kranke in dasselbe Bett gelegt. Auch kommt der Kolonie die zweifelhafte Ehre zu, Namensgeberin einer tückischen Augenkrankheit zu sein: der Trachoma Veenhuizianum, der »Veenhuizener

Augenkrankheit«. Sie war chronisch, wurde von den »heftigsten Schmerzen« begleitet und führte oft zur totalen Erblindung. Eine Zeit lang litt jedes dritte Waisenkind an dieser Krankheit. Die Lage war so ernst, dass die Regierung zwei berühmte Augenärzte nach Veenhuizen schickte, die sich ein Bild von der Lage machen sollten. In ihrem Rapport stand geschrieben, dass es in der Kolonie »im großen Ausmaß an Trink- und Waschwasser fehlte«. »Das Wasser, das uns in der Dritten Anstalt von Veenhuizen auf unsere Bitte hin gebracht wurde, damit wir unsere Hände darin wuschen, wiesen wir voller Abscheu zurück. In eben diesem Wasser wird jeden Tag das Mittagmahl der Bewohner gekocht.« Weitere Ursachen für die Augenkrankheit sahen die Ärzte in der »stickigen Luft in den Schlafsälen« und in der mangelhaften Ernährung. »Die Portionen sind nur so groß, dass es gerade zum Überleben reicht«, schrieben die Augenärzte, und kritisierten außerdem scharf, dass vier Kinder aus demselben Zinnteller essen mussten. »Denen, die es am nötigsten haben, gibt man am wenigsten. Alle essen und schlingen um die Wette. Das schlechte Essen wird schlecht gekaut und schlecht verdaut.« Viele Waisen, vor allem die Mädchen, hatten geschwollene Bäuche. Und weil niemand wusste, wo die Ursache dafür lag, wurden in die Kleider Schnürungen eingenäht, mit denen die Körper wieder in Form gezogen wurden.

Auch wenn es in Veenhuizen weniger Kranke und weniger Todesfälle gab als in den städtischen Armenanstalten, starben in den Kolonien doch mehr Menschen einen vorzeitigen Tod als in den übrigen Provinzen des Landes.

Es war mir zunächst nicht in den Sinn gekommen, dass der frühzeitige Tod auch bei Cato zu Hause angeklopft haben könnte. Doch die erste Sterbeurkunde mit dem Namen Braxhoofden stammte vom 14. August 1828 und wurde bereits fünf Monate nach der Ankunft der Familie in der Kolonie ausgestellt. Karel, das zweieinhalb Jahre alte Brüderchen von Cato, war »um zwei Uhr früh im Haus seiner Eltern in der Dritten Anstalt gestorben«. Woran, wurde nicht vermeldet. Ich stelle mir vor, dass die ganze

Familie am Bett des kranken oder schwachen Kindes wachte, während sie die ganze Hoffnung auf den Arzt setzte. Möglicherweise hörte der Kleine aber auch einfach mitten in der Nacht zu atmen auf. Zwei Saalaufseher, zweifellos Nachbarn der Familie Braxhoofden, meldeten den Todesfall beim Standesamt.

Einen Monat später wurde Cato vierzehn Jahre alt. Viel Zeit zur Trauer blieb ihr nicht, denn ein halbes Jahr später starb auch ihr Bruder Freddie, der noch ein Baby war, als sie nach Veenhuizen kamen. Er war nicht einmal eineinhalb Jahre alt geworden. Ihre Mutter Christina war zu diesem Zeitpunkt wieder hochschwanger, aber auch dem nächsten Kind, Pieternel, war kein langes Leben beschieden, es wurde nur zehn Monate alt.

Catos frühe Mädchenjahre standen im Zeichen von Geburt und Tod. Sie war alt genug, um ihrer Mutter bei der Säuglingspflege zu helfen, und wenn ein Kind krank wurde, wusste sie zweifellos, was sie als älteste Tochter tun musste. Christina konnte sich unmöglich allein um die große Familie kümmern.

Es war eine große Erleichterung, als ihr Brüderchen Frans die ersten Jahre, die für Kleinkinder damals besonders gefährlich waren, überstanden hatte. Aber Jantje, das Kind, das nach ihm zur Welt kam, blieb nur zehn Wochen am Leben.

Ich ordnete die Dokumente in chronologischer Reihenfolge und heftete sie mit einer Büroklammer aneinander: Geburt – Tod, Geburt – Tod. Gewöhnt man sich an den Tod eines Geschwisterchens, oder wird es stets schwieriger, ihn zu verkraften?

10

Die Hochzeit

1835 wohnte Teunis Gijben bereits seit vier Jahren in der Dritten Anstalt. Er war im Zentrum von Rotterdam, in einem Wirrwarr von Gässchen und kleinen Häfen hinter der Blaak-Straße und der Steiger-Straße aufgewachsen. Die Straße, in der er wohnte, wurde im Jahr 1940 wegbombardiert. Zu Beginn des neunzehnten Jahrhunderts waren die Wohnungen dort eng und feucht. Die Frauen standen auf der Kaimauer und wuschen die Wäsche im Fahrwasser der Steiger-Gracht. Jedes Mal, wenn ein Schiff die Schleuse passierte, versammelte sich das halbe Viertel, um sich das anzusehen. Die Kinder rannten zur Brücke, wo das Schiff unter dem Vlasmarkt verschwand und erst beim Spui wieder zum Vorschein kam.

Vater Gijben, er hieß Pieter, war von Beruf Lastträger, Mutter Johanna Hausfrau. Von den neun Kindern, die sie zur Welt brachte, überlebten nur Peter und Teunis. Vater hatte nach seinem fünfzigsten Lebensjahr stets mehr Mühe mit der schweren körperlichen Arbeit. Die heranwachsenden Jungen verdienten nicht genug, um die Familie zu ernähren. Zudem wurde Peter zu den Waffen gerufen. So wurde die Familie von der städtischen Armenbehörde abhängig.

Im Register von Veenhuizen steht, dass die Familie Gijben »dem Vertrage mit der Obrigkeit gemäß« in das Landstreicherheim verschickt wurde. Dort fielen sie unter die Kategorie »Arbeiterfamilie«, die sich wesentlich von der Kategorie der Waisen und Bettler unterschied. Arbeiterfamilien waren anständige, arbeitswillige Familien aus der »unteren Schicht«, für die Frederiksoord und die anderen Kolonien ursprünglich gebaut worden waren. In

Veenhuizen gehörten sie zu den »besseren« Kolonisten, weil sie nie um Almosen gebettelt hatten. »Arbeiterfamilien, welche ohne eigene Schuld beinahe ins Verderben geraten sind, können hier, falls sie fleißig und zur Arbeit fähig sind, ein ordentliches Auskommen finden«, konnte man in einem Jahresbericht der Gesellschaft für Wohltätigkeit lesen.

Man hoffte, dass sich fünfhundert solcher Familien freiwillig auf den Weg nach Veenhuizen machen würden, wofür die Regierung die Kosten übernehmen wollte. Aber das war hier genauso wenig der Fall wie bei den Freien Kolonien. »Die Bedürftigen wollen einfach nicht weg«, klagte die Armenbehörde. Daran seien die ehemaligen Kolonisten mit ihren Ammenmärchen schuld. Nachdem die Armenbehörde den Druck auf jene Familien erhöht hatte, die ihnen am meisten auf dem Beutel lagen, konnte man am Ende 170 Familien nach Veenhuizen verschicken, unter ihnen die Gijbens. Sie bekamen eine Einzimmerwohnung an der Außenseite der Anstalt zugeteilt, wo auch die Veteranen wohnten, und erhielten Kleidung und Hausrat, jedoch kein Land. Ihr Geld mussten sie in der Fabrik oder auf dem Feld verdienen.

Als Teunis und Cato sich kennenlernten, hatten sie auf den ersten Blick viele Gemeinsamkeiten. Teunis war wie Cato mit den Eltern in die Kolonie gekommen. Beide arbeiteten in der Dritten Anstalt. Beide kamen aus der Stadt und wuchsen in der Drenthschen Torflandschaft auf. Dennoch war Teunis nur ein Kolonisten- und kein Veteranensohn, wenn auch der eines »besseren« Kolonisten. Um mir ein Bild vom Standesunterschied zu machen, den Cato und Teunis überbrücken mussten, verglich ich den Vertrag der Arbeiterfamilie mit dem der Veteranen und fand lediglich drei Unterschiede: Nutzgarten ja oder nein, zusätzlicher Sold zum Familieneinkommen ja oder nein, Wächter sein oder Bewachter. In einer geschlossenen Gesellschaft wie in Veenhuizen gaben solche Details den Ausschlag. Gerade weil die Hierarchie sich aufgrund solch augenscheinlicher Kleinigkeiten bildete, achtete man besonders darauf. Wie anständig und nett Teunis auch gewesen sein mochte, Catos Eltern hätten ihre Tochter lieber mit einem Veteranensohn, oder noch besser, mit dem eines Beamten verheiratet.

> Sonntag 26. Juli 1835
> Vor mir, dem Standesbeamten der Gemeinde Norg,
> haben sich eingefunden:
> Anthonie Johannes Gijben, junger Mann, etwa 22 Jahre alt, von Beruf Arbeiter, wohnhaft in Veenhuizen, geboren in Rotterdam am zweiten Oktober 1812, der Bräutigam,
> und
> Catharina Petronella Braxhoofden, junge Frau, etwa 20 Jahre alt, von Beruf Arbeiterin, wohnhaft in Veenhuizen, geboren in Namur am achtzehnten September 1814, die Braut,
> mit dem Wunsch, in der Ehe verbunden zu werden.

An diesem Sonntag versammelte sich die ganze Hochzeitsgesellschaft im Gemeindehaus von Norg, allen voran die zwei Verlobten. Feldwebel Tobias Braxhoofden, mit einem Einkommen von 40 Cent pro Woche, trug seine Uniform. Catos Mutter Christina war hochschwanger, sie erwartete ihr elftes Kind. Wahrscheinlich waren auch Catos Geschwister und Teunis' Bruder mit seiner Frau dabei. Alle Anwesenden, auch die Eltern des Bräutigams, kannten sich aus der Dritten Anstalt. Trauzeugen der Familie Braxhoofden waren der Krämer und ein Saalaufseher, Trauzeugen der Familie Gijben zwei Landarbeiter.

Bevor Cato heiraten konnte, musste sie ein großes Problem lösen: In Norg akzeptierte man ihre Geburtsurkunde aus Namur nicht. Der Grund dafür war der Belgisch-Niederländische Konflikt – 1830 hatte sich Belgien einseitig für unabhängig erklärt. Die »zuständigen Behörden in den Niederlanden« akzeptierten keine Urkunde, die von einer »unrechtmäßigen Regierung im Süden« ausgestellt worden war. Schließlich musste Cato mit ihrem Vater und sieben weiteren Zeugen vor dem Friedensgericht in Assen erscheinen, wo jeder dieser Veenhuizener Bewohner unter Eid zu bestätigen hatte, dass sie wirklich Cato Braxhoofden sei.

Und da Teunis den Dienst an der Waffe nicht antreten musste, stand der Hochzeit nichts mehr im Wege.

Ich versuchte mir das Brautpaar vorzustellen, aber das war nicht einfach. Von Tobias, dem Vater der Braut, hatte ich nur eine Beschreibung. Und von ihrer jüngsten Tochter Helena ein Schwarz-Weiß-Bild, auf dem sie schon alt war. Catos Vater hatte dunkle Augen und Haare, eine ziemlich große Nase und ein spitzes Kinn. Die Gesichtszüge ihrer Tochter waren auf dem Schwarz-Weiß-Bild nur unscharf zu erkennen: helle Augen in einem bleichen, runden Gesicht. Ich stellte mir Cato gern als italienische Schauspielerin in einem Film wie *Novecento* vor: arm, aber bildschön. Ihr Gatte konnte nur ein blonder, starker Mann mit funkelnden Augen gewesen sein – von wem hätte ihre Tochter Helena sonst den hellen Teint geerbt?

Egal wie die Beteiligten ausgesehen haben mögen, der so sprichwörtlich »schönste Tag« in Catos Leben war ein Tag mit weitreichenden Folgen. Obwohl die Veteranentochter wusste, wie das Leben eines Kolonisten aussah, ließ sie sich nicht von ihrem Entschluss abbringen. Sie war sich der Tatsache bewusst, dass ihre Ehe mit dem Sohn eines Kolonisten zu einem Abstieg auf der sozialen Leiter führte. Im Lauf der Jahre gab sogar die Gesellschaft für Wohltätigkeit zu, dass die Situation der Familien wie den Gijbens aussichtslos war.

> Unter [den Arbeiterfamilien] befinden sich viele gebrechliche und zu harter Arbeit unfähige Personen. Da sie nicht zur Feldarbeit taugen, ist nicht zu leugnen, dass diese verarmten Schuhmacher und Schneider niemals ihre finanzielle Lage werden verbessern können, sodass die rosige Zukunft, die man ihnen hier vorzufinden versprach und die sie veranlasste, in die Anstalt zu kommen, in unerreichbare Ferne gerückt ist. Man spricht gewiss die Wahrheit, wenn man behauptet, dass ihr Leben hier genau so unglückselig ist, als es eh und je gewesen war.

Das frisch vermählte Paar wollte sich jedoch mit diesem Schicksal nicht abfinden. Cato und Teunis hegten die Absicht, ihre Zukunft in die eigenen Hände zu nehmen und der Kolonie den Rücken zu kehren. Die Gesellschaft für Wohltätigkeit erwartete von ihren erwachsenen Kolonie-Kindern auch, dass sie sich außerhalb der Anstalt nach Arbeit umsahen.

Cato und Teunis hätten gute Chancen, eine Arbeit zu finden, behauptete jedenfalls die Direktion. »Jeder in der Umgebung wird bestätigen, dass Kolonisten-Jungen unter die besten Torfstecher gerechnet werden können. Auch die Dienstmädchen holt man sich wegen ihrer Bildung, Bescheidenheit und Dienstfertigkeit am liebsten aus den Kolonien.« Und obwohl keiner leugnete, »dass die Mädchen in der Hausarbeit ungeübt waren und angeblich kaum eine Schüssel zu halten vermochten, ohne diese zu zerbrechen«, wurde »die Untergebenheit der Dienstboten aus der Waisenanstalt« überall gerühmt.

Trotz solcher lobenden Worte gelang es bei Weitem nicht allen Koloniekindern, eine eigenständige Existenz aufzubauen. Sie arbeiteten, aber erlernten keinen Beruf. Sie gingen zur Schule, aber lernten nicht, selbst zu entscheiden. Das größte Problem jedoch war, dass die ehemaligen Anstaltsbewohner außerhalb der Mauern keineswegs so beliebt waren, wie die Gesellschaft für Wohltätigkeit behauptete. Ganz im Gegenteil, die Veenhuizener hatten einen erschreckend schlechten Ruf. Wer aus dem Landstreicherasyl kam, wurde automatisch als Gesindel abgestempelt. Gegner der Kolonie wiesen unermüdlich darauf hin, dass heranwachsende Jungen in den Anstalten einem schlechten Einfluss ausgesetzt waren.

Ein Politiker bezeichnete die Kolonie als »Hort schamloser Subjekte«. »Bis auf wenige Ausnahmen sind die Bettleranstalten von Abschaum bevölkert: Bettler, Vagabunden, Menschen mit schlechtem Charakter«, so lautete eine andere Meinung zu diesem Ort.

Ein protestantischer Pfarrer notierte:

> Als ich die Kolonie der Gesellschaft für Wohltätigkeit besuchte, fand ich dort ein Haus mit mehreren Hundert Knaben, die durch die verwerfliche Gewohnheit der Onanie zu Pygmäen geschrumpft waren. In Amsterdam erforschte ich den Verbleib des blühenden Geschlechts der Mädchen aus den Kolonien der Gesellschaft für Wohltätigkeit und fand auf den Listen, die die Polizei über die Dirnen in den Hurenhäuser führte, nicht weniger als ein Viertel aus den Kolonien stammend.

Ich war bestürzt. Es hätte nicht viel gefehlt, und meine Ururgroßmutter wäre auch in der Prostitution gelandet. Langsam begriff ich, was die jungen Menschen aus den Kolonien draußen erwartete. Gegen solche Vorurteile war kein Kraut gewachsen.

Hätte Cato nicht unter ihrem Stand geheiratet, hätte sie vielleicht weniger unter dem Veenhuizen-Stigma zu leiden gehabt: Der Sohn eines Aufsehers gehörte zum Establishment, der Sohn eines Kolonisten zu den Versagern. Aber als ich mir die Heiratspapiere genauer ansah, entdeckte ich, dass mit Catos Ehemann noch etwas anderes los war: Teunis war katholisch. Ich habe beim ersten Mal darüber hinweggelesen, da ich nicht damit gerechnet hatte. Doch hier stand es geschrieben, schwarz auf weiß: römisch katholisch. Das heißt, dass Cato ihren Glauben wechseln musste. Und dass ihre Kinder katholisch getauft wurden. Die Geschichte, die meine Mutter von der »unpassenden Ehe« zwischen ihrer protestantischen Oma Helena und dem katholischen Harmen erzählte, konnte demzufolge nicht wahr sein. Helena war ihr ganzes Leben lang katholisch gewesen. Folglich musste die Heirat zwischen zwei Partnern unterschiedlicher Religion eine Generation früher stattgefunden haben, bei Cato und Teunis. Wenn das stimmte, dann war Cato diejenige, die von ihren Eltern verstoßen und enterbt wurde.

Unwahrscheinlich ist, dass Tobias und Christina den Übertritt ihrer Tochter zum Katholizismus guthießen. Im Jahr 1835 waren die Katholiken noch immer die schwarzen Schafe. Seit der Reformation vor zweihundert Jahren waren sie überall in der Minderheit. Eine lange Zeit konnten sie ihren Glauben nur heimlich ausüben, von öffentlichen Ämtern waren sie ausgeschlossen. Erst seit der Franzosenzeit, nach der Trennung von Kirche und Staat, durften die Katholiken offiziell nicht mehr diskriminiert werden, was aber dennoch weiterhin geschah.

Drenthe war geradezu eine protestantische Hochburg. Nach einer Bevölkerungsumfrage im Jahr 1809 waren 94 % der Provinzbewohner Protestanten. Die 225 Katholiken, die es gab, waren Mitglieder einer Handvoll Familien in Coevorden. Dank der Anwesenheit der Kolonisten in den Anstalten wurden nach zweihundert Jahren zum ersten Mal wieder öffentlich Eucharistiefeiern in der Provinz abgehalten. Die erste katholische Kirche öffnete im Jahr 1818 in Frederiksoord ihre Pforten, die zweite im Jahr 1826 in Veenhuizen, die dritte im Jahr 1833 in Assen.

Während man den Katholiken im ganzen Land noch mit Argwohn begegnete, heiratete Cato, die protestantische Veteranentochter, einen Kolonistensohn und Katholiken obendrein. Gerade als ich mich fragte, warum ihre Eltern der Hochzeit überhaupt zustimmten, fand ich die Antwort, versteckt in der Geburtsakte ihres ersten Kindes. Der kleine Piet kam am 21. November 1835 zur Welt, vier Monate nach der Hochzeit. Sie mussten also heiraten. Aber war das so schlimm? In den umliegenden Dörfern war es gang und gäbe, ein Mädchen vor der Heirat zu schwängern, denn wer wollte schon eine Katze im Sack kaufen? In den Kolonien der Gesellschaft für Wohltätigkeit aber, in denen nichts über die Sittlichkeit ging, war eine Schwangerschaft vor der Hochzeit eine Todsünde. War dies der Fall, dann wurden Mann und Frau voneinander getrennt und ohne Mitleid in die Strafkolonie De Ommerschans verbannt. Wie konnte Cato ihre Schwangerschaft verbergen? Hatte ihr Vater alle seine Beziehungen spielen lassen, um seine Tochter und Teunis davor zu bewahren?

Wie auch immer, am 26. Juli 1835 um zwölf Uhr mittags notierte der Standesbeamte, dass alles seine Richtigkeit hatte.

> Da niemand gegen diese Heirat etwas vorzubringen wusste, fragten wir die zukünftigen Eheleute, ob sie gemeinsam als Mann und Frau in den Stand der Ehe treten wollten, was beide bejahten. Und so erklären wir im Namen des Gesetzes, Anthonie Johannes Gijben und Catharina Petronella Braxhoofden durch das Band der Ehe miteinander verbunden.

Die Heiratsurkunde trug die Unterschriften vom Bräutigam, den Vätern und den Trauzeugen. Ich wunderte mich nicht darüber, dass die Mütter des Brautpaars Analphabetinnen waren. Aber die Braut, die doch angeblich den viel gerühmten Schulunterricht in der Kolonie besucht hatte, unterschrieb nicht. Weil sie, so stand es in der Akte, nicht schreiben konnte.

11

Auf Probe

»Eilig scheinen Sie's ja nicht zu haben!«, ruft mir ein alter Mann zu, als ich am Ufer des Drenthsche Hauptkanals entlangschlendere. Er trägt ein Holzfällerhemd, an dem Strohhalme kleben. Und er bemerkt nicht, dass sein Hosenschlitz offen ist. Er steht auf dem Zufahrtsweg eines Bauernhofs und beobachtet in aller Seelenruhe, wie ich auf ihn zukomme. Kaum habe ich ihn erreicht, kann er seine Neugier nicht länger unterdrücken.

In den Häusern am Kanal, alles renovierte oder nachgebaute Bauernhöfe, wohnen hauptsächlich Städter, die Ruhe und ländliche Weite suchen. Die gepflegten Rasen sind von Blumenbeeten eingesäumt, ein Miniatur-Hünenbett erhöht den dekorativen Wert. Man sieht sofort: In Kloosterveen lässt es sich schöner wohnen.

Ich erzähle dem Mann, dass ich mir den Ort ansehe, an dem meine Vorfahren gelebt haben.

Er fragt mich nach ihren Namen.

Gijben und Braxhoofden.

Sie sagen ihm nichts. Ob sie denn einen Bauernhof in der Gegend gehabt hätten?

Hatten sie nicht.

Der Mann starrt ins Leere. »Hier wohnten schon meine Großeltern«, sagt er. »Wissen Sie, das hier war früher eine arme Region. Kennen Sie die Geschichte von Bartje, dem armen Schlucker, der nur braune Bohnen zu essen bekam? Diese Geschichten sind alle wahr.«

Hinter den Häusern flattern die giftgrünen Fahnen eines Gartencenters. Es gibt genug Kunden, denn auf den Wiesen werden im Eiltempo Retortensiedlungen gebaut. Die Häuser der oberen

Johannes van den Bosch, Gemälde von Cornelis Kruseman, 1829, bei seiner Ernennung zum Generalgouverneur von Niederländisch-Ostindien.

Die Dritte Anstalt, 1826.

Der Innenhof der Dritten Anstalt, 1826,
mit Englischem Garten für die Waisenkinder.

Schlafsaal mit hochgezogenen Hängematten (an der Zimmerdecke).

Schlafkojen.

Personalwohnhaus in Veenhuizen.

Altersheim für Männer in der Dritten Anstalt, ca. 1925.

»Katze«, ein Landstreicher als Kindermädchen, ca. 1900, gezeichnet von einem Pflegling.

Pfarrer Germs.

Pfleglinge der Zweiten Anstalt auf dem Weg zur Arbeit.

Schusterwerkstatt in der Zweiten Anstalt.

Beamtenfamilien vor der Dritten Anstalt, 1903.

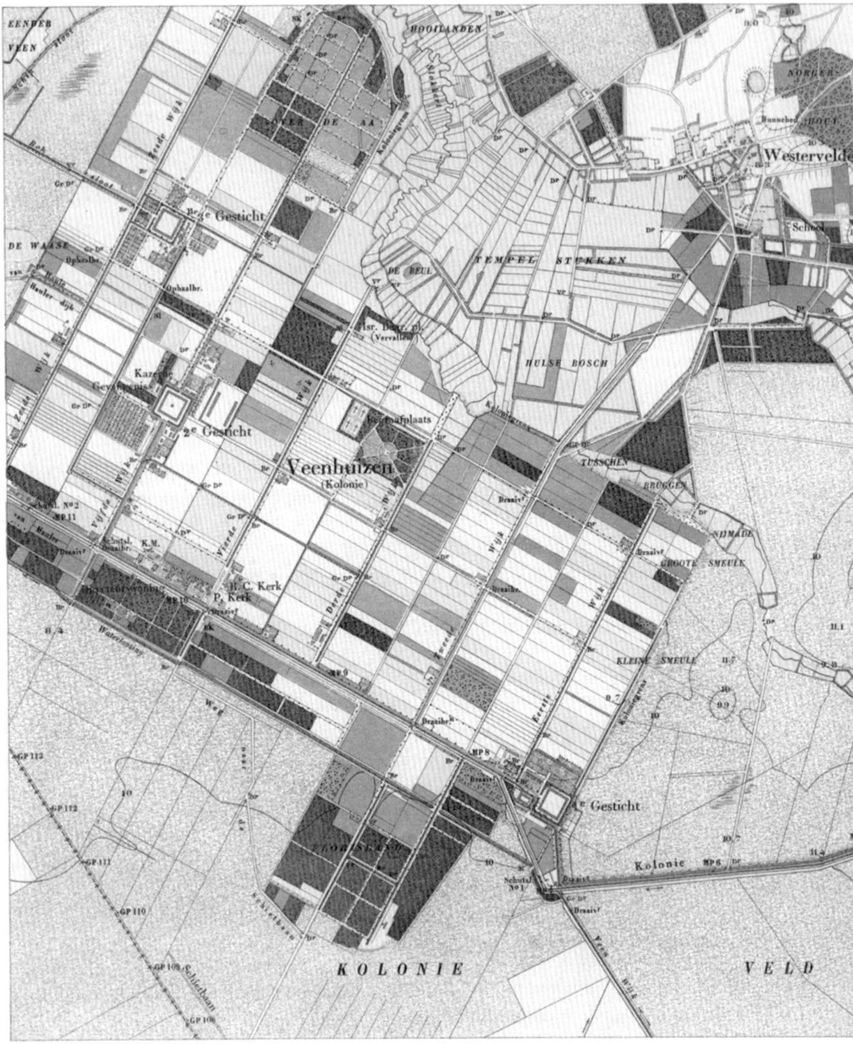

Grundriss Veenhuizen, 1896.

Preisklasse sind richtige kleine Landhäuser: Die Doppelgarage hat hohe runde Stalltüren – mit elektrischer Fernbedienung, versteht sich.

Meiner Einschätzung nach müssen die Großeltern dieses Mannes die Kinder von Cato und Teunis gekannt haben. Jedenfalls wohnten beide Familien zu derselben Zeit am Drenthsche Hauptkanal. Wer weiß, vielleicht kannten sie sich sogar so gut, dass sie zusammen Steine auf dem Wasser springen ließen. Es wird nicht mehr lange dauern, bis hier fünftausend Landhäuser mit Sonnenterrassen und Felsenteichen stehen. Damals wohnte kaum jemand im Reihendorf Kloosterveen. Ein paar Bauernhöfe, ein paar Arbeiterhäuschen, das war alles.

Wie junge Leute es zu tun pflegen, suchten Cato und Teunis im Frühling des Jahres 1840 eine bessere Zukunft im Umland von Assen, zwanzig Kilometer von Veenhuizen entfernt. Das florierende Torfgeschäft in den Dörfern an den Kanälen zog Tagelöhner und Landarbeiter an wie ein Magnet. Die kommerzielle Torfgewinnung in Drenthe begann bereits im Jahr 1614, als die holländischen Herren ihren im Goldenen Zeitalter erworben Reichtum gewinnbringend anlegen wollten. Am Südende der Drenthse Hoofdvaart, in der Nähe der Zuiderzee, ließ ein Regenten-Konsortium die obere Moorschicht des Erdbodens abtragen. Danach ließ man diese trocknen und verkaufte sie anschließend als Heizmaterial. Das Geschäft blühte. Deshalb breitete sich die Torfgewinnung entlang der kerzengeraden Drenthse Hoofdvaart immer mehr in Richtung Norden aus. Als Cato und Teunis den Anstalten Lebewohl sagten, waren die Nachbardörfer Smilde und Kloosterveen bereits Torf-Goldminen.

Torfstechen war Schwerstarbeit, aber einträglich. Deshalb kamen viele Saisonarbeiter aus nah und fern nach Drenthe, auch aus Deutschland. Sie lebten unter schlechten Bedingungen in Hütten und Bretterbuden. Die Arbeitgeber kümmerten sich kaum um die Bedürfnisse der Arbeiter, denn sie wussten, dass diese unter allen Umständen kommen würden. Die Torfsaison dauerte nur von April bis Juni, danach mussten sie woanders mähen oder heuen.

Erst im Herbst gab es am Kanal wieder Arbeit, wenn die getrockneten und gepressten Briketts in die Städte verschifft werden mussten.

Cato und Teunis hatten sich ihr Abreisedatum aus Veenhuizen sorgfältig ausgesucht: Es war der 31. März, der Winter war vorbei und die Torfsaison stand bevor. Die ersten Jahren ihrer Ehe, in denen sie bei Teunis' Eltern wohnten, waren ohne große Schicksalsschläge vorbeigegangen. Zwar war Catos jüngste Schwester, die kurz nach ihrer Hochzeit zur Welt kam, bald nach der Geburt gestorben, doch der kleine Piet, Catos erstes Kind, blieb am Leben, sowie auch Stijntje, das zweite. Jetzt waren sie bereit, ihr Glück zu versuchen. Die Gesellschaft für Wohltätigkeit bot ihnen zur Sicherheit an, dass, falls sie es in der Welt draußen nicht schaffen würden, sie innerhalb eines Jahres wieder in die Anstalt zurückkehren konnten. Danach blieben die Pforten für immer geschlossen.

Die chronische Geldnot zwang die Gesellschaft für Wohltätigkeit dazu, ehemalige Bewohner abzuweisen, die nach Jahren wieder in die Anstalt zurückkehren wollten. Nach nur wenigen Arbeitswochen in der Regierung, wurde Minister Johannes van den Bosch mit einem vernichtenden Bericht über die Betriebsführung seiner Armenanstalten konfrontiert. Mit einem Schuldenberg von über dreieinhalb Millionen Gulden war seine Gesellschaft faktisch bankrott. Der Grund dafür war die steigende Bevölkerungszahl in den Anstalten aufgrund der anhaltenden Armut im Land. Als Teunis kam, wohnten 2406 Kolonisten in Veenhuizen, später waren es etwa fünfeinhalbtausend. Verantwortlich dafür waren nicht nur der große Zustrom neuer, sondern auch der geringe Abgang alter Insassen: Einmal in Veenhuizen, immer in Veenhuizen.

Deshalb versuchte die Leitung das Problem zu lösen, indem sie die Aufenthaltsdauer auf sieben Jahre beschränkte. Gesagt, getan: Jeder zehnte Bewohner wurde umgehend vor die Tür gesetzt. Aber die meisten Entlassenen konnten nicht mehr für sich selbst sorgen und kehrten schnell wieder zurück. Das war für die

Kritiker ein gefundenes Fressen: Es beweise, dass Mildtätigkeit kontraproduktiv sei. Es sei doch logisch, dass diese Müßiggänger nicht mehr aus einem solchen Paradies wegwollten, und auch, dass sich stets mehr arbeitsscheue Profiteure meldeten. Um solche »Selbstmelder« abzuschrecken, genossen seit 1838 die Freiwilligen gegenüber den Verurteilten keinerlei Privilegien mehr.

Und so wurde Teunis, der Sohn aus einer anständigen Freiwilligenfamilie mit Obdachlosen und vorbestraften Landstreichern auf einen Haufen geworfen.

Die Regierung, die Institutionen immer wieder mit Darlehen unterstützt hatte, wollte diese am liebsten auflösen, um weiteren Verlusten vorzubeugen. Aber Minister van den Bosch war der Ansicht, dass die Regierung mehr investieren müsse. Und er wusste auch schon, woher das benötigte Geld kommen sollte: Aus seinem eigenen Ministerium.

Der General legte dar, dass seine Gesellschaft für Wohltätigkeit »geeignete Personen für den Dienst in den Ost-Indischen Besitztümern des Reiches heranziehen könne«. Im Klartext: Er wollte Obdachlose und Landstreicher auf ein Leben in den Tropen vorbereiten. Im Gegenzug dafür würde sein Ministerium die nötigen Darlehen gewähren. Das alles war reine Rhetorik, denn es gab keinerlei Hinweise darauf, dass Johannes van den Bosch die Unterklasse in ähnlicher Weise nach Überseeverschiffen wollte, wie England den Abschaum seiner Bevölkerung nach Australien. Dank seiner Redekunst gelang es ihm, die Gesellschaft vor dem Bankrott zu retten. Obwohl kaum noch ein Regierungsmitglied seinen Rechenkünsten traute, ließen sich alle wieder von ihm begeistern. Außerdem wusste keiner, wohin mit all den Armen, wenn Veenhuizen seine Tore schließen würde.

Der Druck war für kurze Zeit vom Kessel genommen. Nachdem Minister van den Bosch aus Niederländisch-Ostindien zurückgekehrt war, stattete er jedes Jahr seinen Armenkolonien in den Niederlanden einen Besuch ab. Er brachte den Waisenkindern Früchte mit, die er aus seinem eigenen Geldbeutel bezahlte. Aber das war nur die Ruhe vor dem Sturm. Im Jahr 1839 verschärfte sich die Lage. Es begann damit, dass sich in Minister van den Boschs ostindischen Haushaltsplänen enorme Deckungsprobleme ergaben. Bis zu diesem Zeitpunkt hatte er die prekäre Finanzlage seines Ministeriums vor der Volksvertretung verschwiegen, weil er den Verhandlungen mit dem vom Königreich der Niederlande abgespaltenen Belgien über die Staatsverschuldung nicht schaden wollte. Da nun aber die Verluste in Ostindien sichtbar wurden, musste er die Karten auf den Tisch legen. Zum ersten Mal bekamen die Parlamentarier Sicht auf die riesigen Geldströme, die in all den Jahren vom Staat in die Gesellschaft geflossen waren.

Ein Fegefeuer der Kritik brach über van den Boschs Ostindien- und Armenanstalten-Politik herein. Wie üblich verteidigte sich der Minister mit Verve, doch fast alle Parlamentsmitglieder waren gegen ihn, und diesmal zog er den Kürzeren. Als er sah, dass er diesen Streit nicht gewinnen konnte, spielte er seine Machtposition ein letztes Mal aus. Er kündigte völlig unerwartet. Seinen Rücktritt begleitete er mit den Worten: »In meiner Zurückgezogenheit werde ich mein unglückliches Vaterland bedauern und Gott bitten, dass Er es vor den Katastrophen bewahren werde, welche ich voraussehe.«

Noch einmal nahm die Popularität Johannes van den Bosch einen kurzen Aufschwung. Parlamentarier und Minister, Befürworter und Gegner besuchten ihn in seiner Villa Haus Boschlust, um ihn zu bitten, sein Amt wieder aufzunehmen. Eine Flut von Briefen aus dem ganzen Land erreichte ihn. Van den Bosch ließ sich die Sache einige Tage lang gefallen, hielt aber an seinem Entschluss fest. Dem König blieb keine andere Wahl: Am 25. Dezember 1839 nahm er das Rücktrittsgesuch seines starrköpfigen Ministers an, schenkte ihm einen erblichen Grafentitel und belohnte ihn zu guter Letzt mit dem Ehrentitel des Staatsministers. »Noch nie zuvor verließ ein Minister die politische Bühne mit so viel Glanz und Gloria«, schrieb der zufriedene Ex-Minister an seinen Sohn.

Mit van den Boschs Rücktritt war das Problem nicht aus der

Welt. Die Gesellschaft für Wohltätigkeit war und blieb ein Moloch, der Million verschlang und weiterhin gefüttert werden musste, um eine Katastrophe unabsehbaren Ausmaßes zu verhindern. Niemand wollte, »die Bevölkerung der Kolonien, welche inzwischen auf mehr als neuntausend Seelen angewachsen war, von einem Tage auf den anderen ihrem Schicksal überlassen, da diese armen Leute sich dann über das ganze Land zerstreuen und vielerorts nur Unglück, Aufruhr und Verbrechen hervorrufen würden, wodurch der Schaden nur noch größer wäre.« Aus diesem Grund erarbeiteten die Parlamentarier einen genialen Plan, bei dem der Staat nur die Kosten, aber nicht die Verantwortung für die Gesellschaft übernehmen sollte.

Genau in dieser Zeit wagten Cato und Teunis den Schritt in die Außenwelt. Sie fanden eine Bleibe am Drenthsche Hauptkanal, wo zwei Wochen später ihr drittes Kind, Hanna, gesund zur Welt kam.

Während Teunis im Frühling zum Torfstechen ging, sorgte Cato zu Hause für die Kleinen und besserte nebenbei mit Strick- und Spinnarbeiten das Einkommen auf. Im Winter pflückten sie Besenheide, aus der sie entweder Scheuerbürsten machten oder die sie den Bäckern als Brennmaterial verkauften. Den beiden Nachbardörfern Kloosterveen und Smilde ging es so gut, dass sie einen Gemeinde-Arzt anstellen konnten, der die Armen kostenlos behandelte. Nur vier Prozent der Dorfbewohner klopfte ab und zu bei der Armenfürsorge an. Genauer gesagt: vier Prozent der Protestanten, denn eine Armenfürsorge für Katholiken gab es damals nicht.

In dieser protestantischen Welt waren Katholiken wie Cato und Teunis auf sich selbst gestellt. Ihre Nachbarn waren zu der Zeit in einen vehementen Richtungsstreit über die Richtigkeit der Auslegung ihres Glaubens verwickelt. Sie spuckten im Streit, welchen Psalm man singen müsse und wie die Bibel zu lesen sei, gegenseitig Gift und Galle. Der König hatte zunächst versucht, andersdenkende Gläubige, die plötzlich im ganzen Land auftauchten, zu inhaftieren, musste jedoch im Jahr 1839 das Kirchenschisma akzeptieren. Von nun an gab es offiziell zwei reformierte Glaubensrichtungen. Diese schmerzhafte Spaltung, die in den Dörfern entlang des Kanals ganze Familien entzweite, machte es für eine katholische Zuzüglerfamilie nicht einfacher, Fuß zu fassen. Nur während der Torfsaison, wenn die Tagelöhner aus Deutschland kamen, waren sie nicht die einzigen Katholiken in der Gegend.

Cato und Teunis mussten sich in Kloosterveen selbst behelfen. Sie hatten weder einen geistlichen Berater, der sich um ihr Seelenheil kümmerte, noch einen Anstaltsdirektor, der für Lebensmittel sorgte. Im Sommer und Herbst hatten sie genug zu essen, aber je länger der Winter dauerte, desto weniger kam auf den Teller. Die Lebensumstände der Familie mit drei kleinen Kindern, der niemand half, verschlechterten sich dramatisch. Möglicherweise war auch das eine oder andere Familienmitglied krank geworden. Cato und Teunis wussten, dass sie nur ein einziges Mal die Chance hatten, nach Veenhuizen zurückzukehren. Und diese durften sie sich nicht entgehen lassen. Als der Winter beinahe zu Ende war und die Torfsaison wieder vor der Tür stand, klopften sie am 30. März 1841 an der Pforte der Dritten Anstalt an. Vielleicht hatten sie bis zum letzten Tag auf ein Wunder gehofft.

Kurz nach ihrer Ankunft schloss man die Tore für potenzielle Rückkehrer. Nur wer vom Gericht wegen Bettelei oder Landstreicherei verurteilt wurde, bekam noch Einlass. Der Justizminister rief aus Vorsorge seinen Polizeiapparat zu doppelter Wachsamkeit auf, denn er ahnte, dass durch diese Maßnahme das »Lumpengesindel« in den Straßen zunehmen würde. Aber die Armen kamen trotzdem nach Veenhuizen. Es waren Krisenjahre, und viele sahen keinen anderen Ausweg, als vor den Augen eines Gendarmen um Almosen zu betteln, worauf der Richter sie wohl oder übel wegen Bettelei verurteilen musste. Aufgrund des anhaltenden Zustroms der Armen mussten die Waisenkinder auf den Dachboden der Ersten Anstalt umziehen, ihre Essensportionen wurden verkleinert. Auch Cato und Teunis erfuhren am eigenen

Leib, dass die Anstaltsleitung am Essen sparte, denn auch bei den Kolonisten-Familien wurden die Wochenrationen an Brot und Kartoffeln gekürzt.

Am Dienstag, dem 2. Januar 1844 starb Catos Vater. Tobias Braxhoofden verschied um zwei Uhr nachts, weit weg von seiner Geburtsstadt Den Haag, in der Dritten Anstalt in Veenhuizen. Beruf Veteran, Rang Feldwebel, 58 Jahre alt. Die Erinnerung an ihn lebte in seinen Kindern fort.

Gegen Ende desselben Monats, am 28. Januar, tat in seiner Villa in Den Haag, nach kurzer Krankheit, Graf Johannes van den Bosch seinen letzten Atemzug. Einen Tag vor seinem vierundsiebzigsten Geburtstag begrub man ihn auf dem Bürgerfriedhof unter einem schlichten Stein. Zu seinen Ehren wurden eine silberne und eine bronzene Gedenkmünze geschlagen. Auf einer Gedenkfeier sprach man von seinem »kostbaren Erbe«. Seine Bewunderer hätten gerne noch ein Denkmal errichtet. Doch dazu kam es nie.

Im Nachhinein war es schwierig, ein Urteil über den Idealisten zu fällen, der das Leben meiner Vorfahren so nachhaltig beeinflusste. Musste ich ihn für seine guten Absichten loben? Oder hatte er die Familie unbeabsichtigt in die Falle gelockt? Viele Jahre später versuchte ein Mitglied der Gesellschaft, Bilanz zu ziehen:

> Für mein Dafürhalten ist seine warme Menschenliebe über jeden Zweifel erhaben. Ihm war der Anblick von Elend und Tränen ein Gräuel. Viele Kolonisten, die sich seiner heute noch erinnern können, sprechen voller Begeisterung vom »General«, der es so gut mit ihnen meinte.
>
> Doch entbehrte er zweier Eigenschaften, die bei einem Unternehmen von solchem Umfange unbedingt notwendig sind, nämlich Gemütsruhe und Besonnenheit. Wenn er sich einmal etwas vorgenommen hat, dann konnte ihn nichts davon abbringen. Bedenken, Einwände und Kritik von vernünftigen Männern waren ihm

nur neue Herausforderungen, denen es zu begegnen galt. Er war entschlossen, die Armen-Kolonien mit sittsamen Familien zu bevölkern, und wenn es diese nicht gab, dann eben mit welchen, die weniger sittsam waren. Das ist meine Meinung.

Dem Drenthsche Hauptkanal entlang lag kein einziges Torfbrikett mehr. Während ich zu Fuß durch Kloosterveen gehe, suche ich vergebens nach Landarbeiterhäusern. Ich frage den alten Mann im Holzfällerhemd, ob er wisse, wo die Armen früher gewohnt hätten. Er nickt mit einem Blick, als wollte er sagen: »Kannst du dir das nicht vorstellen?«

»Sie wohnten in der Nähe der Bauernhöfe, damit der Bauer sie nur rufen musste, wenn er sie brauchte. Ich kann mich noch gut daran erinnern.« Mit seinem Finger zeichnet er ein Haus mit einem Satteldach in die Luft, so wie Kinder Häuser malen, und so, wie Häuser eigentlich sein sollten. »Die Arbeiter wohnten im vorderen Teil des Häuschens. Sie schliefen in Schrankbetten. Im hinteren Teil stand die Ziege, die Kuh der Armen. Wenn es draußen kalt war, holten sie manchmal die Ziege ins Haus.« Er hebt einen Arm in die Luft: »Am Dachfirst hängten sie die braunen Bohnen zum Trocknen auf.«

Schweigend blicken wir auf den Kanal. Vor uns herrscht ein buntes Treiben von Vergnügungsbooten. Monte Carla, Khalijpso, Anita.

12

Die Vernebelungsstrategie

Vor mir steht der Karton 0432 mit dem Archiv der römisch-katholischen Kirche von Veenhuizen. Vorsichtig nehme ich ein paar Dokumente heraus: Ein Taufbuch, die Register der Erstkommunikanten und der Firmlinge, die Listen der Eheschließungen und Todesfälle. Mein Blick fällt auf ein Notizbüchlein mit dem Titel »Liber Status Animarum«. Es hat einen gelb-braun marmorierten Umschlag und einen grünen Schnitt und enthält eine Übersicht über alle Ereignisse, die zwischen 1861 und 1867 vorgefallen sind. Ich schlage es auf und sehe, dass die mit einem Stift geschriebenen Buchstaben nach eineinhalb Jahrhunderten kaum verblasst sind. Allerdings sind die Namen der Gläubigen in einer so zittrigen Handschrift geschrieben, dass ich mir schon fast Sorgen um die Gesundheit des damaligen Pfarrers mache. Ich frage mich, ob das Archiv überhaupt vollständig ist. Für einen Zeitraum von zwanzig Jahren sind lediglich zweiunddreißig katholische Eheschließungen verzeichnet, und das in einer Gemeinde, die zwischen 1000 und 2000 Mitglieder zählte. Nahm der Pfarrer es nicht so genau mit den Listeneinträgen, oder war es den Katholiken in der Kolonie nicht wichtig, sich in der Kirche das Ja-Wort zu geben?

Dass ich einen Blick auf dieses Archiv werfen kann, verdanke ich dem Pfarrer, der heute über die Katholiken in Veenhuizen wacht. Er hat viel weniger zu tun als seine Vorgänger, denn seine Gemeinde besteht nur noch aus ein paar Dutzend Mitgliedern. Der Pfarrer bewohnt das dreistöckige Pfarrhaus am Kerklaan, das auffallenderweise keinen Giebelspruch hat. In der alten katholischen Kirche, wo bis zum Jahr 1893 die sonntäglichen Eucharistiefeiern im Schichtdienst abgehalten wurden, ist heute unter anderem die protestantische Grundschule untergebracht. Den heutigen Katholiken liest er in einem überdimensionierten neugotischen Bau mit neunhundert Sitzplätzen die Messe.

Unter dem wachsamen Auge eines Gefängnisaufsehers mit einem großen Schlüsselbund am Gürtel, grub eine Gruppe Gefangener in grünen Overalls den Boden vor dem Pfarrhaus um. Obwohl ich meinen Besuch nicht angekündigt habe, bittet mich der Pfarrer in Haus. Er wischt sich die Hände an der Schürze ab und erzählt, dass er schon seit einem Vierteljahrhundert in Veenhuizen wohne. Bis zu seiner Pensionierung sei er Gefängnis-Seelsorger gewesen und nebenbei Dorfpfarrer. Da seine Nachfolger im Gefängnis allesamt Laien-Seelsorger mit Familie seien, die in ihrer Freizeit nicht auch noch eine Kirchgemeinde betreuen könnten, sei er jetzt, mit siebzig, noch immer Gemeindepfarrer in Veenhuizen.

»Wir müssen mal sehen, wie es weitergeht. Es gib nur wenige, die meine Nachfolge antreten wollen.« Der Pfarrer klingt nicht so, als ob ihn diese Situation belasten würde, im Gegenteil. Voller Stolz spricht er über seine außergewöhnliche Pfarrgemeinde: »Wo gibt es das schon, dass die Gefangenen, gemeinsam mit den Dorfbewohnern zur Kirche gehen?«

Seit die Bettleranstalten zu Gefängnissen umgewandelt worden sind, genießt eine sehr kleine Gruppe – nicht fluchtgefährlicher – Insassen das Privileg, die Messe besuchen zu dürfen.

Der Pfarrer erzählt, dass sonntags etwa fünfzehn Gefangene in der großen Kirche säßen, vor allem junge Männer mit, wie er sagt, »dunkler Hautfarbe«. Das gefalle ihm, auch wenn es ihn vor ein Dilemma stelle: »In der Bibel steht jede Menge über Sünder geschrieben, aber ich kann doch nicht jedes Wochenende nur über sie sprechen.«

Die Hingabe, mit der der Pfarrer seine schrumpfende Gemeinde betreut, steht in einem scharfen Kontrast zur Vorgehensweise seiner Vorgänger. In der Archivschachtel finde ich so manches Bittgebet eines Pfarrers, der von seinem zentnerschweren Amt in Veenhuizen erlöst werden wollte. Unter ihnen auch Pfarrer Schutte, der im Jahr 1851 in die Kolonie versetzt worden war: »Ich halte es in Veenhuizen nicht länger aus«, teilte er dem Erzbischof in einem Schreiben mit, der ihn jedoch erst acht Jahren später erhörte.

Im Jahr 1856, dem Geburtsjahr von Helena, Catos und Teunis' jüngster Tochter, verfasste Pfarrer Schutte einen ausführlichen Bericht über den »sittlichen und geistigen Zustand der Bevölkerung in den Kolonien«. Darin klagt er über die mangelnde Gläubigkeit der Kolonisten, diese beschränke sich, falls überhaupt anwesend, auf »Äußerlichkeiten«. Es gebe hier lediglich eine Handvoll aufrichtiger Gläubiger. »Die Zahl jener Kolonisten, denen ehrlicher Wunsch es ist, dem Herrn durch die Einhaltung seiner Gebote zu dienen, ist äußerst gering.«

Es kostete den Pfarrer so viel Mühe, in seiner Kirche für Ruhe und Ordnung zu sorgen, dass er nicht einmal eine ordentliche Messe abzuhalten vermochte. Das liege, so klagte er dem Bischof gegenüber, zum Teil am »allzu engen Kirchgebäude« und »an der Unmöglichkeit, die Gläubigen im Auge zu behalten«. Schütte schlägt vor, »alle Bettler-Kolonisten in der Kirchenmitte ihre Plätze einnehmen zu lassen, hinter ihnen die Anstaltswärter, um jene im Zaume zu halten, und in den Seitengängen die Veteranen«. Allerdings sehe er das Hauptproblem darin, »dass der größte Teil der Anstaltsinsassen aus losem Gesindel besteht, deren Seelen schwerlich zu retten« seien. Nach den Beschreibungen von Pfarrer Schutte musste das Leben in Veenhuizen ein Albtraum gewesen sein.

> Die sittenlose und lasterhafte Lebensart der Anstaltsinsassen ist und bleibt fürderhin zutiefst bedauerlich. Gotteslästerungen, Fluchen und eine unsittliche und unflätige Sprache, Unzucht, Verbrechen, Diebstahl sind den Menschen hier zur Gewohnheit geworden. Doch ist dieses Verhalten nicht auf die Anstalten beschränkt, sondern findet sich auch außerhalb von ihnen, auf den Straßen und Wegen, auf dem Land, und vor allem im Moor.

Diesen Lagebericht an den Bischof stellte Pfarrer Schutte an einem Dienstagmorgen fertig, kurz bevor er Helena Gijben taufte. Der sovielte neue Sprössling in seiner hoffnungslosen Gemeinde, war am Vortag um sechs Uhr abends in der Wohnung Nummer 82 in der Dritten Anstalt zur Welt gekommen. Während das Junilicht durch die vierzehn Bogenfenster des »allzu engen Kirchengebäudes« fiel, nahm der Pfarrer das Kind durch das Ritual in die Gemeinschaft der römisch-katholischen Kirche auf. Der Pfarrer beeilte sich, damit der Säugling nicht ungetauft – und deshalb mit der Erbsünde belastet – in die Vorhölle kam.

Nach der Rückkehr in die Kolonie mussten Cato und Teunis erfahren, dass sie durch ihren Weggang ihre Privilegien verloren hatten. Im Register in Veenhuizen wurde die Familie im Jahr 1841 als Neuankömmlinge eingetragen, ohne jeglichen Vermerk, dass Cato hier ihre Jugend als Veteranentochter verbracht hatte und Teunis Sohn einer ansässigen Arbeiterfamilie war. Ihr Status war durch ihren misslungenen Ausbruchversuch gelöscht worden. Sie standen nun in der Rubrik »gewöhnliche Kolonisten«. Sie hatten Glück, dass sie noch an der Außenseite der Dritten Anstalt wohnen durften, bei Teunis' Eltern.

In Veenhuizen hatte sich in der Zwischenzeit nichts verbessert. Aus den Wasserpumpen kam immer noch Wasser mit braunen Schlieren und es gab immer mehr Arme. Für Cato und Teunis muss das Gefühl der Erleichterung, innerhalb der Anstaltsmauern wieder ein sicheres Dach über dem Kopf gefunden zu haben, nicht von langer Dauer gewesen sein. In nur wenigen Jahren verloren sie drei ihrer vier Neugeborenen. Jedes Mal, wenn ein Säugling starb, gab man dem nächsten Kind dessen Namen. Das war ein Brauch, der Vertrauen und Ausdauervermögen ausdrücken sollte: Am Ende überlebten von diesen nach ihrer Rückkehr geborenen Kindern nur Toon (der Dritte), und Kaatje (die Zweite). Währenddessen schrumpfte Catos Verwandtenkreis. Zuerst starb ihr Vater, dann der Schwiegervater. Im Jahr 1854 verließen alle ihre Geschwister, vier Brüder und Schwestern, mit der Eröffnung des Oranjekanals gleichzeitig die Kolonie. Sie suchten in der siebzig Kilometer von Veenhuizen entfernten, neugegründeten Torf-Goldmine ihr Glück.

Ich bekam den Eindruck, als hätten Cato und Teunis zu früh versucht, die Dritte Anstalt zu verlassen. Damals schafften sie es nicht ohne die Unterstützung ihrer Familien. Und jetzt, wo sich ihnen eine zweite Gelegenheit bot, waren beiden schon über vierzig und zu alt für einen neuen Versuch. Außerdem mussten sie sich um ihre vielen Kinder kümmern.

Helena, meine Urgroßmutter, die im Jahr 1856 zur Welt kam, war ihr letztes Kind. Doch auch dieses Neugeborene brachte kein Glück ins Haus. Sechs Monate nach Helenas Geburt verlor Cato ihren Mann. Teunis starb mit vierundvierzig Jahren entweder an einem undefinierbaren Leiden oder nach einer plötzlichen Krankheit. Im selben Jahr starb auch ihr ältester Sohn Piet, der wohl schwer krank gewesen war, denn sein Militärkommandant hatte ihn nach Hause geschickt, wo er mit zweiundzwanzig Jahren starb. Von nun an musste Cato in der Dritten Anstalt allein für sechs Kinder und zwei alte Großmütter sorgen.

Im Grunde genommen verwaiste Veenhuizen allmählich. Johannes van den Bosch war die Seele der Kolonien gewesen, ohne ihn existierten sie jetzt nur noch, weil es keine Alternative für sie gab. Daran, dass man durch sie das Schicksal der Armen zum Guten wenden könnte, glaubte schon längst keiner mehr; man begnügte sich damit, durch sie die lästigen Subjekte von der Gesellschaft fernzuhalten. Die Kolonien tauchten in den Tagesordnungspunkten der Politik nur noch auf, wenn die Haushaltsdefizite zur Sprache kamen. Das änderte sich, als Mitte der Vierzigerjahre durch die berüchtigte Kartoffelkrankheit die Lage eskalierte.

Die Kartoffel war erst seit einigen Jahrzehnten ein Grundnahrungsmittel, vor allem der unteren Klassen. Vom Ertrag eines Hektars Anbaufläche für Kartoffeln konnte man dreimal so viele Menschen ernähren wie vom Ertrag eines Hektars Roggen.

Doch nachdem im Jahr 1845 die Kartoffelfelder in Irland und später auch auf dem europäischen Festland von einer bis dahin unbekannten Krankheit befallen worden war, drohte sofort eine Hungersnot. Eine Weile überlebte man mithilfe der Überschüsse einer guten Bohnen- und Erbsenernte, doch im Jahr darauf setzte sich das Elend fort, dazu kam eine schlechte Roggenernte. Und zu allem Überfluss trieb ein langer und kalter Winter die Preise in der nächsten Saison auf Rekordhöhe.

Die Kolonie konnte den Ansturm der verzweifelten und vom Hunger geschwächten Menschen kaum bewältigen. Die Zahl der Anstaltsbewohner kletterte auf 5577 – der Abstand zwischen den Hängematten wurde immer kleiner. Die Frage erhob sich, ob es nicht doch die Aufgabe des Staates sei, den Armen zu helfen. Bisher war man der Meinung gewesen, die Regierung habe sich ausschließlich um die Ordnung und Sicherheit im Land zu kümmern und um die Beziehungen zum Ausland. Wohltätigkeit sei nicht ihre Aufgabe. Doch das von der Kartoffelkrankheit ausgelöste Chaos und der dadurch in engem Zusammenhang stehende neuerlich drohende Bankrott der Gesellschaft für Wohltätigkeit erzwangen Mitte des neunzehnten Jahrhunderts eine Kursänderung.

Als Folge davon fand im Jahr 1854 in Groningen, am Vorabend der Verabschiedung eines bahnbrechenden Gesetzes im Parlament, der erste Kongress zum Armenwesen statt. Eine erlesene Gesellschaft von 193 Herren befasste sich mit der Frage: Warum sind die Armen arm? Nach zwei Sitzungstagen, unterbrochen von üppigen Mahlzeiten, einigten sich diese auf die vier folgenden Ursachen der Armut:

Erstens: Ein Unvermögen, sich des Branntweins zu enthalten
Zweitens: Unbedachtsamkeit beim Heiraten
Drittens: Mangelnde Sparsamkeit
Viertens: Mangel an Arbeit

Armut war eine Angelegenheit jedes Einzelnen, die erwähnten Ursachen hatten einen hohen Eigenverschuldungsgrad. Einer der Anwesenden warf das Argument ein, dass auch die niedrigen Arbeitslöhne eine Rolle spielten, welches die übrigen Teilnehmer vehement vom Tisch fegten. »Armut ist gottgegeben«, lautete das Gegenargument, niemand könne etwas daran ändern, dass die Arbeit des ungeschulten Volks auf dem Markt, der durch Angebot und Nachfrage geregelt sei, nicht mehr wert sei.

Im Kongress kam man zum Schluss, dass man das Problem lösen könne, wenn man den Armen gute Sitten beibringe: Wenn die Armen sparen, weniger trinken und ernsthafter darüber nachdenken würden, wen sie heirateten, dann würde es ihnen schon bald besser gehen. Deshalb richteten die Experten einen Appell an die wohlhabenden Bürger, dem gewöhnlichen Volk in dieser Angelegenheit behilflich zu sein. Die Experten waren der Ansicht, dass die Erziehung der Unterklasse eine Sache der besseren Stände sei, deren eigene Kultur dabei als Vorbild zu dienen hatte.

Inzwischen hatte man in Den Haag begriffen, dass sich die Regierung in Krisenzeiten nicht abseits halten konnte. Stadträte, die täglich mit den Folgen der Armut konfrontiert wurden, wollten ärgste Not lindern. Das Armengesetz von 1854 gab ihnen zum ersten Mal die Möglichkeit dazu. Mit diesem Gesetz machten sie einen Strich unter die Vergangenheit, wenn auch nur in unzureichender Weise. Die Armenfürsorge blieb weiterhin eine Aufgabe der kirchlichen und privaten Wohltätigkeitseinrichtungen. Doch wenn Personen in lebensbedrohlicher Armut verkehrten und bei diesen Instanzen keine Hilfe erwirken konnten, war es der Gemeinde erlaubt, einzuspringen. Die Gesetzeserläuterung erfuhr folgenden nachdrücklichen Zusatz:

> Keine Person erlangt damit das Recht, von der Obrigkeit Beihilfe zu fordern, denn uneingeschränktes Fordern kommt dem Betteln gleich. Bettelei jedoch ist eine Bedrohung für die Ruhe und Ordnung eines Staates. Der Staat sieht sich in der Pflicht, seine Mit-

bürger durch Einsatz polizeilicher Kräfte vor dem Unfug der Bettelei zu bewahren.

Beihilfe war kein Recht, sie war eine Gunst, die gewährt wurde. Und daran sollte sich in den nächsten hundert Jahren nichts ändern. Dass der Staat jedoch zugab, für die Armen verantwortlich zu sein, war entscheidend für die Zukunft der Drenther Anstalten. Nach jahrelangen Querelen übernahm das Königreich von der Gesellschaft für Wohltätigkeit 1859 die unfreien Kolonien Veenhuizen und Ommerschans. Genau so, wie Johannes van den Bosch es immer gewollt hatte.

Von diesem Moment an wurde Veenhuizen einer totalen Metamorphose unterzogen. Schritt für Schritt wurde die gut gemeinte Erziehungskaserne abgebaut und in eine Staatseinrichtung verwandelt, in der Landstreicher für ihren liederlichen Lebenswandel bestraft werden sollten. Zuerst bekamen die Anstalten andere Namen: Die Kolonien der Wohltätigkeit hießen fortan »Reichsarbeitsanstalt«. Danach änderte sich auch ihr Charakter. Die Politiker waren der Meinung, dass man die Obdachlosen und Landstreicher ruhig etwas strenger anpacken könne, unter den Voraussetzungen, dass die verschiedenen Anstaltsinsassen voneinander getrennt würden. 1869 verschwanden die Waisen aus Veenhuizen. Nach einem fünfundzwanzigjährigen Experiment wurden sie in die Kinderheime ihren Heimatstädte zurückgeschickt. Im Jahr 1870 begann man mit der Entlassung der Frauen: Zuerst brachte man sie in der Ersten Anstalt unter, von wo aus die Frauen dann auf andere Anstalten des Landes verteilt wurden. Seit geraumer Zeit hatte man auch keine Familien mehr aufgenommen. Da diese Vorgehensweise ganz im Sinne des Justizministeriums war, übernahm dieses von 1875 die Leitung der Reichsarbeitsanstalten. In der Neufassung des Strafgesetzbuchs wurde ein Aufenthalt in Veenhuizen künftig als Strafe für Landstreicherei und Bettelei verzeichnet. So geschah es, dass die Kolonie, in der einst eine Miniaturgesellschaft lebte, zu einer Strafanstalt für verlorene Landstreicher wurde.

Im Strudel der Veränderungen war es Cato und den Ihren gelungen, Veenhuizen zu verlassen. Endlich. Im marmorierten Büchlein des Pfarrers aus dem Jahr 1861 war ihr Name und der ihrer Kinder mit zwei fetten Linien durchgestrichen daneben der Vermerk: »Nach Amsterdam.«

Es kam einem Wunder gleich, dass eine siebenundvierzigjährige Witwe, die in jungen Jahren mit ihrem Mann an einem Leben zwanzig Kilometer von der Anstalt entfernt gescheitert war, nun mit sechs Kindern den Sprung in die große Stadt wagen sollte. Und doch tat sie es. Wie und weshalb verschwieg der Pfarrer. Die Dokumente aus der Archivschachtel 0432 bringen jedoch noch ganz andere, unerwartete Details ans Tageslicht. Ich erfahre, dass Cato nach ihrer Heirat mit Teunis tatsächlich zum Katholizismus übergetreten war, die kirchliche Trauung aber erst 1846, also elf Jahre später erfolgte – »testium: infasia eklesia«, unter der Zeugenschaft der gesamten Kirchengemeinde. Damals war es nicht üblich, mit der kirchlichen Trauung so lange zu warten. Auch der heutige Pfarrer kann beim besten Willen keine Erklärung dafür finden.

Möglicherweise wollte Cato ihren Eltern dieses Ereignis ersparen, obwohl aus den Dokumenten zu erfahren ist, dass auch ihr Bruder Wim mit einer Katholikin verheiratet gewesen war. Ihm aber hatte dies wider Erwarten nicht geschadet: Nachdem er einige Jahre im Torfabbau gearbeitet hatte, kehrte er als Veteranensohn problemlos nach Veenhuizen zurück und nahm eine Stellung als Brigadier an.

Doch dann stoße ich, beim Durchblättern des Liber Status Animarum, plötzlich auf den Namen von Catos Mutter. Ich lese:

> Dritte Anstalt, Nummer 5, Christina Koenen, Witwe
> Braxhoofden, derzeit in Ommerschans wohnhaft bei ihrer allda verheirateten protestantischen Tochter.

Einen Moment lang verliere ich den Faden. Ich weiß, dass Catos Schwester Marie mit einem Bauernsohn verheiratet gewesen war, der es in Ommerschans bis zum Wärter gebracht hatte. Es war beruhigend zu wissen, dass Catos Mutter Christina nicht als hochbetagte Frau allein in Veenhuizen zurückgeblieben war. Erst jetzt dringt es zu mir durch, dass Catos Mutter ebenfalls katholisch gewesen sein musste, sonst würde sie nicht in der Liste des Pfarrers auftauchen. Das heißt: Cato selbst war aus einer gemischten Ehe hervorgegangen.

Somit zeigte sich das Gerücht, dass eine Eheschließung zwischen den Konfessionen die Familie in die Armut getrieben hatte, abermals in einem anderen Licht. Dass es überhaupt nichts zu erben gegeben hatte, war mir inzwischen klar geworden, doch die Lesart, dass Cato von ihren Eltern »verstoßen« worden war, weil sie sich für einen katholischen Ehemann entschieden hatte, erwies sich jetzt als vollkommen falsch. Die Familie hatte die Geschichte erfunden, um mit diesem Mythos den Schandfleck Veenhuizen zu vertuschen. Mithilfe einer solchen Vernebelungsstrategie ließ sich, so hoffte man wohl, vielleicht eine bessere Zukunft aufbauen.

Meiner Meinung nach legte Cato bei ihrem Auszug aus der Kolonie selbst den Keim zu diesem Mythos. Am 22. August 1861 bestieg die Witwe mit ihren sechs Kindern die Treckschute nach Amsterdam. Sie ahnte wohl, dass es keinen Weg zurück gab. Ich stelle mir vor, dass sie auf der Fahrt, die sie weit von Drenthe wegführte, den Kindern verbot, noch jemals das Wort Veenhuizen in den Mund zu nehmen.

Helena

13

Gesuch für Verheiratete

In der Weihnachtszeit ist es im Amsterdamer Jordaan immer besonders gemütlich. Die Negen Straatjes, die in keinem Funshopping-Guide fehlen, baden im Rot und Grün der Weihnachtsbeleuchtung. Aus den Schaufenstern der kleinen Läden, die Künstlerpostkarten, Vintage-Artikel und Do-it-yourself-Mosaike verkaufen, quillt das Dezember-Gefühl. Eltern auf modernen Familienfahrrädern (mit Kasten, Kisten oder Blumengirlande) wollen ihre Kinder noch vor Kindergartenschluss abholen und müssen in ihrer Eile den Touristen, die ihnen immer wieder blind vors Rad laufen, über die Bürgersteige ausweichen. Vor dem Supermarkt hängen Kunden Einkaufstüten voller vorgeschnittenem Gemüse und Fertigmahlzeiten an den Fahrradlenker. Die Verkäuferin der Obdachlosenzeitung schaut teilnahmslos zu.

Die Oude Looiersstraat ist nur wenige Minuten von meinem Haus entfernt. Auf dem Weg nach Hause sehe ich durch die Fensterscheiben Menschen in kleinen Räumen vor ihren Computern sitzen. Copywriters, Publizisten, Coacher. Sie haben die Souterrains saniert und die ehemals feuchten Wände mit Büchern zugestellt. Ihr gesellschaftlicher Erfolg lässt sich am Raummaß des Büros ablesen. Der heutige Städter versteht sich gern als Individuum. Mit einem Achselzucken bezahlt er den Wucherpreis für eine kleine Wohnung im Jordaan und genießt die Authentizität.

Der Lebensstil in diesem Viertel, welches im Jahr 1612 für die Bediensteten der reichen Bewohner des gleichzeitig erbauten Grachtengürtels geplant wurde, war in früheren Jahrhunderten ein ganz anderer. Seit ich mich mit meiner Familienchronik befasse, nehme ich alles um mich herum bewusster wahr und finde im halben Jordaan Spuren meiner eigenen Geschichte.

Cato zog nach ihrer Reise mit den Kindern in eine der Seitengässchen der Willemsstraat, die kurz vor ihrer Ankunft als übelriechender Hort vieler Krankheiten zugeschüttet worden war. Hinter den Häusern gelangte man durch ein Wirrwarr von Gässchen zu den Untermietwohnungen und Armenvierteln, wo mehr Menschen wohnten, als man sich vorstellen kann.

Nach einer Weile zogen sie an die Passeerdersgracht, dann in die Laurierdwarsstraat, danach in die Rozenstraat und so weiter. So war das Leben im Jordaan: Manchmal wohnte man drei Jahre lang an derselben Adresse, manchmal auch nur drei Wochen. Es war eine Frage des Geldes und des Glücks. Wenn der Hausbesitzer die Miete gerade dann eintreiben wollte, wenn kein Geld im Haus war, blieb den Armen nichts anderes übrig, als ihr Bündel zu packen und woanders hinzuziehen.

Im neunzehnten Jahrhundert war Amsterdam ein Dschungel. Um 1870 stellte die industrielle Revolution das Leben in den Städten auf den Kopf. Der Handel in Amsterdam erhielt durch die Eröffnung des Nordseekanals im Jahr 1876 noch einen zusätzlichen Anstoß. Die Hauptstadt befand sich im zweiten Goldenen Zeitalter. Die Kaufleute konnten sich Wäscherinnen und Schneider leisten, die Stadt brauchte Pferdetramführer, sie kamen aus dem ganzen Land.

Durch den riesigen Menschenzulauf platzte die Stadt aus allen Nähten. Innerhalb von dreißig Jahren hatte sich die Einwohnerzahl von Amsterdam fast verdoppelt. Das Wohnraumangebot, die Gesundheitsfürsorge und das Schulwesen waren nicht auf so viele Menschen zugeschnitten. Nun hatten vor allem die Hausbesitzer freies Spiel. In neuen Vierteln wie zum Beispiel in der Pijp und der Spaarndammerbuurt wurden im Eiltempo minderwertige Häuser aus dem Boden gestampft, wobei es sich um rein spekulationsorientierten Wohnungsbau handelt. Die Zuzügler mussten damit Vorlieb nehmen, denn anderen Wohnraum gab es nicht. Am schlimmsten aber ging es im alten und verarmten Jordaan zu. Dort gab es fünftausend Kellerwohnungen, in denen ganze Sippen wohnten – die Füße im Regenwasser, den Kopf eingezogen, um sich nicht an den Deckenbalken zu stoßen. In den darüberliegenden Etagen herrschten auch keine besseren Bedingungen. Die einzelnen Stockwerke der kleinen Häuser wurden per Hälfte oder auch per Viertel vermietet. Epidemien wie Cholera, Typhus und Diphtherie griffen im Jordaan erbarmungslos um sich.

Nach dreiunddreißig Jahren in der Dritten Anstalt war Cato nicht gerade an Luxus gewöhnt, doch der Übergang von der beengenden Sicherheit von Veenhuizen zur Freiheit in der Stadt war beträchtlich. Natürlich war es schön, eigene Entscheidungen treffen zu dürfen, nur konnte man leider damit keine Miete bezahlen. Cato und die Kinder passten sich in Windeseile den Sitten in der Stadt an: die Großen gingen aus dem Haus, um als Dienstboten zu arbeiten, und die Kleinen halfen der Mutter, sobald sie konnten.

Jetzt, da mir die Familiengeschichten buchstäblich auf die Pelle rücken – bis in das Viertel, in dem ich wohne – fällt es mir immer schwerer, mir alles vorzustellen. Praktisch alle Adressen, an denen Cato und ihre Kinder wohnten, sind mehr oder weniger Teil meines täglichen Lebens. Auf meinem Weg zum Supermarkt, der Bibliothek, der Schule meines Kindes komme ich an ihnen vorbei. Ich lasse den Blick durch mein Souterrain-Büro schweifen, von dem aus ich meine Vergangenheit erforsche. Es ist ein angenehmer Raum. Die Mängel – zu wenig Tageslicht und ein Keller, der nach starkem Regen vollläuft – wurden mittels technischer Wunderleistungen fast ganz behoben. Es will mir nicht in den Kopf, dass in diesem Raum eine ganze Familie wohnte, ohne Heizung und Entfeuchter. Vielleicht will ich das alles auch gar nicht so genau wissen. Aber das Dossier der ehemaligen Städtischen Armenkasse zwingt mich dazu, der Realität ins Auge zu sehen.

Es handelt sich um den ersten Nachweis von Helena Gijben, Catos jüngster Tochter, den ich in den Amsterdamer Archiven finde. Am 14. Oktober 1898 – siebenunddreißig Jahre nach ihrer Ankunft in der Stadt – klopfte sie bei der Armenkasse an. Aus ihrem Gesuch sprach Ratlosigkeit, die Kasse war ihr letzter Strohhalm. Aus dem Dossier geht hervor, dass sie zuerst den Pfarrer um Hilfe gebeten hatte, bevor sie sich an die römisch-katholische Armenfürsorge und die St. Vincentius Gesellschaft wandte. Sie hatte sich an den genau vorgeschriebenen Ablauf gehalten: Die Städtische Armenkasse durfte ihre Anfrage erst bearbeiten, nachdem sie die kirchlichen Instanzen um Hilfe ersucht hatte. Die Angaben zu ihrer Person waren auf dem Formular mit der Nummer 4000 notiert – Gesuch für Verheiratete. Sie wohnte in einer Armenbehausung an der Oude Looiersstraat 17, und ihre Situation ließ sich mit wenigen Worten zusammenfassen.

> Ihr Mann, Harmen Keijzer, ist Schuhmacher von Beruf und hat sie vor etwa sechs Wochen verlassen. Er war in Nimwegen, doch wo er sich jetzt aufhält, weiß sie nicht. Vor ihrer Heirat war sie bei Frau Slicher, Prinsengracht, als Putzfrau angestellt und arbeitete dort sechs Jahre lang drei Tage pro Woche. Im Laufe der Zeit war ihre Anwesenheit dort stets weniger notwendig, und vor einem halben Jahr wurde ihr mitgeteilt, dass man ihre Hilfe dort nicht mehr benötige. Ausnahmsweise half sie vorige Woche zweieinhalb Tage bei ihrer ehemaligen Arbeitsstelle aus und erhielt dafür 80 Cent. Außerdem erhielt sie vom Pfarrer der St. Catharinakerk Gulden 2.50 und von Herrn Tholen von der St. Vincentius Gesellschaft, Leidschestraat, Gulden 1.–.
>
> Gegenwärtig ist sie als Aushilfe in Diensten bei Frau Tholen, Leidschestraat, für Gulden 4.– pro Woche.

Ein Tag später lag der Gesuch bereits auf dem Schreibtisch des Vorstehers der Armenkasse. Die zuständige Armenpflegerin hatte die für eine Bewilligung des Gesuchs notwendigen Nachforschungen schnell und gründlich erledigt. Jetzt wusste sie, dass Fräulein Gijben, verheiratete Keijzer, fünf Kinder hatte. Den kleinen Harm, das jüngste Kind, konnte man noch nicht allein zu Hause lassen. Die Töchter Stien (12), Tinie (10) und Roza (7) besuchten die Schule. Die älteste, Maria (14), arbeitete als Laufmädchen. Helena Gijben legte ihr kärgliches Einkommen offen, von dem die ganze Familie leben musste. Die älteste Tochter verdiente 50 Cent pro Woche, Helena bei Frau Tholen vier Gulden pro Woche. Zudem bekam die Familie alle vierzehn Tage von der römisch-katholischen Armenfürsorge einen Gulden und jede Woche zwei Wertmarken für den Krämer. Die Situation war prekär, da der Mietrückstand in den sechs Wochen ohne Ehemann bis auf sechs Gulden aufgelaufen war, wodurch eine Räumung drohte. Helena zeigte auch Schuldbriefe im Wert von fünfzehn Gulden, aus denen hervorging, dass alles, was die Familie einst an besessen hatte, bereits im Pfandleihhaus lag. Die Regeln schrieben vor, dass die Armenpflegerin daraufhin nach Familienangehörigen zu suchen hatte, die helfen könnten.

Die Beschreibung der Lebensumstände von Helena und ihren Geschwistern war für mich eine ungeahnte Informationsquelle. Denn dadurch klärten sich die Fragen, wie es Cato möglich gewesen war, mit ihren Kindern nach Amsterdam zu kommen, und wie es ihnen danach ergangen war.

Demnach ging der Anstoß zur Flucht aus der Dritten Anstalt offensichtlich von Helenas älterer Schwester Stijntje aus. Als die Kolonie zur Reichsanstalt umgewandelt wurde und so viele Bewohner wie möglich loswerden wollte, war Stijntje einundzwanzig Jahre alt und verlobt. Sie kannte ihren Zukünftigen schon seit der Erstkommunion. Mit dem Mut junger Eheleute wagten sie, wie einst Cato und Teunis, den Schritt, die Anstalten zu verlassen. Stijntje und ihr Mann zogen 1860 in die große Stadt, und wurden damit zum »Brückenkopf« der restlichen Familie. Ein Jahr später zog ihre Mutter Cato, zusammen mit der kleinen Helena und den anderen Kindern, zu ihnen in die Willemsstraat.

Stijntje hatte keine Kinder und lebte mit ihrem Mann von den spärlichen Einkünften aus ihrem Kohlenhandel in der kürzlich errichteten Spaarndammerbuurt. Sie konnte weder Helena unterstützen noch ihren Bruder Toon. Aus dem Bericht der Armenpflegerin geht hervor, dass Toon jedoch von einer Wohltätigkeitseinrichtung für hilfsbedürftige Blinde abhängig war. Die Vermutung liegt nahe, dass er in Veenhuizen erblindet war: Ein

Jahr, bevor sie die Kolonie verließen, hatte die Veenhuizensche Augenkrankheit dort ihren epidemischen Höhepunkt erreicht. Das könnte für Cato ein zusätzlicher Ansporn gewesen sein, der Dritten Anstalt zu entfliehen. Für Toon zu spät, die Trachoma Veenhuizianum hatte ihn bereits erwischt. Ich las in einem Notizbüchlein der Amsterdamer Wohltätigkeitseinrichtung für Blinde, wo Toon für ein paar Stüber Matten flocht, dass er als Geburtsort »Amsterdam« angegeben hatte. Offensichtlich befolgte er den guten Rat seiner Mutter und verschwieg seine Vergangenheit in Veenhuizen. Angeblich sei die Ursache für sein Augenleiden die »ostindische Malaria«, woran offensichtlich keiner zweifelte.

Auch Helenas Schwestern Marie, Hanna und Kaatje konnten nicht helfen. Marie war selbst Witwe und musste sich mit drei kleinen Kindern durchschlagen, Hanna war früh gestorben und Kaatje befand sich in der gleichen hoffnungslosen Situation wie Helena: Sie wohnte auf der anderen Seite der Oude Looiersstraat, und musste sich ebenfalls mit einer Handvoll Kinder allein behelfen.

Der Rest der Familien Braxhoofden und Gijben war in Drenthe geblieben. Und Cato war nicht mehr am Leben. Sie hatte ihren Nachwuchs über die Zuiderzee in die große Stadt zurückgebracht, um ihnen mehr Chancen für eine besserer Zukunft zu bieten. Nachdem die Kinder nach und nach das Haus verlassen und ihren Weg gefunden hatten, wohnte sie noch jahrelang allein in Kellerwohnungen und winzig kleinen Zimmern. Ihre letzten Tage verbrachte sie im Balk in't Oogsteeg, einer Gasse an der Amstel, die so schmal war, dass man mit ausgestreckten Armen beide Wände berühren konnte. Nach vielen Irrwegen, von Namur über Den Haag und Delft nach Veenhuizen, tat sie in einer der dunkelsten Gassen in Amsterdam ihren letzten Atemzug. Heute ist in der Wohnung, in der sie starb, die Spülküche des Golden Tulip Hotels am Rembrandtplein untergebracht – keine Wohn-, aber Arbeitsstätte von jenen Menschen, die sich heute nicht unterkriegen lassen wollen und Teller spülen, ob sie Papiere haben oder keine. Cato Braxhoofden wurde fünfundsechzig Jahre alt. Ich hoffe, dass ihre Kinder am Sterbebett saßen.

Kurz nach dem Tod ihrer Mutter lernte Helena ihren Mann kennen: einen Friesen mit wildem Schopf und feurigen Augen. Er hieß Harmen Keijzer, Schuhmacher aus Harlingen. Das war alles, was ich von ihm wusste. Im Standesamtsregister steht, dass er neunundzwanzig und Helena fünfundzwanzig Jahre alt waren, als sie am 11. August 1881 das Ehegelübde ablegten.

Die ersten Ehejahre verliefen ohne große Schicksalsschläge, doch danach zog man in immer kürzeren Abstanden um. In der Zwischenzeit kamen zehn Kinder zur Welt, von denen viele starben. Als Harmen seine Familie im Stich ließ, waren nur noch vier Töchter und der kleine Harm (der Dritte) am Leben. Mir fiel meine Tante ein, die mir erzählt hatte, dass Harmen öfter einfach abgehauen war. Ohne, dass jemand wusste, wohin. Ohne eine Nachricht zu hinterlassen. Mal ging er zu Fuß bis an die belgische Grenze, mal führte ihn seine Flucht bis nach Niederländisch-Ostindien.

Die Armenpflegerin notierte zudem, dass die Wohnung in der Oude Looiersstraat aus einem »spärlich möblierten« Zimmer bestand. Die Familie machte auf sie eine anständigen, aber »in diesem Moment sehr hilfebedürftigen« Eindruck. Alle fünf Kinder seien »römisch-katholisch getauft« und geimpft. Ihre Mutter sei keine Schmarotzerin: »Sie hat bisher bei uns weder um Almosen gebettelt noch welche erhalten.«

Helenas Gesuch bei der Städtischen Armenkasse enthielt einen Fehler, wie man später feststellte. Sie habe fälschlicherweise angegeben, in Assen geboren zu sein, während aus den Papieren hervorgehe, dass sie aus Veenhuizen stamme. Die Armenpflegerin machte kein Problem daraus, so etwas könne schon einmal vorkommen. Der kleine Irrtum blieb ohne Folgen.

Zu guter Letzt wurden bei Helenas Arbeitgeberinnen Informationen eingeholt. »Frau Slicher, Prinsengracht, und Frau Jager, Keizersgracht, wussten nur Gutes über sie zu berichten.« Das gab den Ausschlag. Die Kommission der Städtischen Armenkasse kritzelte vier Tage später auf das Formular:

> Jede Woche 4.– Gulden bis am 7. Dezember.

Für ein paar Wochen war die ärgste Not gelindert. Nach dem 7. Dezember sollte die Situation wieder neu beurteilt werden, wozu es jedoch nicht mehr kam, da am 8. Dezember der kleine Harm starb. Helena brauchte jetzt nicht mehr zu Hause zu bleiben, um auf ihn aufzupassen.

14

Das Urteil

Auf der Personenbeschreibungskarte des Pfleglings Nummer 5374 steht, dass er 1 Meter 50 sei. Kopf: 15,6 cm breit, 18,9 cm lang. Gesichtshaut durchscheinend, weiß-gelb pigmentiert, Nase gerade, Farbe linkes Auge mittelblau. Kein Buckel. Rückenkrümmung negativ. Strafe drei Jahre. Endet am 5. November 1903.

Die Datenerfassung nach der Bertillon-Methode dauerte vermutlich ungefähr eine Stunde. Der Mann, dessen Name soeben durch eine Nummer ersetzt worden war, wurde lang und breit vermessen. Sicherheitshalber nahm man von allen Fingern der rechten Hand, außer vom kleinen, Abdrücke. Danach fotografierte man Nummer 5374: Seitenansicht, Frontalansicht, immer mit der Nummer im Bild. Er hat volles graues Haar. Die untere Gesichtshälfte blieb unter Schnurrbart und Bart verborgen. Pflegling 5374 starrt mich an, mit dumpfem Blick. Resigniert, auch etwas ängstlich. Er hat noch nie vor einer Kamera gestanden.

Unten auf der Personenbeschreibungskarte steht ein Name: Harmen Keijzer. Alter: achtundvierzig Jahre. Ich starre den Mann auf dem Bild genauso an, wie er mich. Diese erbärmliche Gestalt ist kein x-beliebiger Landstreicher. Es ist mein Urgroßvater.

Die »Bertillonage«, das anthropometrische System zur Identifizierung von Personen anhand von Körpermaßen, derer man Harmen Keijzer unterzog, wurde im Frühling des Jahres 1896 in den Niederlanden eingeführt. Von da an registrierte man anhand dieser Methode alle Personen, die sich wegen eines Verbrechens, auf dem eine Haftstrafe von mindestens sechs Monaten stand, schuldig gemacht hatten. Damit sich bei den Messungen keine Fehler einschlichen, hingen in den Gefängnissen, größeren Polizeiwachen und den Arbeitsanstalten Anleitungsposter an den Wänden. Die Messresultate wurden in dreifacher Ausführung angefertigt und in verschiedenen Archiven abgelegt.

Man glaubte, mit dieser Methode rückfällige Straftäter aufspüren zu können. Diejenigen, die uns heute unter dem Begriff Wiederholungstäter und Drehtür-Kriminelle bekannt sind. Bis 1854 war es üblich gewesen, die Gefangenen mit einem Brandmal zu versehen. Obwohl diese grausame Methode absolut sicher war, sah man aus humanitären Gründen mit der Zeit davon ab, obwohl es zunächst dafür keinen Ersatz gab. Deshalb konnten die notorischen Kriminellen, oft Landstreicher, unter falschem Namen unbehelligt weiter Straftaten begehen und ganz Landstriche unsicher machen.

»In manchen Gegenden wird die Bevölkerung durch die Vagabunden gewissermaßen gebrandschatzt«, gab die niederländische Juristenvereinigung zu bedenken.

Seit jeher hielt man diese Unterschicht der Bevölkerung, die nicht in den Griff zu bekommen war, für eine Bedrohung der Ruhe und Ordnung in der Gesellschaft. Aber im Lauf des neunzehnten Jahrhunderts begann man, die Sache aus einer anderen Perspektive zu betrachten. Unter dem Einfluss von Darwins Evolutionstheorie aus dem Jahr 1859 wurden die »städtischen Wilden« plötzlich zu interessanten Studienobjekten. Führende Wissenschaftler sahen im städtischen Proletariat plötzlich so etwas wie einen primitiven Nomadenstamm mit eigener Sprache und eigenen Ritualen, der in einem früheren Evolutionsstadium stecken geblieben war.

Cesare Lombroso, der Begründer der Kriminalanthropologie, war der Ansicht, dass die Wilden eine andere Sprache sprechen, weil sie anders fühlen. Ihre Sprache sei die Sprache der Wilden, weil sie mitten in unserer hochstehenden europäischen Kultur Wilde geblieben seien. Lombroso glaubte, dass er die Charaktereigenschaften dieser »Wilden« mit der neuen »Menschenmesskunde«, der Anthropometrie, aufspüren könne. Er war fest davon überzeugt, dass sich der Charakter des Menschen von der Kopfform ablesen lasse. Deshalb versuchte er durch Schädelmessungen festzustellen, wer ein Verbrecher war, oder zu einem werden würde, und wer nicht.

Alphonse Bertillon ging nicht so weit, dass er aus seinen Messresultaten Schlüsse über Charakter und Persönlichkeit eines Menschen zog. Denn damals war es üblich, die Armen und Kleinkriminellen als degenerierte Menschen zu betrachten, die den biologischen Zerfall einer Nation verkörperten. Als Anthropologe im Dienst der Pariser Polizei betrachtete Bertillon es als seine Pflicht, die Eigenschaften dieser gefährlichen Leuten zu kartieren, damit man besser nach ihnen fahnden konnte. Zu diesem Zweck registrierte er bei verurteilten Tätern eine Anzahl bestimmter Merkmale: horizontal größter messbarer Abstand zwischen den Wangenknochen, Größe und Form des rechten Ohrs, Länge des kleinen Fingers der linken Hand. Dank einer praktischen Anordnung dieser Angaben sollte man zwischen tausenden anderen Karten genau die des gesuchten Wiederholungstäters herausziehen können. Die Methode machte in vielen europäischen Ländern Furore.

Als man am 5. November 1900 bei Harmen Keijzer Maß nahm, war das System der Bertillonage bereits veraltet. Ein Jahr später wurde es durch die Daktyloskopie ersetzt. Der Vergleich von Fingerabdrücken erwies sich als eine wesentlich zuverlässigere Identifikationsmethode. Die Personenbeschreibungskarte mit den Bildern der zwischen 1896 und 1901 in den Niederlanden verurteilten Straftäter wurden im Lauf der Jahre als wertloses Altpapier entsorgt. Nur im Archiv von Drenth sind 5 000 dieser Karten aus der Arbeitsanstalt Veenhuizen erhalten geblieben..

Ich vergrößerte das Bild meines Urgroßvaters auf dem Bildschirm meines Rechners um zweihundert Prozent. Ich habe das Gefühl, als würde ich ein lang verschollenes Familienmitglied kennenlernen: Der Mann, von dem meine Mutter nur den Namen kannte, bekam ein Gesicht. Vor einem guten Jahrhundert hat man ihn ausgerechnet an einem der schlechtesten Tage in seinem Leben fotografiert. Ich suche nach einem Zeichen, das auf seinen Gemütszustand hinweisen könnte. Was hätte er sich wohl dabei gedacht, wenn er gewusst hätte, dass seine Urenkelin ihn jemals in diesem Zustand zu sehen bekäme? Was hat er in diesem Moment empfunden? Scham, Angst, Beunruhigung? Oder war er schon so abgestumpft, dass ihm alles einerlei war?

Er war wenige Wochen vorher festgenommen worden. An einem Montag. Er hatte sich dadurch strafbar gemacht, dass er »am 8. Oktober 1900 in Utrecht herumlungerte und der Ordnungshüter bei der Leibesvisitation weder Geld noch Wertgegenstände finden konnte«. Aus diesem Grund erstattete der ehrenamtliche Gendarm van Zutphen Anzeige wegen Landstreicherei. Harmen Keijzer kam in Untersuchungshaft. Nach ein paar Wochen wurde er zusammen mit vierunddreißig anderen Verdächtigen, die sich allesamt desselben Vergehens schuldig gemacht hatten, dem Richter vorgeführt. Für das Gericht handelte es sich nur um eine Routineangelegenheit. Das Urteil war bereits vorgedruckt; der Gerichtsschreiber musste nur noch handschriftlich Name, Datum und Strafmaß ergänzen. Das Urteil, so las ich, wurde durch drei Richter gefällt, unter ihnen Freiherr H. M. J. van Asch van Wijck.

Jetzt, da ich meinem Urgroßvater in die Augen schaute, störte ich mich etwas an diesem Titel: Freiherr. Ich konnte nicht umhin, seinen Namen zu googeln. Tatsächlich erschien auf dem Bildschirm eine lange Liste mit den Namen seiner Vor- und Nachfahren, die alle wichtige Ämter bekleideten und bekleidet hatten. Der Name des Freiherrn prangte im Jahr 2005 sogar noch am Giebel einer Grundschule in Utrecht. Ausgerechnet in der Stadt, in der er geboren wurde und in der er Harmen verurteilt hatte. Ich konnte mir mein feindseliges Gefühl nicht erklären. Was konnte der Mann denn schon dafür, dass er aus einer reicheren Familie stammte als Harmen Keijzer und dass er es war, der ein Urteil über meinen Urgroßvater fällen musste, und nicht – sagen wir mal – andersherum? Freiherr van Asch van Wijck war nicht nur Richter, sondern auch Mitglied des Provinzparlaments von

Utrecht und des Abgeordnetenhauses in Den Haag. Ein Sitz im Senat war bereits vorgesehen. Um zu begreifen, wie so ein Mann jemanden wie meinen Urgroßvater betrachtete, musste ich mir ein genaueres Bild von dieser Epoche machen.

Die Aufzeichnungen in den Chroniken der Jahrhundertwende sparen nicht am Glauben an die Technik und den Fortschritt. Die Möglichkeiten waren unbegrenzt. Johannes van den Bosch war noch tagelang unterwegs gewesen, bis er die Kolonie für Wohltätigkeit erreicht hatte. Sechzig Jahre später reiste der Freiherr gemütlich mit der Bahn nach Drenthe, wenn er seinen Vater, der dort als königlicher Kommissar weilte, besuchen wollte.

Gewissermaßen waren schon damals die Ansätze zur »Global Village« gelegt worden. Auf dem Boden des Ozeans lag ein durch ein Gummicoating vor den Elementen geschütztes Kupferkabel, welches Nachrichten aus New York noch am selben Tag in die niederländischen Zeitungsredaktionen weiterleitete. Die ersten Haushalte wurden ans Telefonnetz angeschlossen, im Jahr 1900 fuhr manchmal schon ein Auto durch die Straßen. Durch die industrielle Revolution stieg der Wohlstand, und der Mann wurde zum Alleinverdiener. Die »moderne Familie«, die aus einer Liebesheirat entstand und in der die Mutter sich um die Kinder kümmerte und für ein gemütliches Heim sorgte, wurde für stets mehr Menschen zu einem greifbaren Ideal. Aber der moderne Kapitalismus hatte auch seine Kehrseiten. Handwerker, wie Schuhmacher oder Bäcker, wurden durch die neuen Schuh- und Brotfabriken arbeitslos. Sie konnten unmöglich mit einer Industrie konkurrieren, in der Männer, Frauen und Kinder tagtäglich viele Stunden in stickigen Räumen für einen Hungerlohn schufteten. Der Glaube daran, dass die Klassengesellschaft etwas Gottgegebenes war, bröckelte. In den Armenvierteln brodelte es: Die Bezeichnung »Proletariat« bekam einen drohenden, marxistischen Beigeschmack.

Trotz des elitären Charakters der Landesregierung – Freiherr van Asch van Wijck und seine Parlamentarier-Kollegen waren von nur acht Prozent der Bevölkerung in ihre Ämter gewählt worden – war es für die Politiker unmöglich, das Elend und die Bedrohung durch die Unterschicht einfach zu ignorieren. Der Sozialist Ferdinand Domela Nieuwenhuis hatte bereits einmal im Parlament gesessen; die »soziale Frage« dominierte die Politik.

»Wer von einer sozialen Frage spricht, kann nicht verhehlen, ernsthafte Zweifel an der Rechtschaffenheit des gesellschaftlichen Gebildes zu hegen, in dem wir wohnen«, sagte Abraham Kuyper, Gründer der Anti-Revolutionären Partei, der ersten christdemokratischen politischen Partei der Niederlande.

Die liberale Staatsauffassung geriet allmählich ins Wanken. Anfang des zwanzigsten Jahrhunderts traten die ersten Sozialgesetze in Kraft, die den Armen bessere Lebensbedingungen garantieren sollten: das Arbeitergesetz bot den Frauen und Kindern in den Fabriken einen gewissen Schutz, das Wohnungsgesetz drängte die ärgsten Missstände im Wohnungsbau zurück und die Lehrpflichtverordnung garantierte jedem Kind sechs Jahre Schulunterricht. Die Wohltätigkeit blieb vorläufig noch Sache der Kirchen und privaten Gönner. Stets mehr begüterte Damen und Herren hielten es für ihre Pflicht, den Schwächsten der Gesellschaft zu helfen. Sie gründeten Vereine zur Bekämpfung des Alkoholmissbrauchs, zur Unterstützung lediger Mütter und unverschuldet in Armut geratener Hausfrauen. Es gab Ärzte, die aus eigenem Antrieb Kinderfürsorgestellen für die untersten Klassen einrichteten, um so die Säuglingssterblichkeit – damals starb jedes fünfte Kind – zurückzudrängen.

Selbstverständlich beteiligte sich auch jemand wie Freiherr van Asch van Wijck an wohltätigen Projekten. Auf der Liste seiner Nebentätigkeiten steht zu lesen, dass er Vorstandsmitglied im Verein zur Unterstützung und sittlichen Erziehung von hilfsbedürftigen Blinden gewesen sei, zufälligerweise in derselben Anstalt, in der der blinde Toon täglich Matten flocht. Aber in seinem Amt als Richter hatte er oft mit Leuten zu tun, die ihm vollkommen wesensfremd waren.

Der Freiherr und mein Urgroßvater, Richter und Angeklagter, standen sich als Vertreter zweier total verschiedener Welten gegenüber. Der Inbegriff der Zivilisation gegen den der Degeneration – ein ganz und gar verdorbener Wilder, und gewiss kein edler. Dass ich von beiden ein Bild fand, war vielsagend: Ich entdeckte, dass nur Reiche und Arme eine Spur in den Archiven hinterließen. Notarielle Urkunden, Testamente und Staatsporträts – daraus bestand die stolze Nachlassenschaft des gehobenen Standes. Von den Armen blieben Dossiers der Armenkasse, Gerichtsurteile und Personenbeschreibungskarten erhalten.

Einundzwanzig Tage saß Harmen Keijzer in Untersuchungshaft, bevor man ihn mit anderen Verdächtigen in einem Gefangenenwagen abtransportierte, um ihn dem Gericht vorzuführen. Im Wartezimmer übten sie die Antworten, die während des Verhörs von ihnen erwartet wurden. Danach durften sie endlich vor den Richtern erscheinen. Die würdevolle Ankunft der Richter in Toga mit weißem Beffchen machte auf die Verdächtigen vermutlich einen gewaltigen Eindruck. Ein Porträt des Richters van Asch van Wijck zeigt einen ernsten Herrn mit einem getrimmten Schnurrbart. Er trägt eine Jacke mit Kragenbordüre, eine modische, getupfte Krawatte hält seinen Stehkragen zusammen. Dass er seine Aufgaben ernst nahm, war ihm anzusehen. Gerade weil sie selbstverständlich auf ihn übergegangen waren, hielt er dies für seine Pflicht. Der Verdächtige auf dem Bild der Personenbeschreibungskarte wies keinerlei Ähnlichkeiten mit dem Freiherrn auf. Ich fragte mich, ob sich ihre Blicke jemals gekreuzt hatten. Es war eher unwahrscheinlich, dass der Richter jeden der vierunddreißig schmutzigen Landstreicher auf der Anklagebank wahrgenommen hatte.

Damals interessierten sich die meisten Richter kaum für die persönlichen Umstände eines Verdächtigen. Ich schon: Ich wollte wissen, wie es so weit kommen konnte, dass mein Urgroßvater in die Fänge der Justiz geriet.

Ich fand heraus, dass Harmen in den Bevölkerungsregistern

vieler verschiedener Orte eingetragen war. Ich schloss daraus, dass er anfing zu vagabundieren, sobald er mündig geworden war. Er stammte aus einer Familie mit zehn Kindern, von der nur er und sein neun Jahre älterer Bruder noch am Leben waren. Sein Vater starb, als er zwei, und seine Mutter, als er vierzehn Jahre alt war. Nach ihrem Tod hatte man Harmen ins Bürgerwaisenhaus von Harlingen gebracht. Von hier aus hätte er eigentlich nach Veenhuizen in die Kinderanstalt versetzt werden müssen, aber aus irgendeinem Grund war das nicht geschehen. Stattdessen ging er bei einem Schuhmacher in die Lehre.

Noch am selben Tag, an dem die Vormundschaft des Waisenhauses endete, machte sich Harmen auf den Weg. Zuerst nach Franeker, dann nach Utrecht. In Utrecht wohnte er als »Kaffeehausangestellter« zusammen mit einer Ladenangestellten und einem Kneipenwirt in einer Unterkunft am Neude-Platz. Aber wenige Monate später meldete er sich beim Bevölkerungsregister mit der Begründung ab, er reise nach Brüssel. Ob er jemals dort ankam, konnte ich nicht in Erfahrung bringen. Nachdem er in den Niederlanden ein halbes Jahr lang nicht registriert war, tauchte er plötzlich in Brielle auf. Wenige Monate später, er war bereits fünfundzwanzig Jahre alt, reiste er nach Amsterdam, wo er sich in der Bloemstraat niederließ, als Schuhmacher arbeitete und vier Jahre später Helena Gijben heiratete.

In den Geschichten meiner Tante war Harmen ein Mann gewesen, der einfach nicht die Finger vom Schnaps lassen konnte.

»Angeblich war er ein furchtbarer Hitzkopf. Wenn ihm etwas nicht passte, konnte es passieren, dass er einem Kunden einfach einen Stiefel an den Kopf warf.«

In den ersten Ehejahren konnte Harmen seine Trinksucht und seinen Hang zur Landstreicherei noch zügeln. Aber nach der Geburt seiner Tochter Roza ging so ziemlich alles schief, was nur schiefgehen konnte. Ein Kind nach dem anderen starb und dann auch noch sein Bruder, der einzige, der ihn noch mit seiner Kindheit verband.

Ich konnte nicht herausfinden, ob Harmen, nachdem er seine

Familie 1898 im Stich gelassen hatte, noch einmal zu ihr zurückgekehrt war. Aber als man ihn zwei Jahre später in Utrecht verhaftete, schien es als hätte er ziemlich lange auf der Straße gelebt.

Selbst wenn Richter van Asch van Wijck die Lebensgeschichte von Harmen gekannt hätte, wäre sein Urteil nicht milder ausgefallen. Damals sah man noch keinen Zusammenhang zwischen Kindheitserlebnissen und späterem Verhalten. Und der Begriff »mildernde Umstände« musste erst noch erfunden werden.

Auf dem schriftlichen Urteil war Artikel 432 aus dem neuen Strafgesetzbuch von 1886 bereits vorgedruckt. Auf Landstreicherei und Bettelei stand Freiheitsentzug und Umerziehung, mit Nachdruck auf: Freiheitsentzug. Die Frage war nur, für wie lange. Im Prozess gegen Harmen Keijzer forderte der Staatsanwalt für den Angeklagten eine dreitägige Haftstrafe und einen eineinhalbjährigen Aufenthalt in der Reichsarbeitsanstalt. Aber Richter van Asch van Wijck reichte das nicht. Er verurteilte Harmen zur Höchststrafe: drei Jahre Veenhuizen.

15

Eldorado

Am 15. Juni 1902 erschien im Wochenblatt *De Amsterdammer* eine scharfe Anklage gegen den scheidenden Innenminister. Darin wurde ihm vorgeworfen, sich nicht »um die widrige Lage der Veenhuizener Internierten« zu kümmern. Die »Zustände können dort nicht so bleiben, denn sie sind zu schlecht. Selbst der Direktor gab zu, dass wer einmal seinen Fuß in die Anstalt gesetzt habe, unwiderruflich verloren sei.« Der entrüstete Ton des Artikels war typisch für diese Zeit. Seit Jahrzehnten war bekannt, dass das Veenhuizener Umerziehungsideal in der Praxis fruchtlos blieb. Jahrein jahraus vegetierten dort abertausende Männer vor sich hin. Im neuen Jahrhundert regte man sich plötzlich so sehr über diese Zustände auf, dass Königin Wilhelmina im Jahr 1903 eine achtköpfige Staatskommission ernannte, die eine Lösung für das Problem erarbeiten sollte.

Als dies bekannt wurde, ergriff ein ehemaliger Pflegling die Chance und brachte seine eigenen Erfahrungen unzensiert zu Papier. Damit wollte er vermeiden, dass man den Kommissionsmitgliedern ein geschöntes Bild vorgaukelte. Fünfundsechzig Jahre nach den erschütternden Aufzeichnungen des T. L. Hoff war dies erst das zweite Mal, dass etwas über das Leben in den Anstalten an die Öffentlichkeit kam. Hoff hatte unter seinem eigenen Namen publiziert, dieser Zeuge bevorzugte die Anonymität. Das Pseudonym »ein unwiderruflich Verlorener« genügte, um zu erfahren, dass auch er den Artikel im *De Amsterdammer* gelesen hatte.

»Man möge mir verzeihen, dass ich meine Identität verschweige; die Pietät meinen Blutsverwandten gegenüber gebietet es mir, meinen Namen zu verschweigen.« Der Pflegling musste nicht nur sich selbst, sondern auch seine Familie schützen. So groß war die Schande, die von Veenhuizen ausging.

»Der Verlorene« und mein Urgroßvater waren zur selben Zeit in der Arbeitsanstalt. Die Chance, dass sie sich gekannt hatten, war groß, sie mussten ähnliche Erfahrungen gemacht haben. Anders als T. L. Hoff berichtet der anonyme Pflegling ausführlich, wie und weshalb er nach Veenhuizen kam. Ich las seine Geschichte, als wäre es die meines Urgroßvaters.

Das Unheil des Verlorenen nahm seinen Lauf, als er in der Hoffnung auf Arbeit vergeblich vom einen Ort zum andern zog. Im Laufe der Zeit verbrauchte er sein ganzes Geld und hauste in stets schäbigeren Unterkünften. Bis zu dem Tag, an dem er keinen einzigen Cent mehr besaß: Ein Nachtquartier bei der Polizei war die einzige Lösung. Der Verlorene erklärt, wie ihm in dieser hoffnungslosen Situation die Reichsarbeitsanstalt immer mehr als Eldorado erschien. Daran waren auch die Geschichten der unverbesserlichen Wiederholungstäter schuld, die Veenhuizen in den schönsten Farben schilderten.

Bei der Lektüre dieser Aufzeichnungen wird mir klar, dass sich Harmen nicht umsonst an der Schwelle zum Winter hatte verhaften lassen. Die Landstreicher wussten, dass die Gerichtshöfe von Utrecht und Den Bosch die Verurteilten ohne langes Federlesen in die nördliche Provinz schickten. Wer der Landstreicherei müde war, ließ sich in einer dieser Städte festnehmen.

Aber schon im Gerichtssaal kam die Ernüchterung. Die Anklagebank entpuppte sich für ihn als Ort, »wo man sich seiner eigenen kleinen Moral bewusst wird und bereits einen großen Teil seiner Selbstständigkeit verlustig geht«. Der Verlorenen war schockiert, wie gleichgültig man »die Verbannung einer (großen Gruppe) Personen aus der Gesellschaft« vorantrieb. Doch der Transport der Verurteilten per Bahn nach Assen war noch schlimmer. Er verglich das Vorgehen mit der Strafe des mittelalterlichen Prangers.

> Bei jedem Bahnhof unternimmt man die gleichen angstvollen Versuche, sich den Blicken der Menschen zu entziehen, sich möglichst

> hinter den anderen zu verstecken, um ja nicht gesehen oder erkannt zu werden! Entsetzlich, wie die Leute starren, mit Begier die Augen aufreißen, um ja nichts von dem Spektakel, das sich ihnen darbietet, zu verpassen!

Dass Harmen gerade in die Anstalten kam, die ihm als Waisenkind noch erspart worden waren und die eng mit dem Schicksal seiner Frau und deren Familie verbunden waren, ist durchaus eine Ironie der Geschichte. Ich fragte mich, ob Harmen die Geschichte seiner Frau überhaupt kannte. Wusste er, dass Helena dort zur Welt gekommen war und seine Schwiegermutter Cato sich einst aus dieser Welt nur mit Mühe und Not befreien konnte? Als Harmen in Assen das Schiff der Drenthschen Dampfschifffahrtgesellschaft bestieg, um den letzten Teil seiner Reise zurückzulegen, schien er mit einem Schlag Catos Anstrengungen zunichte zu machen. Bewusst oder nicht, am 5. November 1900 brachte Harmen erneut jene Schande über die Familie, die Cato ausradieren wollte. Es war tragisch, vor allem, weil Harmen von der Tragweite seines Handelns wahrscheinlich keine Ahnung hatte. An diesem Novembertag schlug die Realität knallhart zu. Und das war verwirrend genug.

> Endlich kommen die Anstalten in Sicht. Unbeschreiblich sind die Gedanken, die im Kopfe dessen kreuz und quer gehen, der hier ankommt. Der erste Eindruck ist nicht günstig. Er wird von einem kalten Schauer erfasst, als er die eisernen Käfige erblickt, die sogenannten Alkoven, rechts und links in den Sälen, alle mit einem eigenem Schloss versehen. Er spürt, dass die Regierung in ihm nur einen Verbrecher sieht und das Wort »Verpflegung« nur einem System des Zwangs den Schimmer von Menschlichkeit verleihen soll.
>
> Alles, was ihn an das Leben in der Gesellschaft erinnert, zum Beispiel Fotografien u. Ä. nimmt man ihm ab. Dies geschieht ebenso mit der Alltagskleidung, an deren Stelle er einen Anstaltsanzug erhält. Zugleich wird sein Name durch eine Nummer ersetzt.

Nun zeigt ihm der Saalwärter den Saal, der ihm während der Zeit seiner Verpflegung als Zuhause dienen soll. Wer an einem Winterabend diesen Saal betritt, wenn die Lichter brennen, wird eine geraume Zeit brauchen, bis er etwas sehen kann, denn dichter Tabaksqualm verdunkelt die Quelle des Lichts. Das Chaos, das sich seinen Augen dann aber darbietet, lässt ihn vor Schreck erstarren.

Nachdem Harmen sich vom ersten Schock erholt hatte, fasste er den Entschluss, das Beste aus der Situation zu machen. Diesen Eindruck bekam ich jedenfalls, als ich im »Melderegister für verurteilte Bettler und Landstreicher« folgende Notiz fand. Er war wie alle Neuankömmlinge erst vom Anstaltsarzt geimpft und anschließend zum Direktor gerufen worden. Dort beantwortete er die Frage, wie er heiße und was er könne, und unterzeichnete die Angaben für das Melderegister. Klein und zittrig stand seine Unterschrift neben der kräftigen des Direktors.

Weil er ein Handwerk beherrschte, wurde Harmen der Schusterwerkstatt in der Ersten Anstalt zugeteilt. In den Werkstätten hatte man mehr Freiheiten und Möglichkeiten als bei der Landarbeit. In der Anstaltsschusterei wurden Schuhe und Stiefel für die Beamten gefertigt, während die Insassen Holzschuhe trugen. In der geschlossenen, halb autarken Welt der Reichsarbeitsanstalten konnte man von Glück sagen, wenn man eine solche Stelle hatte. Denn ein Beamter, der robuste Schuhe brauchte, konnte es sich mit dem Schuhmacher besser nicht verderben. Harmen und seine Kollegen waren sich ihrer Position bewusst. Jedes Mal, wenn ein hoher Beamter ein paar Stiefeleletten in Auftrag gab, verwendeten sie eine ganze, noch nicht verschnittene Haut, aus der sie die besten Lederstücke heraustrennten. Der Verlorene, der offensichtlich in der Schusterwerkstatt ein und ausging, berichtete, dass viele Lederstücke gedankenlos weggeworfen wurden. Das waren die ungeschriebenen Gesetze in Veenhuizen: Im Austausch gegen ein paar besonders schöne Stiefel wurden den Pfleglingen Privilegien in Form von Kautabak oder eine doppelte Portion belegter Brote zuteil.

Dank seines Handwerks hatte Harmen die gleiche Position in der Hierarchie wie die »Katze.« Die Katzen waren ein typisch Veenhuizener Phänomen. Da Außenstehende, auch Dienstboten, keinen Zugang zu den geschlossenen Kolonien hatten, wurden Katzen – sprich: Landstreicher – bei den Wachen als Hausangestellte in Dienst genommen. Da gab es Katzen, die als Kindermädchen arbeiteten, Katzen, die den Garten pflegten, Katzen, die die Zimmer neu tapezierten. Andere holten täglich die Toiletteneimer ab oder brachten den Beamten frisches Trinkwasser. Der Ausdruck Katzen stammt, wenn wir dem Verlorenen glauben dürfen, von den Essensresten, die man den Pfleglingen – wie echten Katzen – zuwarf.

Für Harmen waren diese Extras nicht der einzige Vorteil, den er aus seiner Schuhmacher-Tätigkeit zog. Wer in der Anstalt sein Handwerk ausüben konnte, hatte eine bessere Zukunft vor sich, denn auf diese Weise kam er nicht aus der Übung. Viele Pfleglinge, die tagein tagaus nichts anderes taten, als in der Erde herumzuwühlen, fielen dem »Gift der tödlichen Langeweile« zum Opfer. Vor allem während der Wintermonate, wenn die Arbeitsstunden auf dem Feld kurz waren und sechzig Mann jeden Abend in einem verrauchten Saal beieinandersaßen.

Zur Entspannung gab es eine Bibliothek voll frommer Bücher, aber die meisten Pfleglinge hatten keine Freude am Lesen. Und was ihnen Freude machte – Basteln, Schachspielen, Zeitungslesen – war verboten. Der Verlorene beschrieb, wie ein Pflegling mit einem Schachspiel, dass er sich heimlich aus Knochenresten geschnitzt hatte, erwischt wurde. Man nahm es ihm ab, als er gerade alle zweiunddreißig Figuren vollendet hatte.

> Das Leben in den Anstalten spricht die geistige Betätigung nicht an. Es herrscht so wenig Abwechslung, dass viele Pfleglinge zu geistlosen Wesen werden. Nach drei Jahren in der Arbeitsanstalt sind sie keinen Schritt weiter, als sie bei ihrer Ankunft gewesen waren, jedoch sittlich und körperlich verkommen, ohne Selbstver-

trauen und Selbstständigkeit, an deren Stelle eine gewisse Scheu und Unbeholfenheit getreten sind.

Sogar diejenigen, die zu Beginn noch fröhlich und aktiv waren, wurden von der Lethargie der anderen Bewohner in null Komma nichts angesteckt. Harmen war Tag und Nacht unter Leuten, er hatte nie eine Sekunde für sich, außer vielleicht in seinem eisernen Alkoven. Jetzt begriff ich, warum die Käfige im Museum von Veenhuizen als »Verbesserung« gepriesen worden waren. Die Hängematten wurden schon Jahre zuvor abgeschafft, da der geringe Abstand zwischen ihnen unsittliche Handlungen zwischen Männern vermuten ließen. Trotz der hundertzwanzig, in Viererreihen aufgestellten Kojen im Saal, konnte Harmen in seinem Käfig eine kurze Auszeit nehmen.

Am allerliebsten, so schrieb der Verlorene, dachten sie über ihre Entlassung nach. Der Tag des Neuanfangs, der Moment, von dem an sich alles ändern würde. Die Pfleglinge kannten das Prozedere bis ins kleinste Detail. Wenige Wochen vor der Entlassung bekamen sie ihre alten Kleider zurück. Für die meisten von ihnen weckte das Erinnerungen an die verworrenen Zeiten, in denen sie in Heuhaufen und auf Gefängnispritschen schliefen und die sie für immer hinter sich lassen wollten. Die zerschlissenen Kleider fühlten sich an wie eine alte Haut, in die man nicht mehr hineinpasste. Und deshalb kam in regelmäßigen Abständen ein Kleiderhändler aus Assen in die Arbeitsanstalten: Sobald die Pfleglinge ihre Strafe beinahe verbüßt hatten, durften sie auf eigene Kosten neue Kleider bestellen, damit sie wie neugeboren in die Welt ziehen konnten.

Die ersten hundert Meter in Freiheit gingen sie in Begleitung eines Wachtmeisters. Er brachte die Leute nach Assen aufs Dampfschiff. Eine Weile war es üblich gewesen, den Entlassenen ihr Spargeld an der Grenze der Kolonie auszubezahlen – mit fatalen Folgen. Denn dort wartete die »verdächtige Frau«, eine gewisse Anna Eleveld, auf sie und versprach ihnen weibliche Geselligkeit und Schnaps im Überfluss. Nach Jahren der Abstinenz war es den Entlassenen nahezu unmöglich, diesen Verlockungen zu widerstehen. Und so löste sich alles gleich wieder in Luft auf – ihr Spargeld und ihre guten Vorsätze.

Zu Harmens Zeit in der Anstalt wurden die entlassenen Pfleglinge vorsorglich von einem Polizisten bis zum Zug begleitet, der sie nach Hause bringen sollte. Doch die Wirklichkeit war grausam.

> Die meisten Entlassenen haben kein Heim mehr; Familienmitglieder, auch wären sie in der Lage zu helfen, wenden sich ab von denen, die einmal in der Reichsarbeitsanstalt eingesessen haben. Die Zukunftsaussichten sind jämmerlich. Rasch begreifen auch die Besten, wie schwer, wie unerträglich schwer das Vorurteil wiegt, welches die öffentliche Meinung gegenüber entlassenen Pfleglingen hegt. Sie wollen arbeiten, sehnen sich danach, flehen darum. Doch für sie gibt es keinen Platz. Alte Freunde und Bekannte weisen ihnen die Tür. Wohin also? Zurück nach Veenhuizen. Und so kehren sie immer wieder in die Anstalten zurück; verhärmt, verbittert und gebrochen, und jedes Mal dem Schicksal, zum Verbrecher zu werden, einen Schritt näher.

Dem Verlorenen war es gelungen. Im Vorwort zu seinem Büchlein stand, dass er es geschafft habe, »sich wieder einen bescheidenen Platz in der Gesellschaft zurückzuerobern«.

Auch Harmen hatte seine Chance. Aus den Angaben im Melderegister konnte ich schließen, dass er sich mit seinem Talent, sich in das Eine-Hand-wäscht-die-andere-Netzwerk in Veenhuizen problemlos einzugliedern, prima über Wasser halten konnte. Und von dieser Fähigkeit konnte er auch außerhalb von Veenhuizen profitieren. Es war ihm gelungen, während seines dreijährigen Aufenthalts seine Stelle in der Schusterwerkstatt zu behalten. Neben seinem Namen stand ein außerordentliches Kompliment: »Ausgezeichnete Fachkraft«.

16

Sonntagsschuhe

Gravenhage, 22. Juni 1907
An Ihre Majestät, die Königin

In Erfüllung des Auftrags Ihrer Majestät hat die Staatskommission, welche mit dem königlichem Beschluss vom 22. September 1903, Nr. 51, eingesetzt wurde, die Ehre, Ihren diesen Kommissionsbericht zu überreichen.

Im ersten Jahr der Untersuchung besuchten die Mitglieder der »Staatskommission für Bettelei und Landstreicherei« Veenhuizen. Der Hauptdirektor der Reichsarbeitsanstalten, das achte Mitglied der Kommission, empfing seine sieben Kollegen in Drenthe. Ihre Majestät hatte lauter politische Schwergewichte in die Kommission berufen: zwei Freiherren und sechs Rechtsgelehrte. Der Vorsitzende, Rechtsanwalt Jacob Domela Nieuwenhuis (Bruder des bekannten sozialistischen Politikers Ferdinand Domela Nieuwenhuis), war Strafrechtsprofessor. Der Schriftführer, Freiherr RA van Asch van Wijck (Bruder des Richters), war Parlamentsmitglied und Mitglied des Provinzialparlaments. Auch der zukünftige Justizminister, der die Empfehlungen in die Tat umsetzen musste, hatte einen Sitz in der Kommission.

Tagelang wurde alles für den Besuch vorbereitet. Die Aufseher kontrollierten alle Säle und teilten neues Bettzeug aus – das nach Ablauf der Inspektion wieder eingesammelt wurde. Den Pfleglingen legte man nah, sich anständig zu benehmen. Es war wie zu Johannes van den Boschs Zeiten: Am Tag der Inspektion lag mehr Fleisch auf den Tellern als sonst.

Auf ihrem Rundgang durch die Kolonien bekamen die Gutachter zu sehen, dass es hier nur so strotzte vor Aktivitäten. Das bei Presse und staatlichen Investoren neu erwachte Interesse an der Reichsarbeitsanstalt entfesselte eine wahre Bauwut. Überall wurde gezimmert und gemauert, die Pfleglinge liefen emsig mit Schubkarren hin und her. Vereinzelt schossen dünne Baumstämmchen aus dem Boden, die in weiter Zukunft die kahle Gegend in einen schattenspendenden Park verwandeln sollten. Der Arzt Synco van Mesdag führte die Besucher zu seinem funkelnagelneuem Hospital (VERTRAU AUF GOTT). Er zeigte seinen Gästen die Eiskuppel, in der die Medikamente lagerten, die Apotheke (BITTER UND SÜSS), die Apothekers-Wohnung (PFLICHTGEFÜHL) und die Arztwohnung (HINGABE). Im Vergleich zu den armseligen Krankensälen von damals, konnte man in Veenhuizen schon beinahe von einem modernen medizinischen Zentrum sprechen. Die römisch-katholische Kirche – wo Cato und Teunis geheiratet hatten und Helena getauft worden war – war inzwischen zu klein geworden. Sie beherbergte nun die Isolierzellen. Die neue neogotische Kirche daneben war gerade fertig gestellt.

Die Erste Anstalt wurde ebenfalls umgebaut. Die Einrichtung, in der Harmen drei Jahre lang saß und aus der er gerade mal zwei Wochen vor dem Besuch der Kommission entlassen wurde, ersetzte man durch eine komplett neue Einrichtung. Damit sich die Delegation ein Bild machen konnte, wie der fertige Umbau aussehen würde, führte man sie zur Zweiten Anstalt, wo man erst kürzlich einen vergleichbaren Aufenthaltskomplex in Betrieb genommen hatte. Das moderne Gebäude schräg gegenüber der alten Anstalt bot Platz für: zwölfhundert Männer, Verwaltung, Küche, Kartoffelschälraum und eine ansehnliche Badeanstalt für die Pfleglinge und Beamtenfamilien. Die Wohnungen zur Außenseite waren verschwunden. Auf dem Reißbrett lag der Entwurf für 150 von den Anstaltsgebäuden getrennten, freistehenden Häusern für das Personal.

Die Verwandlung Veenhuizens geschah unter der Leitung des offiziellen Justizbaumeisters Willem Cornelis Metzelaar. Der bekannte Architekt entwarf in nur wenigen Jahren ein komplettes Dorf. Kirche, Krankenhaus, Hotel, Anstalten und auch noch sieben verschiedene Typen von Amtswohnungen – den sieben Beamtengraden entsprechend. Metzelaar verlieh der Kolonie jenes Aussehen, welches ein Jahrhundert später »von unschätzbarem kulturhistorischen Wert« sein sollte. Projektleiter und politische Instanzen, bis hin zur UNESCO, würden sich später um deren Instandhaltung streiten.

Das konnten die Landstreicher, die den Mörtel mischten und Fundamente legten, damals nicht ahnen. Was Metzelaar sich ausdachte, dem gaben die Pfleglinge Gestalt. Sie verkörperten die Sprüche an den Giebeln – ARBEITEN IST LEBEN. FLINK UND SCHNELL. HELFT EINANDER. – und zimmerten an den Fensterläden. Für die Direktionsbüros bauten sie Möbelstücke, die später im kleinen Museum stehen sollten – formschön gefertigte Sessel, Sekretäre mit Nussholz-Intarsien und Schränke mit Schubladen in sämtlichen Größen. Sogar das Werkzeug stellten sie selbst her. Zeigte man den Schmieden einen Schraubenzieher, kopierten sie ihn genau und produzierten ihn anschließend in Serie. Die Delegation aus Den Haag sah sich das alles an und ließ danach bei einem üppigen Diner im kürzlich eröffneten Direktionshotel die zahlreichen Eindrücke sacken. Welche Erfahrungen hatten die Gutachter während ihrer Exkursion gemacht? Waren sie von der Dynamik in der Kolonie beeindruckt oder waren sie erschrocken über die hier herrschende Autonomie: Die Landstreicher mauerten die Mauern ihres Gefängnisses selbst und schmiedeten ebenso die Alkoven, in die man sie über Nacht einsperrte.

Der hundertjährige Bericht der Staatskommission ist brüchig und vergilbt. Beim Vervielfältigen bröckelt ein Stückchen vom Leim ab, der die Seiten zusammenhält, außerdem bleibt auf der Glasplatte ein Häufchen zu Pulver gewordenes Papier zurück. Im Exemplar, welches ich mir aus der juristischen Fakultät der Universität von Amsterdam ausgeliehen habe, stehen auf den Blatträndern hin und wieder handgeschriebene Notizen. Von wem sie stammen, kann ich nicht herausfinden, aber der unbekannte Kommentator kannte sich mit dem Thema bestens aus. Neben der Bemerkung, dass in Veenhuizen »eine starke Hand fehle, die etwaigem Aufruhr entgegentreten könne«, kritzelte er, dass dies früher unter der Aufsicht der Veteranen anders gewesen sei. Und beim Plädoyer, dass die städtischen Arbeitslosen am besten auf dem Land aufgehoben seien, steht ein kräftiges Ausrufezeichen. »Das Leben in einer großen Stadt hat vor allem für die Arbeitslosen eine nachteilige Auswirkung; dagegen übt die Bearbeitung des Bodens und das Leben draußen einen guten Einfluss auf sie aus. Mit der überschüssigen Kraft der Gemeinschaft kann ödes und nutzloses Land urbar gemacht werden.« Das klang nicht gerade revolutionär achtzig Jahre nach den ersten Plänen des Johannes van den Bosch.

Ansonsten entspricht der Bericht dem neuen Zeitgeist. Das Vorwort verrät uns, dass sich innerhalb der Kommission ein heftiger Schlagabtausch abgespielt haben muss, denn nicht alle Mitglieder waren mit den Schlussfolgerungen einverstanden. Der Hauptdirektor der Reichsarbeitsanstalt war wohlgemerkt prinzipiell gegen die Strafbarkeit des Landstreichens und Bettelns. Und Strafrecht-Professor Jacob Domela Nieuwenhuis war der Ansicht, dass »Arbeitsscheue« keine Gesetzesübertretung begingen und deshalb dafür nicht bestraft werden könnten. Diesen Bemerkungen ist zu entnehmen, wie die gängigen Ideen um die Jahrhundertwende ins Wanken gerieten. Doch der Kern des Wandels zeigt sich eigentlich in diesem einzigen kleinen Wort, das einem ins Auge springt, als wäre es mit einem fluoreszierenden Stift hervorgehoben worden: individuell.

Dieses Wort war mir in früher datierten Dokumenten aus Veenhuizen bisher noch nicht aufgefallen. Die Kommission schlug eine *individuelle Behandlung* der Pfleglinge vor. Das Gericht sollte die Tatmotive jedes einzelnen Landstreichers und Bettlers sorgfältig in Erwägung ziehen. Wenn es an den Sachverständigen läge, dann kämen in Zukunft keine »unfreiwilligen« Arbeitslosen mehr in die Arbeitsanstalt. Menschen, die wegen ihres Alters, einer Behinderung oder psychischer Krankheit nicht mehr arbeiten konnten, sollten von den Wohltätigkeitseinrichtungen unterstützt und nicht für drei Jahre verbannt werden. In Veenhuizen sollten nur noch »arbeitsunwillige« Drückeberger eingesperrt werden. Der Automatismus, mit dem Harmen und der Verlorene in einer kollektiven Verhandlung verurteilt wurden, sollte für immer der Vergangenheit angehören.

Zwischen den Zeilen war zu lesen, dass die Berichterstatter die Broschüre des Verlorenen gründlich studiert hatten. Das war gelinde gesagt ungewöhnlich: Noch nie zuvor hatte man den Erfahrungen eines Landstreichers in Veenhuizen Beachtung geschenkt. Es war für mich beruhigend, dass dank dem Verlorenen auch das Schicksal meines Urgroßvaters von jemandem vernommen wurden.

> Wer für eine lange Zeit fern der Gesellschaft leben muss, weder zu Freunden noch Familie Kontakte unterhält und aus Veenhuizen kommt, für den ist es nahezu unmöglich, sich ohne tatkräftige Hilfe wieder in die Gemeinschaft eingliedern zu können. Es verwundert somit niemanden, wenn die Entlassenen nach kürzester Zeit wieder nach Veenhuizen zurückkehren. Im Gegenteil, es ist Ursache großen Erstaunens, wenn es einem Manne gelingt, nicht wieder rückfällig zu werden.

Das dringlichste Problem war die Rückfälligkeit: Die übergroße Zahl der Landstreicher war nach ihrem ersten Aufenthalt in Veenhuizen tatsächlich, wie es der Anonymus formuliert, »verloren«. Die meisten von ihnen fanden sich außerhalb der Anstalten nicht mehr zurecht. Um dies zu ändern, kam die Staatskommission mit einem Vorschlag, über dessen Inhalt der Staat bisher noch nie nachgedacht hatte: Resozialisierung.

Es war jedoch gelegentlich durchaus vorgekommen, dass eine Privatperson bei einem Arbeitgeber für einen gewöhnlichen Ex-Gefangenen ein gutes Wort einlegt hatte. Die Sachverständigen gaben jetzt aber die Empfehlung ab, dass sich der Staat organisiert auch um die Nachsorge der aus Veenhuizen entlassenen Pfleglinge kümmern müsse. Ich las diesen Bericht, als wäre er eigens für meinen Urgroßvater geschrieben. Landstreicher wie er wurden hier erstmals als Menschen betrachtet, die, obwohl sie der Gesellschaft eine Last waren, nicht mehr als unwürdiger Abschaum bezeichnet wurden. Es ging um Menschen, die man an die Hand nehmen musste: Harmen Keijzer war nicht länger abgeschrieben.

> Pfleglinge sollten nicht als Nummern gesehen werden, sondern als Menschen, von denen jeder seine Aufgabe im Leben und seinen Platz in der Gesellschaft besitzt. Diese aber vermochten sie aus irgendeinem Grunde nicht erfüllen, wodurch ihr Lebenszweck als verfehlt zu betrachten ist. Sie sind Ausgestoßene der Gesellschaft, denen man eine helfende Hand reichen muss, damit sie sich wieder aufrichten und der Gesellschaft wieder zugeführt werden können, um ihr Ziel im Leben am Ende doch noch zu erreichen.

Dass es keine einfache Sache war, diesen Plan in die Tat umzusetzen, verwunderte niemanden. Die Ausgangssituation war denkbar ungünstig, denn die Missstände herrschten schon zu lange, wobei das Schlimmste war, dass das Personal in Veenhuizen nicht geschult, sondern nur gedrillt war. Die meisten Angestellten hatten nur die Grundschule besucht, besaßen einen kräftigen Körperbau und, wenn man Glück hatte, etwas Taktgefühl. Sie lebten in den Kolonien genauso isoliert wie die Landstreicher. Viele von ihnen waren in Veenhuizen geboren worden und hatten keine Ahnung, wie man da draußen in der Welt überleben musste. Auch ihr Tag wurde vom Rhythmus und den Regeln von oben bestimmt; Kleidung, Unterkunft, Freizeit, der Direktor entschied. Das Personal wurde vom frühen Morgenappell bis zum späten Abend strengstens im Auge behalten, damit ja keiner auf die Idee käme, seine Dienstmütze abzusetzen. Die Farbe der Dienstgradabzeichen gab Auskunft über den Rang: Ein breiter goldener Streifen für die Anstaltsdirektoren, ein silbriger für die Amtsgehilfen, ein weißer für die Verwaltungsangestellten. In Veenhuizen trug nur der Hauptdirektor einen Hut.

Die verschiedenen Wohnungstypen von Metzelaar passten perfekt zu diesem rigiden System. Es gab sie in sieben unterschiedlichen Größen und Ausführungen (von der kleinen schmucklosen Wohnung bis zur großen stattlichen). Alles war bis ins kleinste Detail präzisen Regeln unterworfen. Rangniedrigen Beamten war es nicht erlaubt, auf ihrem Toilettenkübel einen bemalten Deckel zu haben. Die *Katzen* mussten morgens den stinkenden, vollen Kübel durch das ganze Haus bis zur Vordertür schleppen, um ihn dort zu leeren. Die ranghöheren Beamten hatten eigens zu diesem Zweck eine Seitentür. Ein Aufseher durfte in seinem Garten nicht mehr als zehn Hühner halten. Und nur vor der weißen Villa des Direktors, die mit einem Augenzwinkern »Kleiner Königspalast« genannt wurde, stand eine Rotbuche.

Angesichts einer so starren Hierarchie schienen die Empfehlungen der Kommission aus einer vollkommen anderen Welt zu stammen. Seit der Staat die Kolonien im Jahr 1859 übernommen hatte, war von der Idee der Umerziehung nicht viel übrig geblieben. Beim Personal, vom Direktor bis hinunter zum Saalwächter, betrachtete man die Landstreicher als lästige Subjekte, die mit geringstmöglichem Kostenaufwand für längere Zeit aus der Gesellschaft entfernt werden mussten.

Die Staatskommission war der Ansicht, dass die Pfleglinge in den Anstalten auf ein Leben draußen vorbereitet werden sollten. Anstelle der abstumpfenden Arbeit auf den Torfäckern sollten sie fortan während ihrer Haftzeit einen Beruf erlernen. Und als ob dies nicht schon revolutionär genug gewesen wäre, befürwortete die Kommission auch noch ein Auswahlverfahren: Die Pfleglinge wurden aufgrund ihrer »sittlichen« Gesinnung in Gruppen eingeteilt, damit die »Schlechten« weniger nachteiligen Einfluss auf die »Besseren« ausüben konnten. Durch »einen starken Anreiz« sollten sie stimuliert werden, sich weiterzuentwickeln. Man wollte ihnen damit gewissermaßen ein Trittbrett zur untersten Sprosse der gesellschaftlichen Leiter schaffen.

Die Erziehungsmethode von Bestrafen und Belohnen, die die Kommission anwenden wollte, war bereits von General van den Bosch eingesetzt worden. Damals war dies dadurch geschehen, dass Medaillen verliehen und wieder aberkannt wurden. Der neue Plan der Kommission schien durchdachter und ausgereifter.

Alle Neuankömmlinge wurden in die neutrale »Kategorie B« eingestuft. Später konnten sie sich entweder in die höhere »Kategorie A« hinaufarbeiten, wo bessere Lebensumstände herrschten, oder sie wurden zur Strafe in die kargere »Kategorie C« zurückgestuft. An den Besatzstreifen sollte stets zu erkennen sein, welcher Kategorie jemand angehörte.

Das Reizvolle an der Kategorie A war, dass man in ihr mehr Lohn bekam und zusätzliche Privilegien genoss, wie zum Beispiel das Recht, Blumen anzupflanzen, zu musizieren oder am Sonntag Schuhe zu tragen. Die Staatskommission hatte sich von einer Anstalt in Belgien inspirieren lassen, wo »man den Insassen das Gefühl für Disziplin und Ordnung durch Maßnahmen wie dem Reinhalten des Tischtuches beizubringen suchte. Wem dies nicht gelang, der wurde zur Strafe vor einen ungedeckten Tisch gesetzt«. Wer es bis in die Kategorie A schaffte, verdiente sich damit auch das Recht auf Unterstützung beim Wiedereinstieg in die Gesellschaft. Die Behörden sollten Personen zur Verfügung stellen, die ehemaligen Pfleglingen bei der Arbeitssuche behilflich sein sollten.

Der Staatskommission wäre es lieber gewesen, wenn der neue Anstaltskomplex, dessen Mörtel noch feucht war, nicht so groß angelegt gewesen wäre. Die Pfleglinge hätten sich in kleineren Pavillons einfacher an eine familienähnliche Situation gewöhnen können. Das alte Konzept, das im Neubau übernommen wurde, erschwerte den Bruch mit dem überkommenen Kollektivprinzip. Aus diesem Grund empfahl die Kommission, die Kategorie A weit außerhalb von Drenthe unterzubringen – in den Arbeitsanstalten von Leiden oder Hoorn. Dies sei die einzige Möglichkeit, die Resozialisierten von ihrem hartnäckigen Veenhuizen-Stigma zu befreien.

Vier Jahre verstrichen, bis die Kommission Ihrer Majestät im Jahr 1907 die Ergebnisse der Studie überreichen konnte. Und es sollte noch Jahre dauern, bevor der Kulturwandel stattfand, den die Kommissionsmitglieder für unerlässlich hielten. Die einzige Änderung, die sofort durchgeführt wurde, war eine Anpassung der Verschickungspolitik. Individuell prüfte man die Fälle derer, die nach Drenthe verschickt werden sollten, jetzt sorgfältiger. »Geistig Minderwertige« und »Psychopathen« mussten nicht mehr nach Veenhuizen. Dr. van Mesdag – inzwischen Psychiater in Groningen – kümmerte sich persönlich um deren Einweisung in eine Reichsirrenanstalt. Und im Zweifelsfall fiel das Urteil öfters zugunsten des »unfreiwilligen Arbeitslosen« aus.

Leider kam Harmen, mein Urgroßvater, nicht mehr in den Genuss dieser Reformen. Noch bevor die Kommission ihren Bericht fertig gestellt hatte, wurde er wieder rückfällig. 1905 verurteilte man ihn mit der üblichen Routine ein zweites Mal zu einem dreijährigen Aufenthalt in Veenhuizen.

17

Der vierte Stand

Frau Slicher und Helena kannten sich schon seit über zwanzig Jahren. Die zwei Frauen waren fast gleichaltrig und wohnten so nahe beieinander, dass sie sich von ihren Häusern aus hätten zuwinken können. Als Helenas Mutter starb, war Frau Slicher eine der ersten, die es erfuhr, und Frau Slicher war es auch, die Helenas Verehrer, diesen Schuhmacher aus Friesland, später regelmäßig zu Gesicht bekam. Desgleichen nahm sie am Privatleben im Hause Slicher teil. Sie sah die Kinder von Frau Slicher aufwachsen. Sie war bei der Geburt ihres dritten Kindes dabei, und teilte Frau Slichers Schmerz und Entsetzen, als ihr neugeborenes Töchterchen kurz danach starb.

Obwohl sie Freud und Leid miteinander teilten, blieb Frau Slicher für Helena die »gnädige Frau« und Helena war für sie bis zuletzt »Leentje.« Während der schwierigen Jahre, in denen Harmen in Veenhuizen saß, konnte Helena immer wieder neuen Mut bei Frau Slicher schöpfen.

Die zwei Frauen begegneten sich zum ersten Mal im Jahr 1878, als Helena sich bei Slichers um eine Stelle bewarb. Obwohl sie erst einundzwanzig war, verfügte sie bereits über viele Fertigkeiten, die sie in verschiedenen Haushalten gesammelt hatte. Nachdem sie vom Milchmann oder vom Gemüsehändler gehört hatte, dass Frau Slicher ein Dienstmädchen suchte, überquerte sie, um zu prüfen, ob diese Stelle für sie geeignet wäre, die Brücke, die den Jordaan mit der Prinsengracht verband, und klingelte an der Tür des großen Hauses der Familie Slicher. Die Dame des Hauses musste einen guten Eindruck von ihr gehabt haben. Die Dienstbotenuniform – das weiße Kleid und das mit Nadeln festgesteckte Häubchen, das aussah wie ein kleines Kissen – waren sehr gepflegt. Und Helena besaß genug Erfahrung. Sie hatte bereits bei angesehenen Familien gearbeitet. Aus ihren Zeugnissen ging hervor, dass ihr nie gekündigt worden war und sie selbst nie einen Vertrag vorzeitig beendet hatte. Bei einer Familie blieb sie sogar drei Jahre ohne Unterbrechung. Nachdem Frau Slicher noch einige Erkundigungen über Helena eingeholt hatte, drückte sie dem Mädchen ein paar Gulden in die Hand, das sogenannte »Handgeld«, und damit war die Sache beschlossen. Dadurch, dass Leentje dieses annahm, verpflichtete sie sich, für mindestens ein Jahr als Dienstmagd im Hause Slicher zu bleiben.

Herr Slicher war ein viel beschäftigter Makler, der auch das Baumaterialiengeschäft der Familie seiner Frau leitete. Frau Slicher fiel die Aufgabe zu, den gesellschaftlichen Status der Familie aufrechtzuerhalten, indem sie Gäste empfing und Besuche abstattete. Als Leentje ihren Dienst antrat, war Frau Slicher wohl ein Stein vom Herzen gefallen, denn ihre vorige Magd, ohne die solch ein Haus kaum zu führen war, hatte gerade gekündigt. Es war schon fast ein Ding der Unmöglichkeit, das Haus jeden Morgen rechtzeitig warm zu bekommen, denn es gehörte sich, dass der Ofen geheizt war, bevor der gnädige Herr und die gnädige Frau und die Kinder aus den Federn kamen. Dann sollte auch das Frühstück bereitstehen, mit frischem Brot und frischer Milch. Für den Rest des Tages mussten Zimmer aufgeräumt, Fußböden geschrubbt, Wäsche gewaschen, gemangelt und gestärkt, Mahlzeiten zubereitet und die Kinder versorgt werden. Es war keine einfache Sache, ein gutes Dienstmädchen zu finden. Es sollte ein Mädchen sein, das die aufgetragenen Haushaltarbeiten selbständig ausführen konnte. Aber das Wichtigste war, dass man ihr vertrauen konnte. Sie war Tag und Nacht im Haus, sie hörte und sah alles, was sich in der Familie abspielte. Sie hielt sich zwischen kunst- und wertvollen Gegenständen auf, die sie von zu Hause nicht kannte. Und: Sie beeinflusste die Kinder. Fiel die Wahl auf ein verkehrtes Mädchen, schlug die Stimmung im Haus sogleich um. Im Jahr 1851 war ein bemerkenswertes Buch mit dem Titel

Über den Umgang mit den Dienstboten erschienen, worin die Dienstmädchen beschrieben wurden als:

> Menschen, deren Leben wie ein einziger langer Arbeitstag ist; sie sorgen für Ruhe und Bequemlichkeit bei ihren Brüdern und Schwestern und dürfen diese selbst nicht genießen; sie leben um zu dienen, und nicht, um bedient zu werden. Sie mühen und plagen sich, während wir schon schlafen, und rühren schon wieder die Hände, wenn wir noch ruhen, ja, ihr einziges Bestreben ist, uns jeden Wunsch von den Augen abzulesen.

Sobald Helena als kleines Kind Amsterdamer Boden unter den Füßen hatte, war ihre Position in der dienstbaren Klasse besiegelt. Die Gijbens gehörten automatisch zum vierten Stand; weder zur Aristokratie, noch zum gehobenen Bürgertum und auch nicht zur Schicht der kleinbürgerlichen Handwerker. Das Einzige, von dem sie leben konnten, war ihrer Hände Arbeit. Deshalb blieb den Mädchen keine andere Wahl, als in fremden Haushalten zu dienen.

Bis zu ihrem sechzehnten Lebensjahr war Helena eine Tagesmagd gewesen, die zu Hause übernachtete. Doch sobald sie erwachsen war, musste sie eine Stelle gegen Kost, Logis und einen kleinen Lohn annehmen. Jetzt begab sie sich auf das heikle Terrain der gnädigen Frauen und Dienstmädchen. In den Bürgerhäusern rumorte es: Die gnädigen Frauen duldeten von ihren Dienstmädchen keine Widerrede, und das wurde den Angestellten mit der Zeit zu bunt. Es war schwierig, Konflikte zu vermeiden, wenn zwei so unterschiedliche Stände miteinander unter einem Dach wohnten. Die soziale Frage – der Zusammenstoß gegensätzlicher Gesellschaftsklassen – manifestierte sich in den Bürgerhäusern in Form der »Dienstboten-Frage.« Die andauernden Reibereien im Haus griffen das Nervensystem der weiblichen Herrschaften so oft an, dass so mancher Arzt sich erst nach dem Verhältnis zu den Dienstboten erkundigte, bevor er die Damen untersuchte. In den Frauenzeitschriften konnte man lesen, dass die »Dienstmädchen-Angelegenheit« eine ganz normale Familie in einen Kriegsschauplatz verändern konnte.

Kein Wunder, dass das Theaterstück *Das Dienstmädchen* von Herman Heijermans so erfolgreich war. Darin wird eine bigotte Dame während einer Abwesenheit ihres Mannes über Monate hinweg von der Dienstmagd unterdrückt und erpresst: Sie muss selbst alle Arbeiten verrichten, während die Magd ihren Wein trinkt und ihr immer mehr Sachen abluchst.

Aber oft beklagten sich die Damen schon aus geringerem Anlass. Sie betrachteten die Aufmüpfigkeit der Dienstmädchen als eine unakzeptable Untergrabung ihrer Autorität. Eine Zeitschrift aus dem Jahr 1888 publizierte den Leserbrief einer Dame, die behauptete, noch nie gute Dienstboten gehabt zu haben.

> [Die erste Dienstmagd] konnte nicht kochen, eine andere wollte ihren Liebhaber in der Küche bei sich haben. Antje brauchte morgens eine Stunde, um sich anzuziehen; ihre Schwester arbeitete bis spät in die Nacht, war aber morgens nicht aus dem Bett zu kriegen; meine letzte Dienstmagd habe ich rausgeworfen, weil sie sich erdreistete, mich um zwei Urlaubstage zu bitten, um zur Hochzeit ihrer Schwester nach Laren zu fahren. Als ich ihr die Erlaubnis verweigerte, weil die große Wäsche gemangelt werden musste, gab sie mir die unverschämte Antwort: »Die Wäsche kann warten.«

Sogar im Parlament standen Helena und ihre Kolleginnen, die in dieser Sache von niemandem um ihre Meinung gefragt wurden, regelmäßig im Mittelpunkt hitziger politischer Debatten. Man diskutierte die Frage, ob auf die Haltung eines Dienstmädchens eine Steuer zu erheben sei (war es Luxus oder Notwendigkeit?), und ob das Hauspersonal bei Krankheit und Entlassung Schutz verdiene. War ein Dienstbote nun ein Arbeitnehmer oder doch eher ein behilflicher Hausgenosse? Durfte man der geschäftsfähigen Frau des Hauses die Verantwortung eines Arbeitgebers aufhalsen? Und durfte man die Autorität des Hausherren dadurch untergraben, dass man ihm durch ein Gesetz vorschrieb, wie er seine Haushaltsangehörigen – einschließlich Dienstmagd – zu behandeln habe?

Die Dienstmädchen-Angelegenheit reichte weit über die zwischenfrauliche Problematik in der Privatsphäre hinaus. Der Staat führte Listen, in denen die Anzahl der Familien, die sich im Haus wohnende Dienstboten leisten konnten, akribisch beibehalten wurde, da dies als Gradmesser für Wohlstand und Kultur eines Landes galt. Aber es waren noch andere Interessen im Spiel: Mädchen, die in einer anständigen Familie wohnten, bekamen automatisch eine Erziehung, die man ihnen in ihrem eigenen Milieu nicht geben konnte. Die Mitglieder des gehobenen Standes hatten die Aufgabe, den Mädchen den Umgang mit Geld beizubringen, damit sie sich ihre standesübliche Verschwendungssucht abgewöhnten. Deshalb war allen gedient, wenn die Frau des Hauses etwas geduldiger mit ihrer Magd umging und nicht gleich zornig wurde, wenn sie eine Tasse fallen ließ oder heimlich einen Löffel Zucker aß. Wenn sie zu ihrer Dienstmagd freundlich war und sie am Morgen begrüßte, dann war ein solches Mädchen in Zukunft auch besser auf ihre eigene Familie vorbereitet, was wiederum der Erhebung der ganzen Arbeiterklasse zugute kam.

Diese bevormundende Haltung gegenüber dem Hauspersonal passte zur Bildungsoffensive, die damals gerade in Angriff genommen wurde. Die begüterten Damen des städtischen Bürgertums kümmerten sich persönlich um die Armen, errichteten Kindertagesstätten und Handarbeitsschulen und brachten so ihre eigenen Umgangs- und Erziehungsformen unter das Volk. Die Gattinnen der Staats- und anderer gewichtiger Männer besuchten die Bewohner der Arbeiterviertel. Während man den Arbeitslosen in Anstalten wie Veenhuizen versuchte, Arbeitsethos beizubringen, spornte man die daheimgebliebenen Frauen zu Ordnung, Hygiene und Häuslichkeit an.

Helena arbeitete bis zu ihrer Hochzeit als Dienstmädchen, so wie man es von Leuten ihres Standes erwartete. Aber immer mehr junge Mädchen schlugen einen anderen Weg ein. Sie wollten lieber in die Fabrik. Dort zählte ein Arbeitstag lediglich elf Stunden, die Sonntage waren frei und sie bekamen zudem mehr Lohn. Und, was vielleicht das Allerwichtigste war, man sah nicht auf sie herab. Das schöne Ideal vom gnädigen Herrn und der gnädigen Frau, die nur das Beste mit ihren »Hausgenossen« vorhatten, kannte kaum einer der Dienstboten aus eigener Erfahrung. Ein Dienstbote schrieb im Groninger Courant:

> Wenn die Herrschaften wollen, dass die Dienstboten länger bei ihnen bleiben, dann sollen sie die Mädchen besser behandeln, ihnen schmackhafteres Essen und angenehmere Getränke zuteil werden lassen und es ihnen erlauben, des Abends nach acht Uhr die Arbeit Arbeit sein zu lassen. Zudem wäre es wünschenswert, die Herrschaften würden Dienstboten nicht so geringschätzig behandeln, als wären diese Sklavinnen oder Hunde.

Gegen Ende des neunzehnten Jahrhunderts sah es für einen Moment so aus, als hätten sich der Dienstbotenstand vom Joch der Geringschätzung und Bevormundung befreit. Im Kielwasser der industriellen Revolution wurde auch die niederländische Ständegesellschaft in ihren Grundfesten erschüttert. Arbeiter, Frauen und Katholiken begnügten sich nicht länger mit ihrer gesellschaftlich minderwertigen Position. Die Amsterdamer Bauarbeiter legten zum ersten Mal die Arbeit nieder, die Frauenrechtlerin Aletta Jacobs kämpfte erfolgreich für ihre Zulassung an die Universität, die Katholiken und die Sozialisten bekamen einen Sitz in der Regierung. Leider war diese Emanzipationswelle nicht stark genug, um auch die Dienstmädchen mitzureißen. Ein schüchterner Vorschlag des Dienstboten-Verbandes zum Thema Freizeit für Hausangestellte – ein Abend pro Woche und alle vierzehn Tage einen freien Sonntagmittag – stieß auf den Hohn der Frauenvorkämpferin Wilhelmina Drucker: »Wir selbst verfügen in unseren Häusern über keine einzige freie Sekunde«, schrieb sie, »und die Dienstboten sehen ohnehin schon zu, dass sie sich nicht überanstrengen.«

Meine Urgroßmutter Helena und ihre Kolleginnen besaßen

keinerlei Lobby. Die Damen der Frauenbewegung verachteten sie, und für die Arbeiter war ihre Tätigkeit im Haushalt keine richtige Arbeit. Somit waren die Mädchen weiterhin den Launen der feinen Damen ausgeliefert.

Ich verstand, wie wichtig für meine Urgroßmutter die Protektion von Frau Slicher gewesen sein musste. Helena kündigte nach eineinhalb Jahren in gegenseitigem Einvernehmen die Stelle bei Frau Slicher. Danach trat sie in den Dienst einer Ladenbesitzer-Familie, in der Nähe des Vondelparks. Als ihre Dienstzeit dort zu Ende war, kehrte sie zu den Slichers zurück. Ihre Mutter Cato war gerade gestorben, und sie hatte jetzt einen Verehrer. Wahrscheinlich verließ Helena das Hause Slicher mit ihrer Heirat. Die beiden Frauen blieben einander dennoch verbunden. Obwohl sie als Harmen Keijzers Frau bei mehreren Familien putzte, arbeitete sie immer wieder gelegentlich für Frau Slicher.

Meine Urgroßmutter hatte sich instinktiv unter die Fittiche ihrer Herrschaft begeben. Immer, wenn Not am Mann war, klopfte sie bei Frau Slicher an der Prinsengracht an, die immer Arbeit für sie hatte, obwohl sie gewusst haben muss, dass Harmen in Veenhuizen saß oder wieder herumvagabundierte. Und wenn die Beamten der Städtischen Armenkasse Informationen über Leentje einholen wollten, erhielten sie von Frau Slicher immer »die besten Auskünfte«.

18

Ein Seelenstreit

Am 3. August 1905 ließ sich Harmen Keijzer erneut in Utrecht festnehmen. Die Empfehlungen der Staatskommission waren noch nicht publiziert, und von den zukünftigen Veränderungen war nichts zu spüren. Derselbe Freiherr verurteilte ihn in demselben Gerichtsgebäude mit dem gleichen vorgedruckten Urteil zur gleichen Strafe von drei Jahren. Sein Leben in Freiheit hatte knapp zwei Jahre gedauert, was relativ lange war, wenn man bedenkt, dass die meisten Rückfälligen schon nach wenigen Monaten wieder nach Veenhuizen zurückkehrten.

Offensichtlich versuchte mein Urgroßvater ernsthaft, wieder bei seiner Familie zu leben. Helena und die Kinder nahmen ihn wieder auf, und vier Tage später zog die Familie an die Lauriergracht um. Es muss für alle nicht leicht gewesen sein, sich wieder aneinander zu gewöhnen.

Wenn Umzugsdaten Aufschluss über die Familienzusammensetzung gaben – Alleinverdiener konnten weniger Miete bezahlen – dann war im Frühling des Jahres 1905 die Situation mal wieder aus dem Ruder gelaufen. Ich konnte mir die Szene bildhaft vorstellen: Helena stellte die Tasse ihres eigensinnigen Ehemanns in den Schrank, nachdem sie begriffen hatte, dass Harmen wieder einmal abgehauen war. Vielleicht tat sie es mit einem Seufzer der Erleichterung, vielleicht mit einem Seufzer der Verzweiflung, oder vielleicht mit beidem. Es würde mich nicht wundern, wenn sie die Geschichte von Harmens Reisen nach Niederländisch-Ostindien einfach erfunden hätte. Was sollte sie den Kindern denn erzählen, wenn ihr Vater wieder einmal herumvagabundierte und sich zum zweiten Mal an einem Ort einsperren ließ, der nur Schande über die Familie brachte? Ostindien war so etwas wie ein Codewort. Auch Helenas Bruder Toon benutzte es, wenn man ihn fragte, wo er denn erblindet sei. Ähnlich wie die Geschichten von der »unpassenden Ehe« und der »noblen Herkunft«. Oder die Entschlossenheit, mit der meine Großmutter ihre Kinder mahnte, niemandem zu sagen, wo sie wohnten und lieber einen anderen Straßennamen zu nennen.

Harmen genoss seine Befreiung von der Familie nicht lange. Für jemanden von über fünfzig war das Landstreicherleben ziemlich hart. Schon nach zwei Monaten, noch während des Sommers, vernahm er wieder den Lockruf aus Veenhuizen. Mit der zweiten Registrierung tat er sich zusehends leichter, denn er unterschrieb mit fester Hand und gab sich, obwohl er ein exzellenter Schuhmacher war, schamlos als »Kaufmann« aus. Gewiss weil er von seinem Beruf genug hatte. Aufgrund seiner Angaben bekam mein Urgroßvater einen Arbeitsplatz in der Schmiede der alten Zweiten Anstalt. Im neuen Gebäude auf der gegenüberliegenden Seite der alten Anstalt wurde ihm im Schlafsaal der Katholiken eine eiserne Schlafkoje zugewiesen.

Zwischen dem ersten und dem zweiten Aufenthalt in der Reichsarbeitsanstalt gab es nur einen Unterschied: die fehlende Hoffnung. Rückfällige machten sich keine Illusionen mehr, auch ihr Ehrgeiz war verflogen. Doch während der Jahre, in denen Harmen in der Kolonie weggeschlossen war, kam plötzlich aufrichtig gemeinte Hilfe von unerwarteter Seite. Es könnte gut sein, dass auch Harmens Leben dadurch erträglicher wurde. Auf jeden Fall lernte ich ein Jahrhundert später dadurch meinen Urgroßvater besser kennen.

Alles begann im Jahr 1907, Harmen hatte die Hälfte seiner Strafe bereits abgesessen, als zwei junge Geistliche in die Kolonie kamen. Pfarrer de Graaf war ein engagierter, zweiunddreißigjähriger Friese mit einem Doktortitel in der Tasche. Seine erste Stelle als Pfarrer hatte er in einem Weiler in der Provinz Groningen innegehabt, bevor er nach Veenhuizen kam. Pfarrer Germs war noch jünger, aber nicht weniger engagiert. Die beiden waren ein absoluter Glücksfall. Pfarrer de Graaf war ein Mann der Wissenschaft mit einer sozialen Ader, Pfarrer Germs ein Pragmatiker und, trotz seines Glaubens, ein aktiver Sozialist. Beiden lag das Schicksal der Landstreicher sehr am Herzen, worauf sie sich zusammentaten und – im Gegensatz zu den meisten katholischen Priestern – keine Eile hatten, die Arbeitsanstalten schnellstmöglich wieder zu verlassen. Im Gegenteil, sie bissen sich in der Sache fest. Kaum war ein neuer Protestant in der Anstalt angekommen, wurde er von ihnen zu einem Kennenlerngespräch gebeten. Schon das war etwas Besonderes. Es ging dabei um einen Gedankenaustausch ohne Inhaltsvorgaben oder Zeitlimit. Der eine Pflegling schüttete ihnen sein Herz aus, der andere wollte nichts mit den Geistlichen zu tun haben. Die Pfarrer fanden jedes Verhalten interessant. Meistens nahmen beide am Gespräch teil. De Graaf führte das Gespräch, und Germs machte Notizen. Sie wollten nicht nur herausfinden, wie man diesen Verstoßenen helfen könnte, sondern auch, wer diese Männer waren und wie sie zur Landstreicherei kamen. Sie stellten fest, dass der größte Teil der Veenhuizener unter »weniger günstigen Umständen« groß geworden war. Wenn sie nicht als Waisen aufgewachsen waren, dann hatten sie wenigstens ihre Kindheit in tiefster Armut verbracht. Auf diese Dinge hatte man noch nie zuvor geachtet. Dennoch konnte das in den Augen der Pfarrer nicht der einzige Grund für das asoziale Verhalten der Insassen sein.

Pfarrer de Graaf, der Mann der Wissenschaft, verfolgte aufmerksam die Entwicklungen auf dem Gebiet der Seelenkunde. Er hoffte dadurch den Schlüssel zu finden, weshalb es sie zur Landstreicherei trieb. Er war ein treuer Schüler von Professor Heymans aus Groningen, damals die niederländische Koryphäe der aufblühenden Wissenschaft der Psychologie. Professor Heymans setzte hohe Erwartungen in das zwanzigste Jahrhundert und für ihn stand fest, dass es ein »Jahrhundert der Psychologie« werden würde. In den vergangenen hundert Jahren, so Heymans, haben die Naturwissenschaften wichtige Durchbrüche erzielt. Zahlreiche Erfindungen hätten das tägliche Leben drastisch verändert: Elektrizität, Medikamente, Dampfmaschinen. Sie hätten dem Menschen viele neue Möglichkeiten eröffnet, aber sei dieser dadurch glücklicher? »Nein«, lautete die Antwort des Professors. Das sei seiner Meinung nach die Aufgabe der Psychologie.

Mithilfe von Fragebögen (ein Novum in der Wissenschaft) und endlosen Strichlisten mit menschlichen Eigenschaften klassifizierte Heymans den Menschen nach der Beschaffenheit und dem Mischverhältnis (temperamentum) der Körperflüssigkeiten (Blut, Schleim, gelbe und schwarze Galle) in acht verschiedene Charaktertypen. Daraus ergab sich, dass ein *sanguinicus* ein gut entwickeltes Herz und ein gut funktionierendes Blutgefäßsystem habe und deshalb eine gesunde und feurige Person, jedoch mit oberflächlichen Gefühlen sei. Der *flegmaticus* hingegen, der unter seiner Schleimabsonderung leide, sei nüchtern und beharrlich, psychisch ausgeglichen und äußerst sparsam. Wolle man aber wissen, welchen Lebenspfad ein Mensch bewandern werde, müsse man nicht nur das Temperament, sondern auch seinen Charakter in Betracht ziehen, oder wie er es nannte: »... alle Neigungen und deren Kräfteverhältnis untereinander«. Nach eingehenden empirischen Prüfungen in seinem »psychologischen Laboratorium« kam der Professor zum Schluss, dass beide Faktoren – Charakter und Temperament – angeboren seien und somit unveränderlich. Schon bei der Geburt sei alles festgelegt, daran sei nichts zu ändern. Bessere Menschen entstehen nur nach einem Generationenwechsel, und auch nur dann, wenn die richtige Partnerwahl getroffen werde.

Aber so lange wollten Pfarrer de Graaf und Pfarrer Germs nicht warten. Sie setzten auf die »sittliche Erhebung« der Landstreicher, so wie sie waren. Deshalb führten sie weiterhin mit den Pfleglingen persönliche Gespräche, besuchten regelmäßig die Aufenthaltssäle und hatten stets ein offenes Ohr für die Nöte der Insassen. Sie hielten Vorträge mit Lichtbildern über die verschiedensten Themen. Nicht nur zur Unterhaltung der Pfleglinge, sondern auch aus erzieherischen Gründen, um diesen mögliche Alternativen zu ihrem eigenen Lebensstil aufzuzeigen. Diese Vorträge waren so beliebt, dass de Graaf und Germs immer wieder Probleme mit dem katholischen Pfarrer bekamen, der einen falschen Einfluss auf seine Katholiken befürchtete.

Während man in Den Haag noch über den Empfehlungen der Staatskommission brütete, ergriffen auch hier die Pfarrer die Initiative zur Lösung des Problem der sozialen Wiedereingliederung: In Zusammenarbeit mit dem Niederländischen Verein zur Sittlichen Besserung der Gefangenen halfen sie den Landstreichern nach ihrer Entlassung wieder auf den richtigen Weg. Auch der katholische Pfarrer beteiligte sich jetzt daran, wobei er sich jedoch an die Spielregeln aus Rom hielt. Mit vereinten Kräften versuchten sie, die Männer wieder in Kontakt mit ihren Familien zu bringen, sie klopften bei gutherzigen Arbeitgebern an oder suchten für die ehemaligen Pfleglinge einen Platz in einer Wohltätigkeitsanstalt. Als in Veenhuizen 1911 unter der Leitung von de Graaf und Germs in den Niederlanden der erste Rat für Resozialisierung entstand, konnten die beiden bereits auf eine jahrelange Erfahrung zurückblicken.

Pfarrer de Graaf war immer noch auf der Suche nach dem Grund für die Landstreicherei. Was trieb einen Mann wie Harmen immer wieder auf die Straße? Warum verfiel der eine arme Teufel dem Alkohol und der andere nicht? Der Pfarrer fasste den Entschluss, sämtliche Informationen über die Pfleglinge systematisch zu sammeln und nach Professor Heymans Temperamentenlehre zu kategorisieren. Die Ergebnisse verarbeitete er in einer Dissertation, seiner zweiten.

Ich war neugierig und beschaffte mir in einem Buchantiquariat das Werk aus dem Jahr 1914. Aber als ich es in Händen hielt, zögerte ich. Die Persönlichkeitsanalyse eines Veenhuizener war indirekt auch eine Charakterskizze meines Urgroßvaters. Ich bereitete mich auf das Schlimmste vor.

Am Buchanfang stößt man auf verschiedene Buchstabenkombinationen, die heutzutage keinerlei Bedeutung mehr haben: nEnAP, nAP, EnAp. Diese Verweise nach Heymans Typologie waren damals jedem so geläufig, dass de Graaf sich die Erläuterungen dazu sparen konnte. Der Pfarrer verglich die Informationen von mehr als sechshundert Verurteilten mit dem Ergebnis aus der landesweiten Umfrage von Professor Heymans. Anhand von sage und schreibe neunzig verschiedenen Eigenschaften hatte er die Psyche des Durchschnitts-Niederländers herausgearbeitet. Die Ziffernreihen des Pfarrers de Graaf gaben Aufschluss darüber, welche Eigenschaften bei den Veenhuizenern öfter und welche seltener vorkamen als beim Durchschnitt der Bevölkerung.

Nachdem ich alle Puzzleteile endlich zusammenfügt hatte, lag das Gesamtcharakterbild des typischen Veenhuizeners, nach Pfarrer de Graafs Theorie, vor mir. Er habe eine kurz angebundene, defensive Art zu sprechen, er sei unruhig und reizbar, auch störrisch, und lasse sich schnell entmutigen. Er sei leicht beeinflussbar, verschwenderisch, aber nicht geldgierig, aber vor allem: impulsiv. Der Veenhuizener sei nicht faul, eher launisch. Er könne hart arbeiten, aber nur wenn er Lust dazu habe. Durch sein Umhervagabundieren in immer wieder anderen Städten habe er keine festen Beziehungen aufgebaut, was seine geringe Menschenkenntnis erkläre. Auch der Argwohn, mit dem er anderen begegne, habe seinen logischen Ursprung: Er selbst sei zu oft mit Feindseligkeit, im günstigsten Fall mit Argwohn, konfrontiert gewesen. Trotzdem sei der Veenhuizener Landstreicher ein selbstzufriedener Mensch. Er betrachte alles im Leben aus seinem eigenen Blickwinkel, Selbstkritik sei ihm fremd. Daraus erkläre sich ein Charakterzug, der beim Veenhuizener am wenigsten zu erwarten gewesen sei: eine überdurchschnittliche Eitelkeit.

Summa summarum ergab das kein schönes Bild. Mein Urgroßvater als einsamer Mensch, von Impulsen getrieben, ruhelos, egozentrisch, entwurzelt. Die wenigen Eigenschaften, die mir von Harmen bekannt waren, deckten sich mit dem Bild, das Pfarrer de Graaf von den Insassen skizzierte. Dieser stellte auch fest, dass verheiratete Landstreicher viel später »auf Abwege« gerieten als unverheiratete. Die Familien beschützten sie gegen ihr »Unvermögen«, das Leben zu meistern – bis zu dem Augenblick, an dem die Familienbande rissen. Ich musste an Harmens tote Kinder denken und an den Verlust seines Bruders, des einzigen Blutverwandten aus seiner Kinderzeit. Wenn ich de Graafs Theorien auf Harmen übertrage, dann ließ dieser wohl nach all diesen Todesfällen im Affekt alles hinter sich. Dass er dazu noch dem Alkohol verfiel, erstaunte mich nicht.

»Man trinkt, um sich zu betäuben, nicht weil es gut schmeckt«, zitierte de Graaf einen Pflegling. »Wenn man überall aneckt, kippt man sich schon mal einen zur ›Erholung‹ hinter die Binde.« Die »sehr starke Veranlagung« zum Alkoholmissbrauch bei den Veenhuizener Landstreichern entsprang, so erklärte Pfarrer de Graaf, derselben Ohnmacht, die sie auch dazu trieb, immer wieder aufs Neue Heim und Familie zu verlassen. Aufgrund seiner impulsiven Veranlagung erfasse den Veenhuizener immer wieder eine plötzliche enorme Abneigung gegen sein eigenes Leben. Gerate dieses Gefühl in Konflikt mit dem natürlichen Überlebensdrang, dann entstehe:

> in der Seele ein Streit zwischen dem emotionalen Wunsche nach Selbstzerstörung, Betäubung, Ichverlust einerseits – und der durch unbewusste körperliche und seelische Funktionen hervorgerufene Aktivität [Überlebensdrang] andererseits. Geht aus diesem Kampf das Gefühl als Sieger hervor, dann siegt auch der Alkohol. Nehmen jedoch die niedrigen Aktivitäten überhand, dann kommt es zur »fugue«, dem zwar recht ziellosen, aber der Gesundheit förderlichem Vagabundieren.

De Graaf sagte also, dass mein Urgroßvater seine Frau und die Kinder im Stich ließ, weil er nicht anders konnte. Und dass er trank, weil er den Schmerz seines Seelenkampfes betäuben musste. Wenn der Alkohol keine Wirkung mehr zeigte, blieb ihm deshalb keine andere Wahl, als wieder auf die Straße zu gehen, denn sonst wäre er psychisch zugrunde gegangen. Aus dieser Erklärung klangen mildernde Umstände; ich war mir bloß nicht sicher, ob ich die Sache auch so betrachten wollte.

Roza

19

Gottesbräute

Ohne sich von ihrem Vater zu verabschieden, verließ Roza an einem Herbsttag des Jahres 1907 Amsterdam. Sie war sechzehn Jahre alt. Gemeinsam mit Helena, ihrer Mutter, nahm sie den Zug nach Leiden, nur ein kleine Tasche mit sauberer Wäsche in der Hand. Es war nicht die Absicht, dass Roza je wieder nach Hause zurückkehren sollte. Die Mutter hatte schon Rozas Schwestern Maria und Stien weggebracht. Auch Tinie würde eines Tages dieselbe Reise mit ihr zusammen unternehmen. Das Bevölkerungsregister offenbarte, dass eine nach der anderen in das Franciscanessen-Kloster *Liebesanstalt* in Zouterwoude zog, wo sie sich unter die Fittiche der Schwestern Unserer Frau von der Liebe des Guten Hirten begaben. Während Harmen in Veenhuizen saß, verschwanden seine Kinder sang- und klanglos aus dem weltlichen Leben.

Wie konnte es so weit kommen?

Ich wusste, dass Roza, meine Großmutter, immer tief gläubig gewesen war.

Meine Mutter erzählte mir, dass sie bei nächtlichen Gewittern immer die Kinder weckte, damit diese gemeinsam mit ihr vor den Betten knieten und beteten, bis sich das Gewitter verzogen hatte. Mein erster Gedanke war: in der Hoffnung, so nicht vom Blitz erschlagen zu werden, aber darum ging es nicht. Dem Schicksal konnte man nicht entkommen, aber man konnte dafür sorgen, dass man eine reine Seele hatte, wenn es zuschlug.

Von Kindesbeinen an gingen Roza und ihre Mutter in die strengste Kirche der ganzen Stadt. Die Kirche Unsere Liebe Frau an der Keizersgracht, die heute Eigentum der Syrisch-Orthodoxen Gemeinschaft ist, war damals die Ausfallsbasis der Redemptoristen im nördlichen Teil der Niederlande. Es waren Missionare, die mit ihrer wortgetreuen Wiedergabe der Predigten von Gemeinde zu Gemeinde zogen, um dort der Frömmigkeit neues Leben einzuhauchen. Ihre strenge Lehre übte eine große Anziehungskraft aus: Von nah und fern fanden Katholiken den Weg zum Amsterdamer Sitz dieser Kongregation. Auch Helena, die eigentlich einer anderen Pfarrgemeinde angehörte, besuchte mit den Kindern oft ihre Messen.

Für Roza musste das lange Kirchenschiff mit seinen grazilen Seitenschiffen ein Zufluchtsort gewesen sein. Während der Messe blieben die Sorgen zu Hause. Wie schwer Mutter auch arbeitete, und auch der Vater, als er noch da war, das Geld reichte nie aus. Beim Krämer mussten sie dauernd anschreiben lassen, oder sie gingen hungrig zu Bett. In der Zwischenzeit kamen immer wieder Geschwister zur Welt, die bald darauf starben. Mit sieben Jahren hatte Roza bereits vier kommen und vier dahingehen sehen – so blieb sie die Jüngste. Der Gegensatz zwischen der bedrückenden und angespannten Situation zu Hause und der friedlichen Atmosphäre in der Kirche konnte nicht größer sein.

Wenn der Haussegen schiefhing, der Vater wieder einmal das Weite suchte und Mutter nicht wusste, was sie tun sollte, verkroch sich Roza am liebsten in der Kirche. Dort kniete sie in der *Unsere-Liebe–Frau*-von-der-Immerwährenden-*Hilfe*-Kapelle vor der Ikone, auf der das Jesuskind beinahe sein Schühchen verlor und betete zur Heiligen Jungfrau, dass sie doch alles wieder in Ordnung bringen möge. Das war nicht unmöglich, denn die vom Vatikan autorisierte Kopie der mittelalterlichen Ikone hatte schon andere Wunder verrichtet. Wer an einem ganz bestimmten Tag zu ihr betete, dem gewährte der Papst den vollständigen Ablass.

Das Schöne an der Kirche war wohl, dass man zwar Angst vor dem Jüngsten Gericht hatte, vor allem wenn man die Glasmalereien hinter dem Altar, auf denen dieser furchterregende Tag dargestellt war, betrachtete, aber dennoch wusste, dass man erlöst werden konnte. Zumindest, wenn man sich dafür übermenschlich anstrengte.

Dass die vier Kinder von Helena und Harmen hinter Klostermauern verschwanden, war für mich eine unvorhergesehene Wendung in der Geschichte. Das Kloster war so etwas wie das Gegenstück zu Veenhuizen, aber für Frauen: eine geschlossene Gemeinschaft mit strikten Regeln, eine Insel der Sicherheit im rauen Unterklassendasein. Männer, so kam es mir vor, griffen in ihrer größten Verzweiflung zur Flasche, bis sie schließlich im Landstreicherasyl landeten. Frauen, jedenfalls die katholischen, lösten das Problem auf ihre Weise: Sie wandten sich an den Himmel, mit einem Leben im Kloster als letzte Konsequenz.

Als der Katholizismus um die Jahrhundertwende erneut aufblühte, kam es zu einer Rekordanzahl von Klostereintritten. In vielen Klosterorden widmete man sich nicht mehr nur der Kontemplation, sondern erfüllte darüber hinaus auch gesellschaftliche Funktionen im Erziehungswesen, in den Waisenhäusern oder der Krankenpflege. Die Schwesternschaft war vor allem für arme Mädchen reizvoll: Sie bot ihnen eine Alternative zum sorgenvollen Leben einer Arbeiterfrau, die sich abrackern musste. Im Kloster durfte das Mädchen weiterlernen; hinter den Mauern dieser Jungfrauenwelt konnte man sogar Karriere machen.

Ich vermutete, dass die vier Keijzer-Schwestern einem Leben in Armut entgehen wollten. Aber es wäre genauso gut möglich gewesen, dass Helena ihre Töchter dazu drängte, um ihnen, koste es was es wolle – auch wenn sie sie auf diese Weise für immer verlieren würde – das gleiche schwere Leben zu ersparen, das ihr eine so große Last gewesen war.

Auf der Suche nach aufschlussreichen Informationen über die Schwestern des Guten Hirten, stieß ich auf eine Radioreportage des VPRO-Rundfunks. Daraus geht hervor, dass in den Klöstern der Kongregationen nicht nur Nonnen wohnten. Die Schwestern leiteten auch eine ganze Anzahl Internate, die im Volksmund »Anstalten für gefallene Mädchen« genannt wurden. Bis dahin dachte ich, dass meine Großmutter und ihre Schwestern nach Zoeterwoude gegangen waren, um Nonnen zu werden, doch plötzlich kamen mir Zweifel. Hatte Helena ihre Töchter weggeschickt, weil sie mit ihrer Erziehung allein überfordert war? Auch das war möglich.

Im Zoeterwouder Kloster waren Kinder untergebracht, die, wenn ich es richtig verstehe, dabei waren, auf Abwege zu geraten und von den Schwestern davor bewahrt werden mussten. Dabei handelte es sich um Mädchen bis zu einundzwanzig Jahren, auch hier Pfleglinge genannt, die durch Verwahrlosung oder erbliche Belastung Gefahr liefen, sittlich zu verfallen. Die »Reuigen«, die bereits etwas angestellt hatten, wurden strikt von den »Beaufsichtigten«, den Mädchen, die etwas anstellen könnten, getrennt. Mit Zucht und Ordnung (und dem obligatorischen Beiwohnen der täglichen Messe) versuchten die Nonnen, das Blatt zu wenden und aus den Mädchen fromme Gotteskinder zu machen. Unter dem wachsamen Auge der Schwestern verbrachten die Kinder ihre Tage mit kollektiven Aktivitäten: lernen oder arbeiten, beten, schlafen, alles jedoch ohne Kontakt zur Außenwelt. Den älteren Mädchen gewährte man etwas mehr Privatsphäre. Sie schliefen in einer »Chambrette«, einem Kämmerchen, das gerade groß genug war für ein Bett und etwas Raum, um sich anziehen zu können. Im Grunde genommen gab es keinen großen Unterschied zwischen den Chambretten in Internaten und den Schlafkojen in Veenhuizen, außer dass die Trennwand bei den einen aus einem Stoffvorhang bestand und bei den anderen aus einem Metallgitter.

Hier wurde wirklich umerzogen: Die Mädchen bekamen eine Uniform und einen neuen Namen und mussten einander ihre wahren Namen verschweigen. Und morgens durften sie nicht miteinander sprechen, denn dann herrschte im ganzen Kloster ein absolutes Redeverbot.

Inzwischen wohnen die letzten Schwestern des Guten Hirten in Bloemendaal. Von den vier Klosterinternaten ist nur noch ein Pflegeheim übrig, in dem im einen Flügel pensionierte Nonnen und im anderen betagte »Schülerinnen« (eine Handvoll »gefallener

Mädchen«, die zeitlebens in den Internaten geblieben waren) wohnten. Wie beeindruckend groß die Anzahl der Nonnen einmal gewesen sein muss, kann man noch an den mit militärischer Präzision ausgerichteten Betonkreuzen auf dem Friedhof sehen. Die Mutter Oberin reagiert zurückhaltend auf meine Bitte, mir doch Informationen zu Roza Keijzer und ihren Schwestern zugänglich zu machen. Ich will wissen, unter welchen Umständen sie ins Kloster kamen, aber ihr Ton verheißt nichts Gutes. Sie wolle sehen, was sie tun könne, aber es klang eher nach dem Gegenteil.

Ich rufe jeden Monat in Bloemendaal an, aber egal in welchem Ton ich es versuche: freundlich und bescheiden (»ich weiß, dass Sie viel zu tun haben«) oder nachdrücklich (»Hier geht es schließlich um meine Großmutter!«), werden die Antworten stets kürzer und brüsker. Bis ich endlich an eine hilfsbereite Mitarbeiterin gerate. Sie erzählt mir, dass Mutter Oberin Archive besitze, in denen sie die Korrespondenz und die Steckbriefe der Klosterinsassen, sowie allerlei persönliche Schriftstücke aufbewahre, welche aber aus Datenschutzgründen noch weitere fünfzig Jahre unter Verschluss gehalten werden müssen. Sie werde gerne für mich nachsehen, ob etwas im allgemeinen Teil des Archivs über die Schwestern Keijzer zu finden sei.

Erst nachdem ich den Hörer aufgelegt hatte, fiel bei mir der Groschen: Es gab wahrscheinlich tatsächlich Briefe von meiner Großmutter und meinen drei Großtanten, einen Briefwechsel mit dem Pastor, der die Empfehlungsschreiben ausgestellt hatte, Informationen zu ihrem Vorleben und Dossiers über ihre Jahre beim Guten Hirten. Doch diese würde ich nie zu sehen bekommen. Die fünfzig Jahre – die Zeitspanne eines Menschenlebens – waren noch nicht verstrichen. Mir wurde bewusst, dass es immer schwieriger werden würde, an Informationen über meine Ahnen heranzukommen, je häufiger ich sie in der näheren Vergangenheit suchen musste.

Das, was mir zuerst als Vorteil erschien – nämlich dass es noch lebende Zeugen gibt, die mir etwas aus erster oder zweiter Hand über Roza und ihre Schwestern erzählen konnten –, erwies sich als Nachteil. Unbekannte fühlten sich dazu berufen, meine Ahnen vor mir, ihrer Enkelin, zu schützen. Mir kommt der Verdacht, dass sie die »Schande« von Rozas bescheidener Abstammung und die Verurteilung ihres Vaters vor mir verheimlichen wollen. Aber gerade darum geht es mir ja! Ich will die nackten Tatsachen aus diesem Wirrwarr von falschen Hinweisen und Beschönigungen herausarbeiten. Ich möchte beweisen, dass es hier nichts gibt, wofür man sich schämen müsste.

Die Mitarbeiterin des Guten Hirten hält Wort und ruft schon kurz danach zurück, mit der Mitteilung, sie habe Maria und Tinie Keijzer gefunden. Ihre sterblichen Überreste befinden sich auf dem Klosterfriedhof von Bloemendaal. Das war der Beweis dafür, dass man beide Schwestern in Zoeterwoude zu Nonnen geweiht hatte, was wiederum bedeutet, dass sie nicht die belastenden Gene des Vaters, sondern die Frömmigkeit der Mutter geerbt hatten. Ich könne davon ausgehen, dass für Roza und Stien das Gleiche gelte, obwohl sie noch nichts Genaueres zu den beiden gefunden habe.

Während die Frau weiter nach Informationen sucht, fasse ich den Entschluss, in Rozas Fußstapfen zu treten und nach Zoeterwoude zu reisen. Die Bahnstrecke ist seit dem Jahr 1907 unverändert. Ich blicke zum Fenster hinaus und versuche das zu sehen, was das sechzehnjährige Mädchen vor hundert Jahren auf ihrer Fahrt gesehen hat, kurz bevor es sich von dieser Welt zurückzog. Aber heute sieht alles anders aus, die Felder zwischen Amsterdam und Leiden sind mit glitzernden Bürogebäuden und Windrädern übersät. Von der Landschaft, wie Roza sie gesehen haben musste, war nichts mehr übrig. Zu ihrer Zeit war das Kloster in Zoeterwoude – welches die Nonnen in den Siebzigerjahren zurückließen um nach Bloemendaal zu ziehen – eine selbst versorgende Einrichtung.

Auf alten Fotos sieht man Schwesternhäuser und Internate, einen Bauernhof, eine Kapelle, ein Teehaus, eine Wäscherei, unterirdische Gänge und einen Friedhof. Alles umgeben von einer Mauer, denn der Gute Hirte war ein geschlossenes Kloster, in dem sich die Schwestern von der Außenwelt absonderten. Aus den Unterlagen, die ich bei mir habe, kann ich mir ein Bild machen, wie sich Rozas Aufnahme in den Guten Hirten abgespielt haben musste. Im illustrierten katholischen Wochenblatt beschreibt eine Berichterstatterin, wie sie sich auf ihrem Weg ins Kloster im Jahr 1869 gefühlt hatte.

> An einem schönen Morgen ließ ich die Stadtmauer von Leiden hinter mir und gelangte auf den breiten Weg, der mich nach Zoeterwoude führen sollte. Ich kam an hübschen Sommerhäusern vorbei, an großen Wiesen und herrlichen Gärten. Gerne verließ ich das Getümmel der Stadt, um mich fortan an der süßen und verlockenden Einsamkeit zu erfreuen, schließlich war der Gute Hirte mein Ziel. Von Weitem sah ich ein großes, mächtiges Gebäude und mich ergriff ein seltsames Gefühl. Ich sehnte mich danach, dort zu sein, und fürchtete mich gleichzeitig davor. O wie groß und finster erhob sich das Gebäude vor mir, still und schweigsam wie ein Grab. Die hohen, blinden Fenster erlaubten weder einen Blick heraus noch einen hinein ins Innere des Heiligtums.

Mädchen wie Roza nannte man Gottesbräute. In den Büchern, die damals über den Guten Hirten erschienen, wurde der Mut der jungen Mädchen in höchsten Tönen gepriesen. Hier ein Beispiel:

> Ihr einziger Wunsch war es, Gott zu dienen. Derhalben verließ sie ihren lieben Vater, die liebe Mutter und die Familie. Und der Abschied fiel ihr so schwer, als brächte sie ein blutiges Opfer. Und dies Opfer brachte sie Ihm, denn einzig Seine Liebe suchte sie, nur um Seiner Liebe willen verachtete sie von nun an den Glanz der Welt, um ganz der Demut, Armut und Askese zu leben, der Schönheit des Hauses des Herrn, das sie schon von Kindesbeinen an so sehr liebte.

Das geschlossene Kloster gewährte nur frommen Mädchen Einlass, »anerkannte Kinder«, die »über jeden sittlichen Zweifel erhaben« waren. Roza und ihre Schwestern entsprachen scheinbar diesen Anforderungen, trotz des Makels ihres Vaters, und durften das »Göttliche Joch« auf sich nehmen.

Die übliche Abschiedszeremonie an der Klosterpforte strotzte nur so von Symbolen. Vor der Türschwelle sagte ein Mädchen wie Roza ihrer Mutter endgültig Adieu; auf der anderen Seite erwartete sie die neue »Mutter«. »Meine geliebte Tochter«, sagte darauf Mutter Oberin, bereitete ihr ein warmes Bad und brachte ihr einen Teller mit Speisen, um sie willkommen zu heißen.

Wie alle Neuankömmlinge musste Rosa die Zeit bis zum Ablegen ihres heiligen Gelübdes im Postulantinnen-Haus verbringen. Damit sie sich in Ruhe auf diesen wichtigen Schritt vorbereiten konnten, lebten sie abgesondert von den übrigen Bewohnern des Klosters in einem quadratischen Gebäude mit Innenhof. Die Postulantinnen verbrachten die meiste Zeit schweigend, Gebete sollten ihnen helfen, »ihren Geist ohne Unterlass auf das Göttliche« zu richten.

Die Anforderungen, die man an Roza stellte und denen sie sich unterwarf, waren unerreichbar hoch. Von nun stand ihr Leben im Zeichen »der reinen Liebe zu Gott, der vortrefflichen Nächstenliebe, der tiefen Unterwerfung, des unbedingten Gehorsams, der mehr als engelhaften Reinheit, der grenzenlosen Geduld, der kindlichen Gutherzigkeit, der vollkommenen Unterwerfung unter den Willen Gottes, der vollendeten Selbstverleugnung, der restlosen Verachtung der Welt«.

Dass meine Großmutter wirklich aufs Ganze ging, machte sie mir sympathisch. Ich (die ja auch ihre Gene geerbte hatte) konnte mir vorstellen, dass gerade diese totale Ergebenheit die Anziehungskraft des religiösen Lebens auf ein sechzehnjähriges Mädchen ausmachte. Roza ging ins Kloster, um Gott zu ehren und für ihn die sündigen Seelen der gefallenen Mädchen, die widerspenstig, verdorben und oftmals sogar »unkatholisch« waren, zu retten. Und dies ging nur durch grenzenlose Hingabe.

In der Literatur über den Guten Hirten gab es viele Erfolgsgeschichten. Viele der sündhaftesten Mädchen wurden im allerletzten Moment vor den Pforten der Hölle gerettet. In zahlreichen Fällen mit der Unterstützung einer heimtückischen Krankheit, wie zum Beispiel der Schwindsucht. In fast allen Fällen begann das todkranke Mädchen auf dem Sterbebett zu beten. »Und dann knieten sich die Schwestern vor das Bett und flehten händeringend den Allmächtigen an, damit diese Seele nicht mehr abfalle vor dem letzten Atemzug.« Starb dieses Mädchen dann tatsächlich betend, hatten die Schwestern gewonnen.

Als ich diese Worte las, wurde mir auf einmal klar, weshalb Roza ihre eigenen Kinder bei Gewittern weckte, damit sie beteten. Und auch der Text auf dem Totenbildchen ihrer Mutter Helena bekam dadurch eine tiefere Bedeutung:

»Oh süßer, gnadenvoller Tod.«

Meine Reise nach Zoeterwoude, wo ich die Gebäude zu sehen hoffte, in denen Roza sich dieser edlen Aufgabe gewidmet hatte, wurde ein Misserfolg: Vom Kloster war nichts mehr übrig. Das hohe, imposante Gebäude, in dem sich die schweigenden Novizinnen aufgehalten hatten, das Teehäuschen mit seinen efeubewachsenen Seitenwänden, die große Kapelle mit den quadratischen Fliesen – alles, was ich auf den Bildern gesehen hatte, war nicht mehr da. Nicht einmal die Statue des Guten Hirten, der seine Arme den Gläubigen entgegenstreckt, ist erhalten geblieben. Der ganze Komplex wurde im Jahr 1977 dem Erdboden gleichgemacht, weil niemand mehr einen Verwendungszweck dafür fand. Die einzigen Überbleibsel aus Rozas Zeiten sind ein Wassergraben, der sich um eine Wohnsiedlung schlängelt, und zwei Backsteinmauern, zwischen denen sich ein Seiteneingang befand.

Ein paar Wochen später schickt mir die Mitarbeiterin vom Guten Hirten Fotokopien. Im ersten Dokument steht etwas über Rozas älteste Schwester Maria.

> Heute, am 6. März, empfing Maria Christina Petronella Keijzer, 16 Jahre alt, geboren in Amsterdam, im Kloster U.L.F. von der Liebe des Guten Hirten das Klostergewand aus den Händen von Hochwürden Herrn P. Dessens, Gesandter Seiner Hochwürdigsten Exzellenz Monseigneur C. Bottermanne, Bischof von Haarlem, der ihr den Namen Schwester Maria vom Heiligen Stanislaus Kostka gab.

Eine zweite und dritte Kopie beinhalteten einen fast wortgleichen Text, nur bezogen auf die Einkleidungen von Stien und Tinie, die allerdings nicht gleichzeitig stattgefunden hatten. Zwischen den Papieren der Schwestern finde ich die Zeugnisse über ihre Gelübde – zunächst die jährlichen dann das ewige – und ihre Totenzettel. Maria, die mit vierzehn Jahren noch als Laufmädchen am Anfang einer Dienstbotenkarriere stand, arbeitete sich bis zur Leiterin einer Realschule hinauf. Ich begriff, dass die Schwestern zur ersten Familiengeneration gehörten, die nicht – wie noch die Eltern und Großeltern – einer Umerziehung unterzogen wurden. Ganz im Gegenteil. Jetzt erzogen sie andere um. Es ist, als ob sie über viele Umwege wieder jene Stellung innehatten, die einst ihr Urgroßvaters Tobias bekleidete: Aufseher.

Der letzten Kopie entnehme ich, dass der Schritt in ein neues Leben seinen Preis hatte. Es bedurfte einer kleinen, aber schmerzlichen Verdrehung der Tatsachen, dass den frommen Keijzer-Mädchen der liederliche Lebensstil des Vaters nicht zum Verhängnis wurde. Maria trat ins Kloster ein, als Harmen seine erste Strafe in Veenhuizen verbüßte, Stien und Roza während seiner zweiten. Stien starb nach nur wenigen Monaten im Kloster unerwartet im Alter von neunzehn Jahren. Die Sterbeurkunde vermeldet, was Helena den Schwestern über Harmen eingetrichtert haben muss: »Vater: Harmen Keijzer, Beruf und Wohnsitz unbekannt, ob am Leben oder verschieden ebenfalls unbekannt«.

Seltsamerweise kann ich im Umschlag nichts über Roza finden. Kein Gelübde, keine Schriftstücke, nicht die geringste Spur. Angesichts der Frömmigkeit meiner Großmutter kann ich mir nicht vorstellen, dass sie das Kloster aus freien Stücken verließ. Die Mitarbeiterin vom Guten Hirten bestätigt meine Vermutung. Mutter Oberin musste Roza eines Tages zu sich gerufen haben, um ihr mitzuteilen, dass sie zu wenig Berufung besitze. Sie musste ihre Habe beisammensuchen und das Kloster verlassen. Trotz eineinhalb Jahren Schweigen innerhalb der Klostermauern, war Roza die einzige der Keijzer-Schwestern, die den Erwartungen von Mutter Oberin in puncto Heiligkeit nicht entsprach. Deren unumstößliches Urteil warf Roza in die Welt zurück, der sie entfliehen wollte. Wie ihre Großmutter Cato, die vergeblich versucht hatte, dem Stigma von Veenhuizen zu entrinnen, schien auch sie an einem elastischen Gängelbande zu hängen, das sie, sobald sie sich zu weit von ihrem gesellschaftlich vorgegebenen Platz entfernte, gnadenlos an diesen zurückzog.

20

Auf der anderen Seite des IJ

Wouter Dingemans wuchs in einer anständigen katholischen Familie auf. Seine Eltern waren mit der großen Migrationswelle aus Brabant nach Amsterdam gekommen. In Zevenbergen, ihrer Heimatstadt, gab es einen Bahnhof und sogar Zuckerfabriken, Vincent van Gogh war hier im Internat, aber das war für junge und ehrgeizige Menschen kein Grund zu bleiben.

Vater Kobus suchte mit fünfundzwanzig Jahren sein Glück in der Hauptstadt, nachdem er gehört hatte, dass man dort gestandene Männer suchte, die sich mit Pferden auskannten. Es war sein Glück, dass er einen Beruf erlernt hatte, denn dadurch hob er sich von der Masse der Sackträger und Tagelöhner ab. Schon bald wurde er Kutscher der Pferde-Straßenbahn der Amsterdamer Omnibus Gesellschaft. Und sobald er eine Mietwohnung im Stadtteil De Pijp fand, kehrte er nach Zevenbergen zurück, wo seine Braut Betje Borburg auf ihn wartete. Nach den Hochzeitsfeierlichkeiten begleitete sie schon am nächsten Tag ihren frisch gebackenen Ehemann nach Amsterdam, um sich dort mit ihrer neuen Rolle als Städterin vertraut zu machen. Wie groß der Schneeballeffekt auf die daheimgebliebenen Familienmitglieder war, konnte man an all den Verwandten sehen, die im Lauf der Zeit nach Amsterdam kamen, um von Kobus' und Betjes Wohnung aus eine neue Existenz in der Stadt aufzubauen. Einmal wohnte einer von Betjes Brüder bei ihnen – bis er eine Anstellung fand und seine Braut aus Zevenbergen zu sich holen konnte – dann Kobus' Schwestern, bis sie sich in der Stadt zurechtfanden. Generationenlang hatten die Familien in Brabant, in Dörfern und Weilern in der Nähe von Zevenbergen gewohnt, doch zuletzt verbrachte sogar Kobus' Vater, ein Ackerbauer, seinen Lebensabend in einer Etagenwohnung in der Stadt.

Obwohl sie Neuankömmlinge in einer Stadt waren, in die immer mehr Migranten strömten, hatte die Familie Dingemans keinen Grund zur Klage. Wouter, das jüngste von vier Kindern, kam im Jahr 1893 in einem warmen Nest zur Welt.

Sechsundzwanzig Jahre später arbeitete Roza in der Küche der Familie Schmitz an der Keizersgracht, als Wouter hereinkam. Der Schwung, mit dem er sie begrüßte, seine dunklen Locken, sein Lächeln … Für einen Augenblick musste die junge Frau das Gefühl gehabt haben, als schwebte sie. Es war nicht das erste Mal, dass sie ihn sah. Wouter kam öfters vorbei, um seiner Schwester guten Tag zu sagen, die hier als Kindermädchen arbeitete. Aber an diesem Tag hatte Roza das seltsame Gefühl, dass er auch ihretwegen den Dienstboteneingang benutzte. Eigentlich hatte sie, so erzählte mir meine Mutter, die Hoffnung auf einen Geliebten damals schon fast aufgegeben. Sie war schon fast dreißig und nicht der Typ, der einen jungen Mann einfach um den Finger wickeln konnte.

Nachdem sie das karge Kloster in Zoeterwoude verlassen hatte, wohnte sie jahrelang bei reichen Leuten. Ihre erste Stelle hatte sie in der enormen Villa eines Bankdirektors am Koningslaan. Dort blieb sie vier Jahre. Mir fiel auf, dass die Villen, in denen sie arbeitete, größer waren als die, in denen ihre Mutter diente, und auch, dass sie länger, manchmal sogar jahrelang, bei derselben Familie blieb. Nur an ihrer untergeordneten Dienstbotenstellung änderte sich im Wesentlichen nichts.

Später erzählte sie ihren Kindern, wie viel Glück sie mit ihrer Anstellung bei der Familie Schmitz an der Keizersgracht gehabt habe. So habe sie eines Nachts vor lauter Zahnschmerzen nicht schlafen können und sich aus Verzweiflung ein Gläschen Sherry aus der Flasche der gnädigen Frau eingeschenkt. Als Frau Schmitz sie am nächsten Morgen in der Küche gefunden habe, neben ihr das leere Glas, sei sie nicht einmal böse geworden. Für Roza war das ein Beweis, wie gut Frau Schmitz zu ihr war. Ein Vorteil war es auch, dass es im Haus an der Keizersgracht mehrere Dienstmädchen gab, mit denen sie sich unterhalten konnte. Roza verstand sich besonders gut mit Marietje Dingemans, dem Kindermädchen, die so alt war wie sie. Als sie Wouters Avancen endlich nachgab, wusste sie von seiner Schwester schon alles über ihn und seine Familie. Zum Beispiel, dass sein Vater zum Chauffeur der elektrischen Straßenbahn befördert worden war und dass eine der Schwestern in einem Kloster in Zwolle lebte. Aber sie kannte auch die weniger schönen Geschichten. Wouters Mutter starb, als er noch ein kleines Kind war, und er bekam eine Stiefmutter. Kurz danach verlor sein ältester Bruder den Verstand. Seitdem lebte er in einer Anstalt im belgischen Dorf Geel, wo ihn die ganze Familie Dingemans einmal pro Jahr besuchte.

Roza hatte sich anfangs eingeredet, dass Wouter sich nur wegen seiner Arbeit so oft in der Küche aufhielt. Er arbeitete für Herrn Schmitz, der im Haus eine Vertretung in Manufakturwaren und Wollstoffen hatte, als Rechnungseintreiber. Doch als Wouter sie immer öfter besuchte, wurde ihr allmählich klar, dass er wegen ihr kam.

Es dauerte eine Weile, bis sie miteinander gingen. So etwas war eine ernste Sache. Würden sie sich füreinander entscheiden, müsste sich Roza eine andere Stelle suchen, denn man fand es unschicklich, ein Dienstbotenpaar im Haus zu haben. Nachdem sie sich einige Male heimlich verabredet hatten, wussten sie, dass sie füreinander bestimmt waren. Von dem Moment an zog Roza von der einen zeitlich befristeten Stelle zur nächsten, bis es nach einem Jahr keinen Grund mehr gab, nicht zu heiraten. Man machte in der Dreizimmer-Wohnung von Wouters Eltern ein kleines Schlafzimmer für sie frei, weil dort mehr Platz war als in der halben Wohnung von Rozas Mutter. Am 11. November 1920 legte Roza Keijzer, die von nun an als Roza Dingemans durch Leben gehen sollte, ihre Zukunft voll Vertrauen in Wouters Hände.

Frischvermählte Paare bekamen, meistens jahrelang, keine eigene Wohnung. In Amsterdam gab es im Verhältnis zur steigenden Bevölkerungszahl viel zu wenig Wohnungen. In den überbevölkerten Arbeitervierteln hatten die Miethaie noch immer leichtes Spiel, was sich glücklicherweise seit der Jahrhundertwende langsam änderte.

Der Umschwung kam, als man sich mit der Frage beschäftigte, wie man die Gesellschaft von der Geißel der Armut befreien könne. Weshalb die Leute arm waren, war einfach zu erklären: In den baufälligen Kellern und geteilten Wohnungen, die eine gemeinsame tapetendünne Rückwand besaßen, hielt sich niemand gern auf. Es war logisch, dass Vater unter diesen Umständen lieber in der Kneipe saß und Mutter ihre Kinder auf die Straße schickte, wo sie unbeaufsichtigt aufwuchsen. Es wurden immer mehr Stimmen laut, die die Lösung der Missstände beim Volk in mehr Häuslichkeit sahen. Wer eine häusliche, geordnete Existenz hatte, konnte einfacher eine regelmäßige Arbeit bekommen und behalten. Deshalb musste man dafür sorgen, dass sich die Familienmitglieder gerne zu Hause aufhalten. Aber es war ein Ding der Unmöglichkeit, ein feuchtes Loch in eine gemütliche Wohnung zu verwandeln, so sehr sich die Damen der Wohltätigkeitsvereine auch mit den Hausmüttern darum bemühten: Der Kern des Problems waren die Wohnungen selbst.

Ende des neunzehnten Jahrhunderts bildete diese Erkenntnis den Anstoß zur Suche nach der idealen Form der Arbeiterwohnung. In zahllosen Studien, Kongressen und Publikationen widmete man sich diesem Problem.

In der idealen Arbeiterwohnung gab es genug Licht, Luft und Raum, wodurch sich die ganze Familie gern in ihr aufhielt. Sie hatte mehrere Zimmer, damit die Eltern und Kinder ein für allemal mit der unanständigen Gewohnheit, in demselben Zimmer zu schlafen, brechen konnten. Im Idealfall schliefen auch die Jungs nicht im selben Zimmer wie die Mädchen, aber es war schon ein riesiger Fortschritt, dass sie nicht mehr im selben Bett schlafen mussten. In der idealen Wohnung war die eingebaute Bettnische tabu, an ihre Stelle trat ein Bettgestell mit Bettzeug, welches täglich gelüftet werden sollte. Die Wäsche hing man in Trockenböden auf, damit die Wohnungen nicht feucht würden. Einfamilienwohnungen waren zweifellos die beste Lösung, doch die alten Gebäude der Stadt hatten nur einen Eingang. Aus diesem Grund war es wichtig, dass selbst die kleinste Wohnung einen eigenen Wasserhahn und einen eigenen Abort besaß. Je seltener man die Wohnung verlassen musste, und so dem Gekeife und Getratsche auf der Straße entging, desto besser war es für die Familie. Die Architekten der Amsterdamer Schule ließen sich dazu später noch etwas ganz Besonderes einfallen. Sie platzierten die Fenster oben in der Wand, damit sich die Bewohner unabgelenkt auf das häusliche Leben konzentrieren konnten. Auch beschlossen sie, den Stromanschluss für die Deckenlampe in der Mitte des Wohnzimmers zu installieren, damit sich die Familie allabendlich gemeinsam am Tisch einfand und nicht mehr untätig aus dem Fenster schaute.

Arbeiterfamilien, die in diese modernen Wohnungen umgesiedelt wurden, überließ man dabei nicht ihrem Schicksal. Zwei Damen aus Amsterdam, die den Beruf *Wohnbetreuer* von London nach Amsterdam brachten, ließen gegen Ende des neunzehnten Jahrhunderts auf eigene Faust im Jordaan Wohnungen bauen, um deren Mieter sie sich persönlich kümmerten. Es kam schon mal vor, dass Bewohner ihren Wintervorrat an Kartoffeln im Abortraum lagerten, und deshalb immer noch ein stinkender Eimer in einer Zimmerecke stand. Oder dass jemand mit Kohlen im Wohnzimmer auf Käufer wartete. Die Betreuerinnen korrigierten solche Verstöße sanft aber bestimmt. Einmal pro Woche kassierten sie bei den Familien die Miete, wobei sie ihnen Ratschläge, gleich ob gewünscht oder nicht, erteilten. Ihre Einmischung ging so weit, dass sie sogar die Haushaltsausgaben kontrollierten. Auch kümmerten sie sich darum, dass die Kinder zur Schule gingen und die Säuglinge gesund aufwuchsen. Sie hatten auch keinerlei Skrupel, einer Hausfrau direkt ins Gesicht zu sagen, dass sie nicht so viel tratschen, sondern die Zimmer putzen und aufräumen solle.

Die Initiative der Gründerinnen erntete viel Lob, hatte aber im Großen und Ganzen wenig Effekt, da sich ihre Tätigkeit auf nur wenige Häuser beschränkte. Erst die Einführung des Wohnungsgesetzes im Jahr 1901 ermöglichte die Realisierung groß angelegter sozialer Wohnungsbauprojekte. Das neue Gesetz gab der Stadtverwaltung grünes Licht, Elends-Häuser für unbewohnbar zu erklären und abzureißen. Gleichzeitig bekamen Wohnungsbaugesellschaften – von den Arbeitern selbst oder ihren Förderern gegründet – staatliche Fördermittel zur Schaffung kostengünstigen Wohnraums.

Wouter war fest angestellt, Roza eine vorbildliche Hausfrau. Gemeinsam hatten sie eine rosige Zukunft vor sich. Aber schon bald nach der Hochzeit spürte Roza, dass etwas nicht stimmte. Sie bekam den Eindruck, dass ihr Mann bei jeder Gelegenheit das Haus verließ, mit oder ohne Entschuldigung.

Man sah ihm an, dass er sich in der Gegenwart seiner Stiefmutter nicht wohlfühlte, auch wenn es dafür keinen ersichtlichen Grund gab. Sein Vater Kobus stellte hohe Erwartungen an das junge Paar, wodurch sich die Lage im Haus nicht entspannte. Außerdem konnte man sich in der Dreizimmerwohnung kaum aus dem Weg gehen, da noch zwei Kinder aus Vaters zweiter Ehe da waren. Anfangs dachte Roza, dass Wouters jovialer Charakter ihn in die Straßen der Stadt trieb. Doch jetzt war sie davon überzeugt, dass der Tod seiner Mutter tiefe seelische Narben in ihm hinterlassen hatte. Nur eineinhalb Jahre später heiratete der Vater in Zevenbergen zum zweiten Mal. Kurz danach zogen seine Geschwister aus, eines nach dem anderen. Wouter, damals noch zu jung, um wegzugehen, flüchtete vor seiner Stiefmutter auf die Straße, wo ihn Sackträger und andere Arbeiter in ihre rauen Sitten einweihten.

Als Wouter wieder einmal spät nach Hause kam, fiel bei Roza der Groschen. Was Wouter in der Verlobungszeit noch vor ihr verbergen konnte, war im gemeinsamen Alltag nicht mehr zu verheimlichen: Er war Alkoholiker. Roza, die gerade ihr erstes Kind erwartete, versuchte, das Problem mit dem Gedanken zu verdrängen, dass Wouter in vielen Dingen doch so anders sei als ihr Vater. Er war ein zärtlicher Mann, manchmal anhänglich wie ein kleines Kind. Es würde sich schon alles einrenken, wenn sie erst einmal eine eigene Wohnung hätten.

Lenie war ihr erstes Kind. Danach kam Betsy, meine Mutter. Ein Jahr später Toos. Als Wouters Stiefmutter plötzlich starb, sorgte Roza, mit drei kleinen Würmern am Rockzipfel, für zwei Familien und einen Mann, der ihr meistens keine Stütze war. Sie bewarben sich bei der Gemeinde um eine eigene Wohnung, aber niemand konnte sagen, wann eine für sie frei würde.

In ihrem fünften Ehejahr, gleich nach der Geburt von Koos, musste die Situation eskaliert sein. Vielleicht war Roza nach der letzten Geburt total ausgelaugt, oder sie hatte einen Nervenzusammenbruch. Es könnte aber auch sein, dass ihr Schwiegervater Kobus den Lärm und die Hektik, die so viele kleine Kinder im Haus verursachten, nicht mehr aushielt. Jedenfalls wurden Toos und Betsy, eineinhalb und zweieinhalb Jahre alt, in Noordwijkerhout in einem Kinderheim untergebracht – in *De Voorzienigheid*, einem von den Armen Schwestern vom Göttlichen Kind der Vorsehung geführten Klosterinternat.

Ich konnte nicht herausfinden, was damals geschehen war. Weder Tante Toos noch meine Mutter konnten mir weiterhelfen. Als ich sie danach fragte, sah ich, dass beide nichts davon wussten. Ihre Mutter Roza hatte ihnen nie erzählt, dass sie eine Weile nicht zu Hause gelebt hatten. Sie waren damals noch zu jung gewesen, um sich heute daran erinnern zu können.

Im Bevölkerungsregister waren nur nüchterne Tatsachen eingetragen: Am 3. April 1925, acht Wochen nach der Geburt ihres Bruders Koos, zogen die beiden Kleinkinder ohne ihre Eltern von Amsterdam nach »Nordwijkerhout, *Voorzienigheid*« um. Die Notizen der Schwestern die Pflegekinder betreffend waren verloren gegangen. Aus meinen Quellen geht hervor, dass sich das Internat nicht von anderen Klosterinternaten der Zeit unterschied: Die Gruppe der Kinder war so groß, dass man sich nicht in gleichem Maße um alle kümmern konnte, und die Schwestern waren trotz ihrer guten Absichten, nicht alle liebevolle Erzieherinnen. Gebote und Verbote diktierten das Leben der Mädchen. Manche sagten, dass die Höhe des Unterhalts, den die Eltern dem Kloster für die Erziehung ihrer Kinder bezahlten, eine entscheidende Rolle im Umgang mit ihrem Nachwuchs spielte.

Für Roza und Wouter wurde eine eigene Wohnung zu einer lebenswichtigen Angelegenheit. Wollten sie ihre Familie zusammenhalten, dann mussten sie schnellstmöglich eine bezahlbare Wohnung finden. In den Jahren, in denen sie auf der Warteliste standen, wurde ausgiebig gebaut. Die Sozialdemokraten, die seit der Einführung des Wahlrechts – im Jahr 1917 für die Männer, im Jahr 1919 für alle – in der Stadtregierung das Sagen hatten, versuchten die Wohnungsnot mit allen Mitteln zu lindern. Die Stadt musste um gute und günstige Mietwohnungen erweitert werden, in denen sich die Arbeiter entfalten konnten.

Als ich sah, was sie daraus gemacht haben, fragte ich mich, warum sie nicht die Gesellschaft für Wohltätigkeit zum Vorbild herangezogen hatten. Johannes van den Bosch hatte es sich doch schon hundert Jahre zuvor zum Ziel gesetzt, die untersten Bevölkerungsschichten unter strenger Aufsicht in steinerne Häuser umzusiedeln und sie auf der anderen Seite der Zuiderzee, in »Holländisch Sibirien« einer Portion gesunder Frischluft auszusetzen.

Zu Beginn des zwanzigsten Jahrhunderts suchte sich die Stadtregierung zu diesem Zweck ein weniger abgelegenes Stück Land. Am äußersten Stadtrand sollte eine in sich geschlossene Arbeitersiedlung mit idealen Arbeiterwohnungen, viel Grün und öffentlichen Räumen entstehen. Ein solches englisches Gartenstadt-Konzept würde die Arbeiter in einer überschaubaren, dörflichen Gemeinschaft geradezu aufblühen lassen.

Das perfekte Stück Land für die erste Gartenstadt Amsterdams fand man am Nordufer des IJ, auf den eingedeichten Poldern, die man – wie es der Zufall so will – »Sibirien von Amsterdam« nannte. Am Ufer entlang wollte man Werften ansiedeln, die Arbeitsplätze für die Umgesiedelten schaffen sollten. Im Jahr 1920 begann man mit dem Bau von tausend sogenannten »semipermanenten« Häusern (Lebensdauer fünfzehn Jahren), die zum Gartendorf Oostzaan werden sollten.

Das neue Phänomen soziale »Gemeindewohnung« war für diejenigen bestimmt, die sich eine Mietwohnung auf dem freien Markt nicht leisten konnten. Jetzt stand die Stadtregierung von Amsterdam vor dem Dilemma, deutlich abgrenzen zu müssen, welche Familien man berücksichtigen müsse und welche nicht. Viele dieser Familien wohnten in Elendsquartieren, die auf der städtischen Abrissliste standen, meistens war der Vater (vereinzelt auch die Mutter) alkoholsüchtig. Die Folgen davon waren Lärmbelästigungen, Streitereien, Vandalismus und nicht bezahlte Mieten. Solche Leute wollte man nicht unter den anständigen Arbeiter ansiedeln, das würde den neuen Stadtteil abwerten. Allerdings konnte man diese Leute – so war der Zeitgeist – auch nicht einfach ihrem Schicksal überlassen.

In einem kleinen Kreis von Wissenschaftlern keimte die Idee, dass die Schuld für das Fehlverhalten dieser Familien nicht nur bei ihnen selbst zu suchen sei. Der Amsterdamer Psychiater Arie Querido war davon überzeugt, dass langjährige Armut, Unterernährung und Schmutz einen maßgeblichen Anteil an diesem Lebensstil hatten. Niemand zweifelte daran, dass die Derbheit und Liederlichkeit dieser Leute ein Problem sei, jedoch eines mit einer gesellschaftlichen Ursache, das durch die Verbesserung der sozialen Umstände gelöst werden könne.

> Jeder kennt sie: Frauen, bleich vor Kummer, und frühzeitig gealtert. Männer, die abgestumpft und gleichgültig versuchen, sich durchzuschlagen. Und jeder kennt vor allem die Kinder: schwach, greisenhaft und mager, von klein auf an Sorgen gewöhnt, frühreif, zügellos oder kriminell.

> Man weiß, wie es dort aussieht: der kaputte Hausrat, die kleinen Wohnungen, die körperliche Verwahrlosung. Mit einem Wort: Armut.
>
> Wer hieran etwas ändern möchte, der täte gut daran, diese kranke Familie von den anderen fernzuhalten. Man sollte danach streben, hier mit Liebe und Geduld zu retten, was noch zu retten ist, und die Familie in einer übersichtlichen Wohnumgebung unterzubringen und unter strenge Aufsicht zu stellen.

Der Direktor der Städtischen Wohnungsgesellschaft war derselben Ansicht wie der Psychiater, aber hatte noch keine Ahnung, wie er die Sache in puncto Wohnungsbau umsetzen könnte. Zuerst hatte er den Plan, Kinder aus solchen »unakzeptablen« Familien von ihren Eltern zu trennen und in eine Anstalt zu stecken, wo sie anständig erzogen würden. Auf diese Weise bräuchte man ihnen später keine schlechten Gewohnheiten mehr abzugewöhnen. In einer zweiten Phase sollten die Mütter dann ihren Kindern in die Umerziehungsanstalt folgen. Aber dann entschloss er sich für ein neues Konzept: die Wohnschule.

Gegenüber dem Hauptbahnhof, am Nordufer des IJ, plante er das Wohnviertel Asterdorp, von der Stadt aus nur mit einer Fähre zu erreichen. In »zweckbestimmten Unterkünften« sollte den »Unakzeptablen« unter täglicher Aufsicht zivilisiertes Wohnen beigebracht werden. Die Häuser waren so gebaut, dass man an ihnen kaum etwas demolieren konnte. Wohnbegleiterinnen, Damen, sollten im Auftrag der Gemeinde nach dem Modell der ersten Wohnbegleiterinnen im Jordaan das Alltagsleben der Bewohner bis ins kleinste Detail kontrollieren: vom Lüften der Bettdecken bis hin zum Essen am Tisch und der pünktlichen Bezahlung der Miete. Um sie von den anständigen Arbeitern in der Nachbarschaft fernzuhalten, wurde das ganze Viertel ummauert. Das einzige Zugangstor wurde um zehn Uhr abends verriegelt. Die Städtische Wohnungsgesellschaft beschrieb das Projekt folgendermaßen:

> In einem solchen Wohnkomplex muss an allererster Stelle Zucht und Ordnung herrschen, wozu die Bewohner anfänglich mithilfe des qualifizierten und taktischen Auftretens der Aufseherin gezwungen werden, wonach sie ihnen dann aber von selbst in Fleisch und Blut übergehen.

Eigentlich wurde im Polder am Nordufer des IJ, genau wie damals am Ostufer der Zuiderzee, ein soziales Experiment in die Tat umgesetzt, dessen Ziel die Ausrottung der Armut und dessen Mittel die Umerziehung waren. Die beiden Umerziehungsexperimente waren sich verblüffend ähnlich. Die »Unakzeptablen« wurden in Asterdorp isoliert (so wie damals diejenigen, die in Veenhuizen in den Schlafsälen an der Innenseite der Anstalten wohnten), während jene, die nicht viel Miete bezahlen konnten, aber anständig waren, außerhalb der Mauer im etwas weiter entfernt gelegenen Gartendorf Oostzaan eine Gemeindewohnung bekommen konnten. Und für diejenigen, die weder zur einen noch zur anderen Gruppe gehörten, baute man ein Viertel, in dem man keinen Zwang auf die Bewohner ausübte, sie aber dennoch beaufsichtigte: Floradorp. Es ist auffallend, dass der Gemeinderat, der diesen Plänen zustimmte, wusste, dass begleitetes Wohnen stigmatisierte. Wer bei einem Bewerbungsgespräch ehrlich die Wohnadresse angab, konnte die Stelle vergessen. Die Schulkinder aus Asterdorp erkannte man an ihrer besonderen Kleidung. Sie wurden von den Klassenkameraden gehänselt und von den Lehrern anders behandelt als die anderen. Aber darin sahen die Stadtverwalter kein Problem, im Gegenteil: Sie waren der Ansicht, dass Brandzeichen die Menschen dazu anspornten, etwas Besseres aus sich zu machen. Wer außerhalb der Mauern einen Mietrückstand aufbaute, den er nicht mehr begleichen konnte, oder sich asozial verhielt, konnte nach Floradorp oder Asterdorp umgesiedelt werden. Diejenigen aber, die sich in Asterdorp vorbildlich benahmen, erhielten zur Belohnung ein Haus in einem normalen Viertel.

Familien, die das Anrecht auf eine Gemeindewohnung hatten, bekamen Besuch von einer Aufsichtsbeamtin, die entschied, auf welche Seite der Mauer die Familie am besten passte. Roza und Wouter waren endlich an der Reihe, als ihre Töchter bereits ein halbes Jahr im Kinderheim waren. Dass sie endlich eine eigene Wohnung bekommen konnten, war die beste Neuigkeit seit Langem. Zum ersten Mal würde Roza als erwachsene Frau nicht mehr bei fremden Menschen wohnen müssen. Aber das Wichtigste war, dass die Mädchen wieder nach Hause kommen könnten und die Familie wieder vereint wäre. Dass ihnen eine Wohnung am Nordufer des IJ zugeteilt würde, stand bereits fest. Die Frage war nur noch wo: Gartendorf Oostzaan, Floradorp oder Asterdorp? Sie mussten nur das Urteil der Aufsichtsbeamtin abwarten.

21

Kategorie A

Das eigentliche »Umerziehungslabor« lag aber immer noch in Drenthe. In Veenhuizen herrschten die idealen Voraussetzungen für die Grundlagenforschung: ein in sich geschlossener Gebäudekomplex und eine fixe Anzahl Pfleglinge. Aber nach einem Jahrhundert Forschung war noch immer kein Allheilmittel gegen die Armut gefunden. Die Landstreicher in Veenhuizen waren inzwischen selbstbewusster geworden und ließen sich nicht mehr sang- und klanglos alles gefallen, im Gegensatz zu den »Unakzeptablen«, für die man in Amsterdam eine Wohnschule baute. Immerhin setzte die Staatskommission von 1907 von nun an ihre Hoffnungen nicht mehr nur auf die Methode der Überwachung, sondern wollte auch Zukunftsperspektiven schaffen. Nach hundert Jahren Zucht und Ordnung musste diese positive Annäherungsart eine große Erleichterung für die Pfleglinge gewesen sein.

Die meisten Kommissionsempfehlungen aus dem Jahr 1907 waren ihrer Zeit weit voraus. Eine Handwerkerlehre während der Strafzeit fand man zu teuer, die Umsiedlung der Wiedereingliederbaren in eine andere Einrichtung, in der sie vom Stigma Veenhuizen erlöst worden wären, zu idealistisch. Man fand sogar, dass eine Einteilung der Pfleglinge in die Kategorien A, B, und C zu weit ging. Im Jahr 1914 startete man damit zwar einen Versuch, der aber nach kurzer Zeit abgebrochen wurde, da er zu viel Aufruhr verursachte. Übrig blieb nur die Kategorie A: eine Gruppe auserkorener, viel versprechender Landstreicher; hundert Männer in der Reichsarbeitsanstalt, die in den Genuss staatlicher Hilfe kommen sollten. Alles Pfleglinge, die sich vorbildlich benahmen: sie mussten ein Drittel ihrer Strafe abgesessen haben, ohne auch nur ein einziges Mal vom Zucht-Rat bestraft worden zu sein. Die Männer schliefen in separaten Sälen (ohne Trennung zwischen Katholiken und Protestanten). Sie aßen an gedeckten Tischen, bekamen ordentliche Kleidung und Schuhe für den Sonntagsspaziergang, und kamen einmal pro Woche organisierte man für sie einen »Belohnungsabend«: Die Vorträge mit den Lichtbildern waren nur noch ihnen vorbehalten.

Um ihre bessere Stellung sichtbar zu machen, trugen sie auf ihren braunen, geköperten Anzügen einen braunen, statt einen grünen Kragen.

Die treibende Kraft hinter der Kategorie A war Pfarrer Germs (sein Kollege de Graaf hatte inzwischen eine andere Pfarrstelle angenommen). Zusammen mit dem katholischen Pfarrer half er den Männern in der Kategorie A, für die Zeit nach ihrer Entlassung ein Dach über dem Kopf und Arbeit für sie zu finden. Gelang dies noch vor Ende der Strafzeit, dann konnten sie vorzeitig auf Bewährung aus der Haft entlassen werden – eine neue Strafrechtsklausel, von der auch die Landstreicher in Veenhuizen profitieren konnten.

Ich hätte gern geglaubt, dass mein Urgroßvater auch unter den Auserwählten gewesen sei. Aber das war leider nicht der Fall.

Als Harmen am 16. August 1908 zum zweiten Mal auf freien Fuß kam, fand er in Amsterdam nicht mehr die große Familie vor, die er damals verlassen hatte. Seine Tochter Stien war gestorben, Maria und Roza hatten sich ins Kloster zurückgezogen. Nur Tinie wohnte noch zu Hause, denn ohne ihre Lohntüte aus der Fabrik konnte ihre Mutter Helena nicht über die Runden kommen. Harmen zog zu ihnen in die Wohnung in der Runstraat, zweite Etage, mit Blick auf den Hinterhof, wo er für den Rest seines Lebens blieb. Er hätte auch gar nicht mehr herumvagabundieren können, denn dazu fehlte ihm die Kraft, da der Krebs langsam sein Körperinneres zerfraß. Durch seine kaputte Speiseröhre gelangte kaum noch Nahrung in den Magen und von seinem ausgemergelten Körper blieben nur noch Haut und Knochen. Als Roza im Jahr

1909 aus dem Kloster zurückkehrte, war sein Zustand so schlecht, dass er praktisch nichts mehr essen konnte. Er konnte den Anblick von Speisen nicht mehr ertragen. Roza erinnerte sich ihr ganzes Leben lang an die makabren Geräusche ihres Vaters, wenn er während der Mahlzeiten rastlos auf dem Korridor auf und ab ging. Es dauerte noch drei Jahre, bis Harmen Keijzer seinen letzten Atemzug tat. Er war achtundfünfzig Jahre alt geworden.

Mit der Einführung der Kategorie A bekam Veenhuizen plötzlich ein ganz anderes Ansehen innerhalb des Gefängniswesens. Die Reichsarbeitsanstalt war bisher immer eine Ausnahmeerscheinung gewesen: Die Verurteilten waren keine gewöhnlichen Kriminellen, die Fenster der Anstalten nicht vergittert. Die Kategorie A in Veenhuizen war, ohne dass dies in der Absicht der Staatskommission gelegen hätte, wegweisend für die Behandlung der Gefangenen in gewöhnlichen Gefängnissen, die dieses Konzept übernahmen.

Dennoch war die Anstaltsdirektion mit dem Experiment unzufrieden. Ich fand im Archiv in Veenhuizen zwei Briefe aus dem Jahr 1934, in denen die Direktoren der Ersten und Zweiten Anstalt, Faber und Buitenga, auf zwanzig Jahre Geschichte zurückblickten. Sie wollten beweisen, dass die Kategorie A schon von Anfang an zum Scheitern verurteilt gewesen war. In ihrem Schreiben wehrten sie sich gegen eine neue Vorlage aus dem Justizministerium, gemäß der die Pfleglinge nicht nur aufgrund ihres sittlichen Verhaltens, sondern auch aufgrund ihres Alters und der Schwere des Vergehens in Gruppen eingeteilt werden sollten.

Als Männer der Tat machten die Direktoren mit freundlichen Worten kurzen Prozess mit dieser neuen Vorlage. Nicht nur, weil eine solche Einteilung unausführbar sei (mindestens 98 % der Delikte seien dem Alkoholmissbrauch zuzuschreiben), sondern auch weil ihnen die in der Ferne ausgeklügelten Pläne auf die Nerven gingen. »Ich habe seit meiner Jugend unter diesen Menschen gelebt und achtunddreißig Jahre lang als Beamter mit ihnen gearbeitet«, erwähnte Direktor Faber.

> Wir hatten erwartet, dass die Beförderung in Kategorien von den Pfleglingen sehr geschätzt werden würde, vor allem wegen der großen Vorteile, die den »Glücklichen« daraus entspringen würden. Denn immerhin bekamen sie einen Sonntagsanzug, ein Paar Schuhe und durften am Sonntagnachmittag spazieren gehen; sie aßen an einem gedeckten Tisch, aus steinernen Tellern, und nicht aus emaillierten Schalen. Sie durften einmal pro Woche in den Freizeitsaal, um sich eine Tasse Schokolade, zwei Tassen Kaffee mit Zucker und eine Zigarre zu genehmigen. Sie durften basteln, wozu man ihnen alles anreichte. Und was machten sie daraus? Die Sonntagskleider und die Schuhe trugen sie nicht. Spazieren gehen wollten sie schon, aber nicht unter Aufsicht und in einer großen Gruppe, was aber nicht zulässig war. Gedeckte Tische und steinerne Teller waren schon bald verpönt. Sie glaubten nämlich, dass sie auf diesen Tellern weniger zu essen bekämen. Nachdem sie einige Tage von den Teller gegessen hatten, wollten sie wieder die Blechschalen, da sie auf ihnen den ganzen Berg Essen auf einmal (ihre ganze Portion mit einem »Turm« drauf) vor sich hatten. Und obwohl man ihnen sagte, dass sie ihre Teller immer wieder füllen dürften und nicht weniger zu essen bekämen, nützte das nichts: Sie hatten lieber alles auf einmal. Und dies waren noch die besten und kultiviertesten Pfleglinge.

Die Zeit, auf welche die Anstaltsdirektoren zurückblickten, war die unruhigste in der ganzen Geschichte von Veenhuizen. Die Entwicklungen überschlugen sich, das ließ sich am besten an den Uniformen ablesen. Jahrzehntelang trugen alle Kolonisten das Gleiche: einen braunen Anzug mit grünem Kragen, eine braune Mütze, Holzschuhe. Mit der Einteilung der Pfleglinge in verschiedene Kategorien und der Ankunft neuer Delinquenten mussten die Schneider ihre Fantasie walten lassen. Die erste Veränderung war der braune Kragen der Kategorie A. Die zweite: ein Anzug für alte Männer, ganz in Schwarz. Man sah ein, dass Landstreicher über siebzig am Ende ihrer Kräfte waren und keine brauchbare Arbeit mehr leisten konnten. Deshalb durften sie künftig ihren Lebensabend im Altersheim für alte Männer in der alten Baumwollspinnerei in der Dritten Anstalt verbringen, wo ich während meines Besuchs noch Spuren von ihnen finden konnte.

Als im Jahr 1914 der Erste Weltkrieg ausbrach, musste die geschlossene Kolonie gezwungenermaßen ihre Tore öffnen. Als die deutschen Truppen in Belgien einmarschierten, flüchtete die Bevölkerung in Scharen über die Grenze in die Niederlande, die einer Million Heimatloser Obdach bieten mussten. Es kamen auch 340 Pfleglinge und Gefangene aus den Arbeitsanstalten Merksplas und Hoogstraten, die Johannes van den Bosch damals als südliche Schwester-Kolonien erbauen ließ, nach Drenthe. Und noch weitere 1500 Flüchtlinge, die man allesamt in der baufälligen und abrissreifen Dritten Anstalt unterbrachte, die mittlerweile aus allen Nähten platzte.

Obwohl die Niederlande es schafften, neutral zu bleiben, hatte der Krieg auch hier verheerende Folgen. Die entstandene Nahrungsmittelknappheit zwang die Regierung zum ersten Mal in ihrer Geschichte zur staatlichen Lebensmittelrationierung, was zu Wucherhandel und Schmuggelei führte – und zu übervollen Gefängnissen. Bis dahin galt im Gefängniswesen die Regel Ein-Mann-Zelle, deren Zweck es war, dass der Verbrecher in strikter Einsamkeit über seine Sünden nachdenken konnte. Sogar beim Kirchgang zog man ihnen eine Kappe über. Seit Jahren wurde bereits heftig über Sinn und Unsinn dieser Isolationshaft diskutiert, doch angesichts der Zellenknappheit musste sofort gehandelt werden. Von jetzt an durften manche Verurteilten ihre Gefängnisstrafe auch zusammen mit anderen in Gemeinschaftshaft absitzen, jedenfalls in Veenhuizen. Im Jahr 1917 kamen die Schmuggler. Sie bekamen einen braunen Anzug mit einem roten Kragen, auf dem bei guter Führung ein, zwei oder drei Streifen aufgenäht wurden. Ihr Spitzname: Rotkrägen. Im Jahr 1918 verlegte man die »Die-es-bald-geschafft-haben-Gefangenen«, die nur noch eine Reststrafe abzusitzen hatten und auf ein Leben in Freiheit vorbereitet wurden, ins »Freiluftgefängnis« von Veenhuizen.

Wegen der schwarzen Streifen auf ihrer Uniform nannte man sie »Schwarzbänder«.

Während die Zusammensetzung der Bevölkerung von Veenhuizen stets bunter wurde, suchten die Direktoren immer noch nach der besten Umerziehungsmethode für die Landstreicher. In entrüstetem Ton zählten die Anstaltsdirektoren auf, was sie schon alles versucht hatten: die Trennung von »Psychopathen und normalen Menschen«, was mitunter zu Mord und Totschlag geführt habe; die Trennung der Jüngeren von den Älteren, zwischen denen es sowieso dauernd zu »Handgemengen und Zänkereien« kam. Die Direktoren schlossen daraus, dass alle Versuche, den Landstreichern bessere Voraussetzungen zu schaffen, zum Scheitern verurteilt waren, da die Pfleglinge nichts an ihrer Situation ändern wollten.

> Das Leben, das die Insassen hier führen, ist in den meisten Fällen ein besseres als draußen in der Gesellschaft. Das Einzige, was ihnen fehlt, ist ihre Freiheit, das heißt die Möglichkeit, frei und bindungslos zu vagabundieren. Die Liebe zu diesem Leben ist deshalb auch der Grund dafür, dass die meisten ein Begnadigungsgesuch einreichen.

Pfarrer Germs verlor in all den Jahren nie den Glauben an seine Landstreicher. Er leistete auf seine Weise einen Beitrag zur Humanisierung des Haftsystems. Mit seiner kleinen runden Brille und dem fransigen Bart sah er aus, wie jemand, der sich hundert Prozent für seine Sache einsetzt. Nach langer Überzeugungsarbeit erhielt er im Jahr 1916 die Zustimmung, in Zusammenarbeit mit dem Pastor aus sorgfältig ausgesuchten Artikeln der Tagespresse eine »Schnipselzeitung« zusammenzustellen. Diese Zeitung, die in allen Gefängnissen des Landes verteilt wurde, sollte die Isolation der Verurteilten durchbrechen. Auch sollte sie dafür sorgen, dass die Pfleglinge nach ihrer Entlassung nicht völlig weltfremd in die Gesellschaft zurückkehren mussten. Der Pfarrer informierte die Landstreicher persönlich über den Umsturz, der Russland zu einer sozialistischen Union hat werden lassen und der weltweit den Glauben an einen bevorstehenden Heilsstaat entfachte. Germs, der Sozialist, war in Moskau gewesen. Und obwohl der Direktor so seine Bedenken hatte und der katholische Pfarrer wütend auf ihn war, erzählte Germs in seinen Vorträgen die Geschichte von den Arbeitern, die in Russland die Macht ergriffen hatten.

Vielleicht war das russische Vorbild für die sonst so untertänigen Landstreicher der Anlass zu einem Protestbrief an das Parlament gewesen. Zum ersten Mal in der Geschichte von Veenhuizen machten sie mit Nachdruck und im Kollektiv auf sich aufmerksam. Obwohl die Direktion den Brief abfing, sickerte der Inhalt durch. Die Unterzeichner beklagten sich darüber, dass sie zwar ein katholisches Wochenblatt, aber keine sozialistischen Zeitschriften zu lesen bekamen. Der Justizminister wich nicht von seinem Kurs ab: Es war nun einmal verboten, »Propaganda unter Schicksalsgenossen« zu verbreiten. Die Angst vor einer sozialistischen Machtübernahme war nicht ganz aus der Luft gegriffen. Im Jahr 1918 rief Troelstra, der Leiter der Sozialdemokratischen Arbeiterpartei, die Revolution aus, doch hatte er seine Anhängerschaft gründlich überschätzt.

Als man im Jahr 1931 die politischen Gefangenen (mit schwarzem Kragen) nach Veenhuizen brachte, steckte der Regierung der Schrecken noch immer in den Gliedern. Dabei handelte es sich um etwa zwanzig Sozialisten und Anarchisten, die aufgrund ihrer politischen Überzeugung den Militärdienst verweigerten. Man fand ihre Ideen so gefährlich, dass die Direktion sechs zusätzliche Gefängniswärter zur Verstärkung einstellte. Erstaunlicherweise waren sie die Einzigen in der Kolonie, die das *Algemeen Dagblad* lesen durften. Dank dieser überparteilichen Tageszeitung und der Schnipselzeitung von Germs konnten auch die Gefangenen in Veenhuizen das Drama, welches sich an der New Yorker Wall Street am Schwarzen Freitag abspielte, mitverfolgen. Der Börsenkrach war so abstrakt und so weit weg, dass keiner ahnen konnte, dass nicht nur Amerika, sondern auch

Europa in einer Wirtschaftskrise versinken würde. Nie zuvor war das Wirtschaftswachstum durch dermaßen komplexe, mit Krediten finanzierte Aktienkäufe, in einem solchen Ausmaß weltweit miteinander verflochten gewesen. Am 24. Oktober 1929 platzte in New York die Spekulationsblase; das Kartenhaus brach zusammen, Wall Street war am Ende.

In Veenhuizen bereitete man sich, wie in jeder Krise, auf eine Welle von »Selbstmeldern« vor, aber die blieb diesmal aus: Die Regierung rief im Jahr 1932 zum ersten Mal in der Geschichte eine Unterstützungsregelung für Arbeitslose ins Leben. Anstelle der üblichen Krisenopfer kamen jetzt Kneipenwirte in die Kolonie, die sich nicht an das neue Schankgesetz gehalten hatten, das den Alkoholmissbrauch gerade in dieser Zeit hätte zügeln sollen. Und danach kamen die Zuhälter (hoher Kragen, grüner Streifen). Schließlich waren es diese beiden Gruppen, die die größte Revolution in den Drenther Kolonien auslösten: Hals über Kopf mussten die Fenster vergittert werden, da diese Leute bei jeder Gelegenheit flüchteten.

Für die Landstreicher war die sich verändernde Zusammensetzung der Population in Veenhuizen, trotz der Eisengitter und der schärferen Bewachung, nicht unbedingt nachteilig. Die Anwesenheit gewöhnlicher Krimineller rückte die sozialen Probleme der Reichsarbeitsanstalt stärker in den politischen Brennpunkt. Endlich führte man in den Anstalten die längst fälligen Reformen durch. Die Gefängnisarbeit wurde moderner und an die Anforderungen der Außenwelt angepasst. Und endlich kam der Bewährungsbeamte, der den Insassen bei der Wiedereingliederung behilflich sein sollte und für den man seit Jahren plädiert hatte. Ein willkommener Nebeneffekt dieser bunt gemischten Bevölkerung in Veenhuizen war, dass man jetzt die verschiedenen Kategorien Insassen miteinander vergleichen konnte. Die Statistiken bewiesen, dass der gewöhnliche Verbrecher zu 69 Prozent »definitiv wiedereingegliedert« werden konnte. Von den Landstreichern konnte lediglich eine Handvoll wieder resozialisiert werden, trotz der Einteilung in die Kategorie A und aller Anstrengungen von

Pfarrer Germs. Direktor Faber, geboren und aufgewachsen in Veenhuizen, hatte es prophezeit:

> Seit ich diese Leute kenne, einzelne Ausnahmen seien dahingestellt, kann ich behaupten, dass ein Landstreicher nicht wieder eingegliedert werden kann. Sie sind eine Klasse für sich, abnormal, ohne Willenskraft und untauglich für ein Leben in der Gesellschaft, und deshalb wird auch die Einteilung in Altersgruppen etc. hier keinen Nutzen haben. Jetzt nicht und in der Zukunft nicht.

Sachverständige außerhalb Veenhuizens zogen aus dem schlechten Resozialisierungs-Ergebnis ganz andere Schlüsse. In den Krisenjahren erschienen in der Presse unzählige Kommentare zum Thema Landstreicher, einige aus der Feder des einflussreichen Strafrechtsreformers Willem Pompe. Pompe plädierte, in Zusammenarbeit mit Pieter Baan, *dem* Experten auf dem Gebiet der forensischen Psychiatrie, für eine, auf jeden einzelnen Delinquenten persönlich zugeschnittene Behandlung. Und er stellte endlich öffentlich die Frage, die alle bisher umgingen: Warum sollte jemand, der ohne Geld herumvagabundiert, bestraft werden? Der einzige Grund, den Pompe dafür finden konnte, musste »im Abscheu, welche das wohlhabende Bürgertum für die Armen empfand« verborgen liegen.

22

Unterstützungsakte 139.628

Die Häuser vom Wohnungstyp B waren bei der Städtischen Wohnungsbaugesellschaft als »die Häuser mit dem Knickdach« bekannt. Es war einer der drei Wohnungstypen des neuen Arbeiter-Satellitendorfs auf der gegenüberliegenden Seite des IJ. Das Dach mit dem »Knick«, einer nach unten abgeknickten Linie in der Dachfläche, sollte die Silhouette eines Bauernhofes nachahmen. Ein solches Haus passte vorzüglich in die ländliche Umgebung mit ihren Deichen und Wiesen und den echten Bauernhöfen. Obwohl die Häuser überaus kostengünstig errichtet wurden – die Betonplattenfundamente wurden nicht einmal gepfählt – drückten sie die Wertschätzung für ihre Bewohner aus.

Die Hausecken waren in einem gegenläufigen Backsteinmuster gemauert, einem typischen Stilelement der Amsterdamer Schule. Die Wohnungen entsprachen den modernsten Anforderungen. Sie hatten Elektrizität, fließend Wasser und eine Toilette mit Spülkasten. Küche und WC wurden durch zwei Türen voneinander getrennt. Aus hygienischen Gründen waren die Küchenschränke blau gestrichen, eine Farbe, welche die Fliegen nicht mochten. Und es gab Klappfenster und Lüftungsgitter, die für eine gesunde Belüftung sorgten.

Da es in den Wohnungen keine Nasszellen gab, wurde im Viertel ein Badehaus mit separaten Eingängen für Frauen und Männer errichtet. Jeder bekam genau zwanzig Minuten: fünfzehn zum Duschen, fünf zum Anziehen, danach wurden die Türen unerbittlich geöffnet. Die erzieherischen Ziele des ersten Amsterdamer Gartendorfes waren am deutlichsten am Vereinsgebäude sichtbar. »Das Sonnenhaus« war der strahlende Mittelpunkt mit zwei großen Theatersälen – einer mit 284 und einer mit 150 Sitzplätzen – einem Umkleideraum, Orchestergraben, Theke, Garderobe, Sitzungs- und Klubzimmern. Die Grundlage für die Bildung der Arbeiterklasse war nun einmal ein blühendes Vereinsleben. Kirchen und Kneipen waren bei der Planung des Gartendorfs nicht berücksichtigt worden, da sie im sozialdemokratischen Idealbild keine Rolle spielten, aber natürlich kamen sie trotzdem. Die katholische Kirche konnte von der Familie Knook ein Bauernhaus am Fuß des Oostzaanerdijk erwerben. Im Haubarg zwischen den Apfelbäumen, mit Aussicht auf die Kometensingel, die das ganze Gartendorf umfloss, richtete der Pfarrer seine Kirche ein.

Die städtische Aufsichtsbeamtin, die Roza Dingemans Etagenwohnung inspizierte, musste nicht lange nachdenken. Als sie die Tür des Wäscheschranks öffnete und sich die Bettwäsche ansah, wusste sie gleich, dass sie es hier mit einer vorbildlichen Hausfrau zu tun hatte. Die Kinder, die noch zu Hause wohnten, die Älteste und das Baby, waren sauber und folgsam. Wouter war nicht da, er sei bei seinem Arbeitgeber an der Keizersgracht, so erzählte Roza, für den er schon seit Jahren arbeite. Die Aufsichtsbeamtin wusste nichts von Wouters Alkoholproblem. Was sie sah, war eine anständige Familie, die dringend Wohnraum benötigte. Und deshalb, so urteilte sie, müsse die Familie nicht in einer Wohnschule oder in Floradorp unter Aufsicht gestellt werden. Roza muss erleichtert gewesen sein. Die Aufsichtsbeamtin teilte ihr mit, dass sie ein Einfamilienhaus mit sechzig Quadratmetern Wohnfläche und einem Garten im nagelneuen Gartendorf Oostzaan bekämen. Weit weg vom Schuss, das schon. Es waren fünf Kilometer bis zur Fähre beim *Tolhuis*, die den IJ in Richtung Hauptbahnhof überquerte und die einzige Verbindung zur Innenstadt war. Aber wen kümmerte das schon?

In der Hausordnung stand, dass Haltung von Haustieren und das Wäschetrocknen im Freien am Wochenende untersagt sei. Pünktlich jeden Montag solle die Miete von fünf Gulden fünfundsiebzig dem bezirklichen Geldeintreiber an der Haustür bezahlt werden. Solange sie sich an diese Regeln hielten, konnte nichts schiefgehen. Wouter unterschrieb den Vertrag, und am 14. November 1925, gleich nach dem Umzug, konnten sie endlich die Mädchen aus dem Kinderheim zu sich holen. Über ein halbes Jahr lang waren sie der lieblosen Obhut der Nonnen ausgeliefert gewesen, aber damit war jetzt Schluss. Sie kamen gerade rechtzeitig nach Hause, um im Schoß der Familie ihre Geburtstage zu feiern: Betsy wurde im Umzugsmonat drei, und Toosje eine Woche später zwei Jahre alt.

An diesem Punkt der Familiengeschichte befiel mich ein lähmendes Unbehagen. Ich konnte noch berichten, dass in dem neuen Haus drei Kinder zur Welt kamen – Harm, Janna und Wies. Und dass alle Kinder, fünf Mädchen und zwei Jungen, am Leben geblieben waren, da dank neuer hygienischer Maßnahmen die Kindersterblichkeit stark zurückgegangen war. Das Credo Ruhe–Regelmäßigkeit–Reinheit vergrößerte die Überlebenschancen der meisten Säuglinge, vor allem in den neuen Stadtteilen, in denen die Empfehlungen der Mütterberatungsstellen nicht mit den Ammenmärchen auf der Straße konkurrieren mussten. Auch hatte ich keine Schwierigkeit, zu beschreiben, wie gut es für Roza gewesen war, dass sich ihr Haus gegenüber der Kirche-im-Haubarg befand. Sie hatte Glück, dass sie dem Pfarrer in schwierigen Zeiten ihr Herz ausschütten konnte, der ihr dann Trost spendete. Er muss sie sehr gemocht haben, denn als sie wieder einmal verzweifelt war, gab er ihr sogar einen Kuss. »Einen keuschen«, fügte sie hinzu, aber immerhin.

Für die Kinder war das Gartendorf, im Vergleich zur Innenstadt, ein Paradies. Sie spielten auf den Wiesen und im Apfelgarten, der eigentlich verbotenes Terrain war. Die Jungs sprangen über die Wassergräben und lachten die Mädchen aus, wenn sie sich nicht trauten, es ihnen nachzumachen. Als Rozas Mutter für eine Weile bei ihnen wohnte, wurde das viele Wasser im Polder zum Problem. Helena, weit über die siebzig, war dement und machte sich immer wieder auf die Suche nach ihrem eigenen

Haus, worauf Roza nichts anderes übrig blieb, als eiligst die Umgebung durchzukämmen und die Wassergräben im Auge zu behalten. Das wurde Roza mit der Zeit zu viel. Deshalb kündigte Tinie, Rozas Schwester, ihre Stelle und übernahm die Pflege der Mutter, die wieder in ihre halbe Wohnung an der Lauriergracht zog. Pflegeunterstützungsgeld gab es damals noch nicht: Mutter und Tochter waren von der Fürsorge abhängig. Nachdem sie zwei Jahre miteinander unter solch ärmlichen Umständen gelebt hatten, starb Helena am 8. Dezember 1934 ihren »süßen, gnadenvollen Tod«, und Tinie konnte endlich ins Kloster des Guten Hirten in Zoeterwoude eintreten.

Bis hierher war es mir gelungen – manchmal mit Mühe –, meine Ahnen als Teil einer größeren Geschichte zu betrachten, die ich erzählen wollte. Ich wusste, dass noch viele unschöne Ereignisse auf mich zukamen: die Weltwirtschaftskrise, das Fürsorgeamt, der Alkohol und meine Mutter als Opfer von alledem. Ich war darauf vorbereitet, ich hatte mich dagegen gewappnet. Aber den 134 Seiten dokumentierter Grausamkeit und Härte in der Unterstützungsakte Nummer 139.628 des Fürsorgeamts, die einen Zeitraum von zweiundzwanzig Jahren einnahm, war ich nicht gewachsen. Ich entzifferte den Text und tippte ihn in den Rechner. Mit einem Textmarker kennzeichnete ich die wichtigsten Passagen. Danach blieb die Akte unangerührt neben meinem Rechner liegen. Ich konnte es nicht in Worte fassen.

Mit Erleichterung dachte ich daran, dass mein Großvater und meine Großmutter nie zu lesen bekamen, was die Beamten über sie geschrieben hatten. Die in der Akte vermeldeten Umstände und Tatsachen waren ihnen zwar bekannt, schließlich stammten die Information von ihnen, doch der bevormundende Ton und die feindlichen Bemerkungen der Aktenführer blieben ihnen glücklicherweise erspart. Es war schon schlimm genug, vom Fürsorgeamt abhängig zu sein. Abertausend Bücher erzählen von der täglich wiederkehrenden schmerzhafte Scham der abertausend Arbeitslosen. Sie mussten erkennbare Kleidung tragen (roter Faden in den Socken, die Armenjacken, für alle Jungs die gleichen

Pullover), und jeder konnte an einem in der Fahrradnummer eingestanzten Loch sehen, dass der Besitzer keine Steuer bezahlen musste – weil er nicht konnte. Am allerschlimmsten aber waren die Kontrollen, insbesondere die Willkür, mit der sie ausgeführt wurden. Kontrolleure waren allgegenwärtig: Wenn jemandem eine Tasse Kaffee in einer Konditorei angeboten wurde, oder wenn man sich in der Nähe eines Lichtspieltheaters aufhielt, konnte es vorkommen, dass sie aus dem Nichts auftauchten und in beschuldigendem Ton wissen wollten, wie man sich dies denn so plötzlich leisten könne. Es konnte auch vorkommen, dass der Kontrolleur, der zu den Leuten ins Haus kam, und den man spöttisch den »Besucher«, nannte, ausgerechnet dann an der Haustür klingelte, wenn ein Kind Geburtstag hatte, um in den Schränken herumzuschnüffeln, ob da nicht zufällig ein Geschenk lag, das auf ein Verschweigen von Einkünften hätte hinweisen können.

Der Stempel der Schande wurde sogar ins Familienbüchlein gesetzt, jedes Mal, wenn eine neue Fahrradnummer mit Loch fällig war, man wurde ihn zu Lebzeiten nicht mehr los.

Es hatte keinen Sinn, den Fakten aus dem Weg zu gehen. Es war nun einmal keine schöne Geschichte. Roza und Wouter stellten ihren ersten Unterstützungsantrag im Jahr 1934.

> 21. Januar 1934
> Der Mann verfügt über keine Fachkenntnisse, er hat immer als Laufbursche oder Geldeintreiber gearbeitet. Zwölf Jahre lang war er in einer solchen Anstellung bei der Firma Schmitz, Keizersgracht 146, tätig gewesen, wo er wegen Unterschlagung entlassen wurde.
> Am 28. Juli 1930 begann er für die Firma *NV Centrale Warenmagazijnen, NZ Voorburgwal* in Amsterdam als Geldeintreiber zu arbeiten, wo man ihm einen Wochenlohn von 32.– Gulden ausbezahlte. Gemäß der Information vom Arbeitgeber wurde er am 20. Januar 1934 wegen Veruntreuung entlassen.
> Verschiedene Quellen bestätigen, dass man dem Mann nicht vertrauen kann. Im Laufe des Jahres 1933 veruntreute er eine Summe von ca. 1000.– Gulden, die dank der Vermittlung von Pfarrer Wes-

seling (Kirche Kometensingel) zurückbezahlt wurde, der außerdem dafür sorgte, dass der Antragsteller seine Arbeit behalten konnte.
Auf anderen Wegen kam uns zu Ohren, dass der Mann mit Lotterielosen handelte, was der Antragsteller nach nochmaliger Befragung zugab. Der Lieferant der Lose teilte uns mit, dass der Mann ihn während der letzten zwei Monate noch um eine Summe von 340.– Gulden betrogen hat.
Der Mann tut, als ob er all dieses Geld in den Haushalt gesteckt hätte, was allerdings nicht wahr zu sein scheint, er gab seiner Frau jede Woche 30.– Gulden. Pfarrer Wesseling zufolge ist der Mann ein Taugenichts, früher war er ein starker Trinker, worüber der Pfarrer im letzten Jahr nichts mehr gehört hat.
Wo der Mann das Geld gelassen hat, ist ein Rätsel. Vom Einkommen des Mannes wurde jede Woche ein Gulden einbehalten, um die Schuld, die er bei Pfarrer W hatte, zu begleichen. Davon sind bis jetzt nur 110.– Gulden zurückbezahlt, auch mit Geld, das der Mann nicht selbst verdient hatte.
Der Herr Fles Heymansplein (Zigarrenverkäufer & Agent der Firma *NV De Nette Stad*), wo der Mann jetzt 340.– Schulden hat, will keine Anzeige gegen den Antragsteller erstatten, weil er in diesem Fall doch keinen Cent mehr zurückbekommt.
Fles hofft, dass der Betroffene bald wieder Arbeit bekommt und ihm dann die Schuld zurückbezahlt.
Die Frau des Antragstellers hat einen sehr guten Ruf, sie ist eine sparsame, tüchtige Hausfrau.
Situation: – 7 Kinder zwischen 3 und 12 Jahren
– Miete 5,75 p/W
– Grund des Antrags: Arbeitslosigkeit

Beschluss am 2. Februar: Unterstützung vorläufig abgewiesen, zuerst vernünftige Erklärung vom Mann, was er mit dem unterschlagenen Geld gemacht hat.

6. Februar 1934
Antragsteller teilt mit, dass er das Geld zusammen mit Freunden in verschiedenen Kneipen vertrunken hat.
Die Familie weiß sich jetzt keinen Rat mehr, es ist kein Cent mehr im Haus. Vom Wohnungsdienst der Gemeinde liegt die Ankündigung der Zwangsräumung vor, wegen vier Wochen Mietschuld. Krämer, Milchmann, Bäcker und Gemüsehändler konnten sie in den letzten Wochen nicht bezahlen. Pfarrer Wesseling von der Kirche an der Kometensingel hat der Familie manchmal noch mit Naturalien geholfen, jedoch kann er nun wegen fehlender Mittel nichts mehr für sie tun.
Wegen der Frau und den Kindern ist es m.E. wünschenswert, Unterstützung zu gewähren. Die Mietschuld beträgt 23.– Gulden.
Beschluss ab dato 15. Februar: 11,75 Gulden pro Woche, 5,75 Gulden Mietrücklage, 0,50 Cent zum Ablösen der Mietschuld.

23. April 1934
In beiliegendem Schreiben meldet die Ehefrau des Unterstützungsempfängers, dass ihr Mann immer noch mit Lotterielosen handle. Nachforschungen haben ergeben, dass der Mann bei alten Kunden, die ihm von der vorherigen Lotterie noch ihren Beitrag schuldig sind, Geld eintreibt.
Gemäß der Aussage des Herrn Fles, Heijmansplein, dem der Antragsteller noch 340.– Gulden Lotteriegeld schuldet, bestätigt dieser, dass dieser ihn mit den eingetriebenen Geldsummen abbezahlt. Der Beteiligte erhielt eine Warnung, dieser Beschäftigung nicht länger nachzugehen. Unterstützung vorläufig fortsetzen. Falls der Mann oben genannte Tätigkeit fortsetzt, wird uns seine Frau darüber informieren, so wie sie es jetzt getan hat.

12. Juli 1934
Der Mann ist ein sehr unzuverlässiger Mensch; er wurde mehrmals dabei erwischt, wie er Lotteriescheine verkaufte, ohne dass er seine Einkünfte angab. Außerdem scheint er beim Gemüsehändler van der Meij, Olympiaweg 99, als Knecht zu arbeiten. Einer persön-

lichen Aussage des Gemüsehändlers zufolge, soll der Mann nicht beim ihm gearbeitet haben, er habe ihm lediglich etwas Gemüse und Kartoffeln gegeben.
Der Pfarrer ging sogar so weit, dass er über das eine und andere eine schriftlichen Erklärung abgab. Die Ehefrau des Antragstellers ist persönlich bei uns im Büro erschienen, um mitzuteilen, dass ihr Mann tatsächlich bei oben genanntem Arbeitgeber in Dienst ist und dass seine Arbeitszeiten den Stempelzeiten angepasst wurden. Außerdem hat sich herausgestellt, dass der Mann wieder Lotterielose verkauft. Dieses Einkommen teilte er nicht mit seiner Familie.
Beschluss: Unterstützung wird nicht weiter gewährt.

16. Juli 1934
Die Familie empfing am 29. Juni dieses Jahres zum letzten Mal Unterstützung unsererseits, da bei der Kontrolle festgestellt wurde, dass der Mann im Gemüseladen von v. d. Meij, Olympiaweg 99, arbeitete, ohne dies gemeldet zu haben. Der Mann hat am 12. Juli dieses Monats seine Familie verlassen, ohne seiner Frau mitzuteilen, wo er künftig wohnen wird.
Die Frau hat deswegen bei der Polizei, Wache Adelaarsweg, Anzeige erstattet. Die Familie ist komplett mittellos und hat eine Mietschuld von 24,50 Gulden. Vonseiten der Kirche kann keine Hilfe mehr geleistet werden, da ihr dazu die nötigen Mittel fehlen. Die Frau hat immer mit uns zusammengearbeitet und uns darüber informiert, wenn ihr Mann Einkünfte verschwieg. Sie wird es umgehend melden, wenn ihr Mann wieder zu seiner Familie zurückkehrt.
Beschluss: 7 Wochen lang 17,50 Gulden die Woche.

13. August 1934
Inzwischen ist der Mann nach Hause zurückgekehrt mit dem Vornehmen, der Frau das Leben schwer zu machen.
Obwohl der Mann stempelt, ist er nach meinem Ermessen eine höchst unzuverlässige Person, die dann auch kontrolliert werden muss.

Nach Angaben der Frau arbeitet der Mann, aber von den Einkünften sieht die Familie nichts, da sich die Frau weigert, Geld von ihrem Mann anzunehmen, solange er nicht meldet, wo er arbeitet. Beschluss: 4 Wochen 17,50 Gulden, auszubezahlen an die Frau.

11. September 1934
Die Frau will den Mann unter keinen Umständen mehr in der Wohnung haben. Aufgrund ihres Antrags findet vom Städtischen Wohnungsdienst eine Überschreibung des Mietvertrags auf ihren Namen statt. Sie hat eine Bescheinigung der Zahlungsunfähigkeit für ihre Scheidung beantragt. Die Frau bittet inständig darum, dass man ihr das Geld nach Hause bringt, da sonst niemand auf die Kinder aufpasst, wenn sie das Geld persönlich abholen muss.

22. Mai 1935
Der Mann möchte sich wieder mit seiner Familie vereinigen, doch wird ihm lediglich der Besuch der Kinder gestattet. Er arbeitet bei der Firma v.d. Meij und verdient nur 6.– Gulden, plus Beköstigung.

18. Juni 1935
Bei einem Besuch wird Folgendes festgestellt:
Frau und dreizehnjährige Tochter schlafen in einer Bettstatt für zwei Personen.
2 Jungs im Alter von 10 und 8 schlafen in einer Bettstatt für zwei Personen.
3 Mädchen im Alter von 12–11–6 Jahren schlafen in einer Bettstatt für zwei Personen.
Das jüngste Kind, fast 5 Jahre alt, liegt in einem kleinen Kinderbett.
Letzteres ist zu klein, und man hat dafür keine Lösung. Hier muss meines Erachtens Hilfe geboten werden.
Beschluss: 20.– Gulden für Bett und Bettzeug.

26. November 1935
Die Frau bittet brieflich um Vergütung der Straßenbahnfahrscheine für ihre 14 jährige Tochter, welche die St. Rosa MULO besucht. Von der Bildungs-Abteilung wurde der Antrag bereits früher abgelehnt, da die Distanz zu kurz sei. Diese Beurteilung kann nun schwerlich abgeändert werden.
Beschluss: Vergütung Straßenbahnfahrscheine Tochter abgewiesen.

25. Februar 1936
Der Mann lebt seit Samstag, dem 22. Februar wieder bei seiner Familie.
Der Pfarrer der Gemeinde hatte schon seit längerer Zeit versucht, die Eheleute wieder zusammenzubringen. Und da der Mann, weil das Geschäft seines Arbeitgebers schlecht lief, wieder keine Arbeit mehr hatte, willigte er ein.
Es scheint, als sei er ruhiger geworden, und seiner Frau zufolge benimmt er sich sehr anständig.
In diesem Zusammenhang ist eine Erhöhung der Unterstützung auf 19.– Gulden die Woche erwünscht.
Unter Berücksichtigung der Vorgeschichte des Mannes muss die Unterstützung an die Frau ausbezahlt werden.

Dies waren die ersten siebzehn Seiten der Unterstützungsakte, und ich musste noch mehr als hundert Seiten lesen. Sie dokumentieren eine negative Kette von Ereignissen, welche für die Dreißigerjahre charakteristisch sind. Aus der Akte sprachen für mich nicht nur die Armut und das Elend der Krisenjahre, sondern vor allem eins: Ohnmacht.

Mein Großvater, der so viel Geld stahl, um in der Kneipe den großen Mann spielen zu können, weshalb kein Geld für die Familie übrig blieb, und der dann, um alles wieder ins Lot zu bringen, für den Zigarrenverkäufer, den er auch wieder bestahl, Lotterielose verkaufte. Und seine Frau, die Anzeige gegen ihn erstattete, vor lauter Angst, die paar Gulden, die sie vom Fürsorgeamt bekam und von denen sie leben mussten, auch noch zu verlieren. Wouters Flucht war auch ein Zeichen seiner Ohnmacht. In früheren Zeiten wäre er zweifellos in Veenhuizen gelandet, obwohl ich mir doch nicht so ganz sicher bin, ob er ohne seine Frau hätte leben können.

Vielleicht beschönigte ich das Verhalten meines Großvaters, indem ich der Ohnmacht die ganze Schuld gab. Vielleicht machte ich ihn dadurch unschuldiger, als er in Wirklichkeit war. Schließlich war er dafür verantwortlich, dass seine Familie am Hungertuch nagte. Das Geld, von dem die Kinder hätten leben sollen, vertrank er. Seiner Frau machte er das Leben so sauer, dass sogar sie, als gute Katholikin, die Scheidung einreichte. Er hatte Glück, dass ihn keiner seiner Arbeitgeber anzeigte, denn auf Unterschlagungen dieses Umfangs stand Gefängnisstrafe. Aus der Unterstützungsakte tauchte nicht gerade das Porträt eines Mannes auf, dem man den Vorteil des Zweifels gewähren konnte. Ich aber sah meinen über achtzigjährigen Großvater noch immer im Licht seiner gut gemeinten Unbeholfenheit, wie damals, als ich zehn Jahre alt war.

»Guck, hier hast du 25 Cent«, sagte er dann zu mir und einer Freundin, »kauft euch ein leckeres Eis«. In diesen Moment wusste ich nie, was ich tun sollte, denn für 25 Cent gab es nirgendwo mehr ein Eis. Ich hatte immer den Eindruck, als wolle mein Großvater es allen recht machen, aber dass er nur selten seine wunderbaren Versprechen einlöste. Weil man mir immer erzählte, dass er sehr an seiner Frau hing und sie regelmäßig anflehte, ihn »zurückzunehmen«, sah ich in ihm den einsamen, neunjährigen Knaben, der überall nach seiner Mutter suchte. Es war tragisch, dass ausgerechnet er diese häusliche Wärme, die er sich so sehr wünschte, durch seinen Alkoholmissbrauch immer wieder verlor. Das Einzige, was er dann noch hatte, war seine gut gemeinte Unbeholfenheit, mit der er versuchte, alles wiedergutzumachen. Wie damals, im Frühling des Jahres 1935, als es ihm gelang, sich mit einem Geschenk Zutritt zum Haus zu verschaffen und bei seinen

Kinder vergeblich um einen Kuss bettelte – ein Ereignis, das sogar in der Unterstützungsakte vermeldet war.

Die Ohnmacht meiner Großmutter war anderer Natur. Sie war quasi zu einer verinnerlichten Eigenschaft geworden, die von Generation zu Generation weitergegeben wurde, denn seit jeher waren ihre Vorfahren dem Urteil sozial höher gestellter Menschen ausgeliefert. Tobias, ihr Urgroßvater, entschied sich noch selbst für einen Beruf, in dem er sich unterordnen musste, als er sich mit siebzehn Jahren der Armee anschloss. Cato und Teunis konnten nichts dagegen tun, dass man sie als »gesellschaftsuntauglich« abstempelte. Harmens Schicksal besiegelte Richter van Asch van Wijck. Und Helena und ihre Kinder waren von Frau Slichers Spenden abhängig. Meine Großmutter, die ihre Zukunft im Kloster selbst ausgesucht hatte, dann aber von der Mutter Oberin weggeschickt wurde, musste in den zehn Jahren, in denen sie als Dienstmagd arbeitete, eine sechsten Sinn entwickelt haben, der ihr zuflüsterte, wie sie mit den Macken und Launen ihrer Vorgesetzten umgehen musste. Deshalb wusste sie genau, was man auf dem Fürsorgeamt von ihr erwartete; ihr jüngstes Kind lag schon viel zu lange in einem zu kurzen Bett. War es unter diesen Umständen wirklich so erstaunlich, dass sie kein Risiko eingehen wollte und ihren eigenen Mann bei den Beamten denunzierte?

Und doch fiel mir auf, dass sie immer häufiger ihre eigenen Weichen stellte. Sie musste drastische Maßnahmen ergreifen, damit die Familie überleben konnte. Dank ihrer selbstsicheren Haltung schaffte sie es, gegen ihren Mann ein Hausverbot zu erwirken und allein die Scheidung in die Wege zu leiten. Als geschiedene Frau mit Kindern war es für sie einfacher, Unterstützung zu bekommen. Auch traute sie sich zu fragen, ob man ihr das Geld vom Fürsorgeamt nach Hause bringen könne, damit sie den Kleinen das übervolle Amt der Unterstützungskasse nicht zumuten musste; und sie beantragte ein zweites Mal Unterstützung für die Straßenbahnfahrscheine ihrer Tochter, die fünf Kilometer weiter entfernt die Schule besuchte, obwohl man sie schon einmal abgewiesen hatte. Manchmal gelang es ihr sogar, einen Cent für die Bücherausleihe in der katholischen Bibliothek zur Seite zu legen. Dass die Leute meinten, sie könne dieses Geld doch besser für andere Dinge ausgeben, war ihr egal. Sie wollte, dass ihre Kinder Bücher lasen.

Nach eineinhalb Jahren versöhnte Roza sich wieder mit Wouter. Der Pfarrer vermittelte zwischen den Ehepartnern und Wouter versprach, ein besserer Mensch zu werden. Aber natürlich wünschte ich mir tief im Herzen, dass meine Großmutter ihren Mann zurücknahm, weil sie ihn noch immer liebte.

23

Der Dschungel

Heute braust am Nordufer des IJ in Amsterdam wieder das Leben, wie damals, vor fast hundert Jahren. Das alte Kloster am Noordhollands Kanaal bekam einen neuen Look. Auf zusätzlich eingezogenen Stahlebenen, die wie Spinnweben aus Metallrohr zwischen den sakralen Mauern schweben, richteten die Universal Studios ihre Büroräume ein. Die ehemalige Rita-Kirche gehört heute einem Immobilienfonds, der auf seiner Website potenzielle Investoren mahnt, dass »Renditen der *Vergangenheit keine Garantie für die Zukunft bieten*«. Bei den gemauerten Sitzbänken vor ihrem Eingangsportal gehen Vergangenheit und Zukunft ineinander über. Früher aßen hier die Obdachlosen das Brot, das sie von den Schwestern bekamen, heute befindet sich hier der Eingang zur Heilsarmee. Nur die Rosa-Schule ist noch immer die Rosa-Schule, mit dem Unterschied, dass sich die Direktion religiöse Toleranz auf die Fahnen geschrieben hat, und nicht mehr nur Katholiken, sondern auch Andersgläubige als vollwertige Menschen betrachtet.

Zu Beginn der Zwanzigerjahre war der Bau des Klosters, das man wegen seiner beeindruckenden Größe den »zweiten Vatikan« nannte, Ausdruck eines wiedergewonnenen katholischen Selbstvertrauens. Als die Polder auf der Nordseite des IJ mit Arbeiterwohnungen vollgebaut wurden, ließ die Kirche sage und schreibe fünf katholische Schulen errichten. Die Gemeindeverwaltung war erbost und baute im Gegenzug in deren Nähe vier öffentliche Schulen, obwohl der Schulunterricht auf der anderen Seite des IJ zu der Zeit eigentlich keine Priorität hatte. In solchen Arbeitergegenden gab es nach der Grundschule kaum weiterführende Schulen. Es war üblich, dass die Kinder danach bis zu ihrem vierzehnten Lebensjahr die Haushaltsschule oder Handwerksschule besuchten. Danach mussten die Kinder arbeiten, um ihre Familien finanziell zu unterstützen.

So sollte es auch mit Rozas Kindern gehen. Als erste Lenie, dann Betsy, dann Toos usw. Als Lenie die letzte Klasse der Grundschule besuchte, nahm Pfarrer Wesseling Roza zur Seite: »Sie ist gut in der Schule«, sagte er. »Sie sollten ihr erlauben, weiter zu lernen.« Der Pfarrer bestand darauf, dass sie in die MULO kam. Das war eine riskante Investition, vor allem in Krisenzeiten. Wenn ein Kind länger zur Schule ging, musste die Familie noch länger auf die dringend benötigten Zusatzeinkommen warten. Aber der Pfarrer sagte, dass es für alle besser sei: »Dann kann sie später mehr verdienen.« Dass sich die MULO außerhalb des Gartendorfes Oostzaan befand, war für Roza kein Hinderungsgrund, denn sie rechnete mit einem Fahrkostenzuschuss vom Fürsorgeamt. Nachdem ihre Tochter bereits mit der MULO begonnen hatte, kam der negative Bescheid des Fürsorgeamtes, der Roza wieder mit ihren eigenen zerschlagenen Zukunftsaussichten konfrontierte. Dies war der Moment, in dem sie den Entschluss fasste, den Kindern den Weg in eine bessere Zukunft nicht von vorneherein zu verbauen. Und sie war bereit, den Preis dafür zu bezahlen. Ich konnte nicht ahnen, dass sie für dieses Vorhaben ihre hübsche Wohnung im Gartendorf Oostzaan aufopfern musste. Und doch stand es so in ihrer Unterstützungsakte:

> 11. Mai 1936
> Am kommenden Freitag, dem 15. Mai, wird die Familie in die Weegbreestraat 1, Floradorp umziehen. Die neue Miete beträgt dort 4,25 Gulden.
> Umzugsgrund: niedrigere Miete und Nähe zur Schule der Tochter.
> Es wird um eine Vergütung der Umzugskosten gebeten.
> Beschluss: 3.– Gulden für Seil und Kloben.

Floradorp wurde im Volksmund »der Dschungel« genannt und war für die Kinder aus den benachbarten Straßen verbotenes Terrain. Sogar die Erwachsen machten lieber einen Bogen um das Viertel, vor allem wenn es Nacht wurde: Man konnte nie wissen, welchem Lumpengesindel man dort begegnen würde. Floradorp ist heute noch ein als Kriminellen-Hochburg berüchtigter Stadtteil, der in der Presse noch immer »Dschungel« genannt wird, jedoch mit mysteriös gruseligem Unterton. Seine Bewohner halten zusammen wie Pech und Schwefel, vor allem um Silvester, wenn sie sich mit der Polizei und der Feuerwehr alljährlich ihre legendäre Schlachten liefern. Die Floradorp-Bewohner sind der Ansicht, dass es sich bei ihrem traditionellen Neujahrsfeuer, bei dem sie Weihnachtsbäume (und Hausrat und Autos und eigentlich alles, was so schön brennt) anzünden, um nichts weiter als ein gemütliches Straßenfest handle. Da die Polizei Freudenfeuer in diesem Ausmaß jedoch zu gefährlich findet, kommt es unweigerlich zu den Ausschreitungen, die inzwischen zum integralen Bestandteil dieser Silvesterfeiern geworden sind. Der Grund für ihr Verhalten gegenüber der Obrigkeit liegt in der hohen Arbeitslosenrate: drei Viertel der Männer haben keinen Job. Und das schon seit Generationen. Die Probleme, die in diesem Stadtteil herrschen, sind ein Erbe der Vergangenheit, denn seine Bewohner sind die Kinder und Enkelkinder der »Unakzeptablen« von damals, die man hier ansiedelte.

Für Roza und Wouter war der Umzug in die Weegbreestraat ein Neuanfang. Sie befanden sich jetzt zwar eine Stufe weiter unten auf der sozialen Leiter, aber waren froh darüber, dass hier keiner wusste, was sich im Hause Dingemans in der Vergangenheit abgespielt hatte. Keiner der neuen Nachbarn hatte Wouter jemals betrunken über die Straße schwanken sehen oder beobachtet, wie er vergebens ans Fenster seines Hauses klopfte, keiner konnte ahnen, dass Rosa eine Trennung von Tisch und Bett in Erwägung gezogen hatte. Nicht einmal Pfarrer Wesseling, der das ganze Elend der Familie mitangesehen hatte, konnte sie noch an diese schrecklichen Zeiten erinnern. Anfänglich wurde das Unterstützungsgeld noch an Roza ausbezahlt. Aber nachdem Wouter wieder bei seiner Familie eingezogen war, teilte sie den Beamten mit, dass sie ihm wieder vertraue. Danach wurden sie wieder eine Familie wie alle anderen. Weil sie jetzt in der Nähe der MULO wohnten, durfte auch meine Mutter weiter zur Schule gehen. Für Roza war die Ausbildung ihrer Kinder, die Fremdsprachen lernten, aber auch Unterricht in Fächern wie Buchhaltung bekamen, eine so ernste Sache, dass sie nicht im Haushalt mithelfen mussten, wenn sie Schularbeiten hatten. Ab und zu profitierte sie vom Wissen ihrer Töchter: Es kam oft vor, dass sie wissen wollte, wie man ein bestimmtes Wort buchstabiere, denn sie mochte es nicht, wenn ihr Schreibfehler unterliefen.

Trotz allem wurden sie das Gefühl nicht los, dass der Umzug nach Floradorp eine Niederlage war. Die Familie Dingemans wohnte jetzt zwischen Nachbarn, die schon viel länger vom Fürsorgeamt lebten, und denen alles egal war. Aber Roza ließ sich von ihrer Haltung nicht anstecken und bot dem Schicksal die Stirn. Mit Nadel und Faden machte sie aus den alten Kleidern ihrer Kinder wieder neue Modelle und ihr Haus war immer ordentlich und rein. Ihre Familie stand auch nicht unter Aufsicht, dazu gab es keinen Anlass.

Aber sobald Roza jemandem außerhalb Floradorp ihre Adresse angeben musste, wusste sie, dass alles vergebens war. Dann war sie für die anderen nur noch die »Asoziale«, eine Äffin aus dem Dschungel.

Ob aus Floradorp oder Veenhuizen, im Grunde genommen machte es keinen Unterschied: Wer von dort kam, war verurteilt. Deshalb tat Roza das Gleiche wie Cato, als sie Veenhuizen verließ: Sie hämmerte ihren Kindern ein, dass sie niemandem erzählen sollten, woher sie kamen. Bei Fragen sollten die Kinder angeben, dass sie in der Sneeuwbalstraat wohnten, der ersten Straße außerhalb von Floradorp. Damit bedienten sie sich nur einer klitzekleinen Notlüge, denn die Weegbreestraat 1 war gleich um die Ecke.

Ein Umzug in eine bessere Gegend war nur möglich, falls Wouter eine Stelle finden würde, aber das war für einen ungelernten Arbeiter auch in der zweiten Hälfte der Dreißigerjahre illusorisch. Die Zahl der Arbeitslosen war inzwischen so horrend gestiegen, und mit ihr die Anzahl der von ihr betroffenen Familien, dass sich die Regierung gezwungen sah, neue Maßnahmen zu ergreifen. Die Zeiten waren endgültig vorbei, in denen man die Arbeitslosen so lange ihrem Schicksal überließ, bis sie »total degeneriert« und nur noch Veenhuizener Boden umstechen konnten. Trotzdem hielt man immer noch an der Theorie fest, dass Unterstützung die Faulheit der Menschen fördern würde. Je länger die Krise dauerte, desto mehr wurde befürchtet, dass die Unterstützungsempfänger aus dem Arbeitsrhythmus geraten und dem totalen Müßiggang verfallen würden. Um ein solches Szenario zu vermeiden, holte man ein probates Mittel aus der Mottenkiste, welches gleich zum Großeinsatz kam: die Arbeitsbeschaffungsmaßnahme. Mit einem Minimum an Maschinen und einem Maximum an Arbeitskräften wurden Kanäle gegraben, Parks angelegt, Wassergebiete eingepoldert. Die Arbeiter mussten im Turnus an verschiedenen Projekten, die einige Monate dauerten, in der Erde herumwühlen. Das war ein probates Mittel, die arbeitsfaulen Profiteure von den unfreiwilligen Arbeitslosen zu trennen.

Wouter wurde zum ersten Mal im Jahr 1937 aufgerufen. Die Arbeitsbörse schickte ihn zum Torfstechen nach Ilpendam. Es war Winter. Mit seinem durch die Krise und den Alkoholmissbrauch geschwächten Körper arbeitete mein Großvater, so gut er konnte, bis er krank wurde und man ihm erlaubte, zu Hause zu bleiben. Im Jahr 1939 wurde er aufgerufen, um den prätentiösen Plan »Das große Waldprojekt« mit in die Wirklichkeit umzusetzen. Den Plan, einen Erholungswald für alle Amsterdamer anzulegen, hatte man Jahre zuvor bereits mit Pauken und Trompeten angekündigt. Der Wald sollte für die Hauptstadt nicht nur zu einem grünen Erholungsgebiet werden, sondern auch neue Arbeitsplätze schaffen: »Fünf Jahre Arbeit für tausend Männer«. Die Stadtregierung versuchte, durch eine aufgeweckte Reklamekampagne die Krisenstimmung zu bekämpfen, in der Hoffnung, das Blatt der Arbeitslosigkeit auf psychologischem Wege wenden zu können.

Die Amsterdamer empfingen den Plan mit offenen Armen: Die Ausstellung, in der das »Große Waldprojekt« der Öffentlichkeit vorgestellt wurde, wurde in zwei Wochen von über fünfzehntausend Interessierten besucht, obwohl der Zugangspreis immerhin zehn Cent betrug. Auf dem Ausstellungsplakat waren anmutige Hirsche, spielende Kinder und ein schlankes Ruderboot auf der Regattabahn abgebildet. Im unteren Plakatteil sah man im Stil von Kasimir Malewitsch gemalt eine Reihe breitschultriger Männer, die stolz Bäume pflanzten. Die Wirklichkeit jedoch war weniger heroisch und die Schultern der Arbeitslosen beträchtlich schmäler. In einem Zeitraum von sechs Jahren versetzten zwanzigtausend Männer mit Spaten und Schubkarren und mit kleinen Loren einen Berg von drei Millionen Kubikmetern Erde. Die Höhe des Lohns wurde pro Arbeitergruppe festgelegt und war abhängig von der Menge des versetzten Erdreichs.

Als im Jahr 1939 auch Männer wie Wouter, die nicht wussten, wie sie mit einer Schaufel umgehen mussten, von der Arbeitsbörse aufgerufen wurden, verringerte sich die Höhe der Gruppenlöhne drastisch. Tagein tagaus kam er mit offenen und blutenden Händen nach Hause. Nur mit Mühe und Not konnte er denselben Betrag wie das Unterstützungsgeld zusammenschaufeln.

Durch die schlechten finanziellen Aussichten konnten nur die beiden ältesten Kinder die MULO besuchen. Für die Weiterbildung der anderen Kinder war kein Geld übrig. Aus diesem Grund musste Toos, sobald sie vierzehn Jahre alt war, dazuverdienen. Roza besorgte ihr eine Stelle in einem Nähatelier in der Stadt, wo sie tagelang vornübergebeugt Knopflöcher nähte, bis ihr Nacken schmerzte. Aber an dem Tag, als sie der Mutter ihren ersten Lohn überreichte, strahlte sie übers ganze Gesicht. Für die Familie war dies seit Jahren das erste normale Einkommen: zwei Gulden, einen davon für die Straßenbahnfahrscheine. Roza blieb keine andere Wahl, als das Einkommen beim Sozialamt anzugeben, das waren die Spielregeln.

Wenn ich unter der Woche durch Floradorp gehe, überkommt mich ein beklemmendes Gefühl. Die Straßen hier sind viel schmäler als in den umliegenden Vierteln, die Häuser machen einen kahlen Eindruck. Während ich die kasernenähnlichen Wohnblöcke fotografiere, wird mir auf einmal klar, woher der »unerklärliche Stolz« meiner Großmutter kam. Es hatte natürlich nichts mit dieser vermeintlich besseren Herkunft zu tun, auch nicht mit einem besonders stolzen Charakter. Dafür gab es eine einfachere Erklärung: Sie wurde immer wieder mit Gewalt in die Enge getrieben – als Tochter eines Veenhuizen-Insassen, als Kind aus dem Jordaan, als Dienstmagd, als Frau eines alkoholabhängigen Unterstützungsempfängers und schließlich als Bewohnerin eines Viertels, das als asozial verschrien war – und musste deshalb dem Schicksal mit erhobenem Haupt stolz die Stirn bieten. Sonst wäre sie untergegangen. Ihr Haus an der Weegbreestraat befand sich am Rand des »Dschungels«. Von ihrem Fenster aus konnte sie die Sneeuwbalstraat sehen, die Grenze zu Floradorp. Die Häuser auf der anderen Seite sahen fast so aus wie ihres, bloß wohnten dort, so sagte man, die anständigen Leute. Der Anblick der Sneeuwbalstraat ließ ihr so lange keine Ruhe, bis sie wusste, wie sie ihre Familie über diese Grenze zur anderen Seite bringen konnte. Langsam verstehe ich, dass ihre Ausdauer auch meine Rettung war. Wenn die Familie Dingemans in Floradorp geblieben wäre, dann wäre meine Mutter vielleicht heute noch dort – und ich wäre mit dem Stempel »asozial« auf der Stirn geboren worden.

So zynisch es auch klingen mag, aber der Krieg bot der Familie Dingemans nie dagewesene Chancen, auch wenn sie einen hohen Preis dafür bezahlen mussten. In den Vorkriegsjahren suchte sich ein Kind nach dem anderen eine Arbeit. Koos und Harm machten eine Verkäuferlehre und die Mädchen, mit ihren Realschul-Diplomen, wurden Büroangestellte und verdienten gleich viermal so viel wie ihre Brüder. So, wie es der Pfarrer damals vorausgesagt hat. Sobald die Kleinen zur Schule gingen, machte Roza wieder bei Notaren und anderen Honoratioren sauber. Aber das Familieneinkommen reichte noch immer nicht aus.

Langsam begannen sich die politischen Veränderungen abzuzeichnen. Eine Woche bevor Deutschland in einem Blitzkrieg Danzig eroberte, riefen die Niederlande am 24. August 1939 schließlich doch die Mobilmachung aus. Koos und Harm waren zu jung für die Armee, und ihr 46-jähriger Vater zu alt. Aber die Arbeitsplätze der mobilisierten Streitkräfte in den Fabriken waren leer, und Wouter konnte nach sechs Jahren Abhängigkeit vom Fürsorgeamt für einige Monate am Fließband Geld verdienen. Das war der Anfang vom Ende.

Ein halbes Jahr später überrollten die Nazis die Niederlande. Sorgfältig suchte ich in der Unterstützungsakte nach Hinweisen, wie es Roza und Wouter während der Besatzungszeit ergangen sei. Ich dachte, dass sich die Umstände eines Unterstützungsempfängers mit Sicherheit verschlechtert hätten, aber merkwürdigerweise war im Dossier zuerst keine Spur davon zu finden. Die Formulare waren die gleichen, die Regeln blieben unverändert, und es war sogar die Handschrift desselben Beamten, der sich schon vor dem Krieg um die Familie Dingemans kümmerte. Neu war nur, dass die Arbeitsbörse deutscher Führung unterstellt war und seit 1940 Arbeitslose auch über die Grenze vermittelte. Am liebsten nach Deutschland.

Elisabeth

24

Die Liebe

Bei uns zu Hause ist die Geschichte, wie sich meine Eltern kennenlernten, bis auf den heutigen Tag ein Klassiker. Sie nahm ihren Anfang im Krieg, im Jahr 1943, in der Kirche De Liefde, in der Amsterdamer Bilderdijkstraat. Der Pfarrer startete damals eine Initiative für die jungen Männer, die in Deutschland arbeiten mussten. Um ihren unfreiwilligen Aufenthalt im Land des Feindes erträglicher zu machen, schickte er ihnen wöchentlich eine erhebende Botschaft. Das war für die jungen Männer natürlich nicht sehr spannend – und das wusste der Pfarrer. Deshalb rief er von der Kanzel aus die Mädchen seiner Gemeinde dazu auf, der Rückseite der Botschaft ein paar nette Worte hinzuzufügen. Meine Mutter, einundzwanzig Jahre alt, fühlte sich dazu berufen. Als sie sich nach der Messe eintrug, fiel ihr Blick auf einen der jungen Männer, der die Namen der Mädchen notierte.

»Er hatte große Augen« (sie unterstrich die Aussage, indem sie Daumen und Zeigefinger auseinanderspreizte) »und lange Wimpern« (sie schrieb mit dem Finger eine Locke in die Luft).

»Gib mir gleich vier Adressen«, war das Erste, was sie zu ihm sagte.

»Aber mein Fräulein, Sie wissen schon, dass Sie jede Woche schreiben müssen«, sagte er streng.

Meine Mutter zuckte kokett mit den Schultern und reagiert mit gespieltem Erstaunen: »Ach, nein?!«

Überrascht blinzelte der junge Mann mit seinen schönen blauen Augen und notierte mit gesenktem Blick ihre Adresse. Betsy Dingemans aus der Potgieterstraat, so viel brachte er schon in Erfahrung.

Chris Jansen hatte Glück, dass er an diesem Tag in der Kirche mithelfen konnte. Nur um Haaresbreite war er dem Schicksal der jungen Männer, denen die Briefe galten, entgangen. Er war aufgerufen worden, sich in Charkow, in der Ukraine zu melden, um dort an der lebensgefährlichen Ostfront Schützengräben anzulegen. Das war ihm erspart geblieben, weil er als Büroangestellter bei der deutschen AEG arbeitete. Sein Vorgesetzter, ein »guter Deutscher«, konnte dank seiner Nationalität darauf beharren, dass man auf Chris' Anwesenheit im Betrieb nicht verzichten konnte. Vorläufig war er in Sicherheit, Chris musste nicht an die Front.

Viele junge Männer hatten weniger Glück. Die Deutschen zogen jeden ein, den sie brauchten, um die Kriegsmaschinerie in Gang zu halten. Im Jahr 1943 gab es in der Kirchgemeinde viele Familien, deren Vater oder Brüder nicht mehr zu Hause waren, weshalb die Initiative des Pfarrers großen Widerhall fand. Freiwillige Helfer brachten den Mädchen jede Woche die Briefe des Pfarrers, deren Rückseite sie dann beschrieben. Einige Tage später holten sie die Briefe wieder ab.

Obwohl Chris Jansen nicht im selben Viertel wie Betsy die Briefe besorgte, erschien er doch regelmäßig an ihrer Tür in der Potgieterstraat, was ihr natürlich auffiel. Sie führten kurze Gespräche wie »bitte schön, mein Fräulein«, oder »danke schön, der Herr«, die sich stets mehr in die Länge zogen und von vielsagenden Blicken begleitet wurden. Schließlich kam es zu ihrem ersten Rendezvous, einem Spaziergang im Vondelpark.

Als ich meine Mutter fragte, wie es ihnen denn in den Kriegsjahren ergangen war, sagte sie, dass mein Vater der Erste gewesen sei, dem sie sich hatte anvertrauen und die Wahrheit erzählen können.

»Es tat mir gut, dass ich mit ihm darüber sprechen konnte.«

Zu dritt sitzen wir am Küchentisch in ihrer Wohnung in einem altersgerechten Wohnkomplex. Meine Eltern sind inzwischen seit fünfundfünfzig Jahren verheiratet. Während wir die Flugzeuge, die in Schiphol landen oder aufsteigen, beobachten, erzählen mir meine Eltern, wie sie sich kennenlernten und mit der Familie des anderen Bekanntschaft machten.

Auf den ersten Blick hatten die Familien von Betsy und Chris viele Gemeinsamkeiten. Beide wohnten in einer Seitenstraße der Nassaukade, in einer Etagenwohnung. Beide Familien hatten sieben Kinder. In Sachen Frömmigkeit konnten sie locker miteinander mithalten: Von den Jansens waren zwei Söhne und eine Tochter ins Kloster gegangen, einer von ihnen besuchte sogar das Großseminar; die Familie Dingemans konnte drei Tanten, die Nonnen waren und einen Onkel als Priesteramtskandidaten vorzeigen. Vater Jansen verlor wie Vater Dingemans in den Krisenjahren seine Arbeit. Trotz aller Gemeinsamkeiten gab es für Betsy doch spürbare Unterschiede. Vater Jansen war ein Familienoberhaupt, das Autorität ausstrahlte. Man konnte an seiner Haltung sehen, dass er früher der Leiter einer großen Fassbinderei an der Bloemengracht gewesen war, mit mindestens dreißig Angestellten. In guten Zeiten hatte die Familie eine Haushälterin und eine Näherin in Dienst, und an den Wochenenden durften sie manchmal im »Dienstauto-mit-Chauffeur« des Fabrikbesitzers eine Spritztour machen. Als dieser Eigentümer inmitten der Krisenjahre plötzlich verstarb, setzte sich Vater Jansen, im Grand Café Americain am Leidseplein, mit Vertretern von Banken und Zulieferern gemeinsam an einen Tisch, um die Möglichkeit einer Betriebsübernahme durchzusprechen. Leider war das mit der Übernahme verbundene Risiko für einen neunundfünfzigjährigen Mann, der eine Familie unterhalten musste, gerade jetzt in dieser Krisenzeit zu groß: Die Fassbinderei musste schließen, Vater Jansen wurde vom Fürsorgeamt abhängig. Aber nicht alle Arbeitslosen waren gleich. Vater Jansen war in der Kirche ein angesehener ehrenamtlicher Helfer, der das achtbare Amt des Spendensammlers bekleidete. Im Gegensatz zu den anderen Unterstützungsempfängern, konnte er sich dem erniedrigenden Warten in der Reihe vor dem Ausgabeschalter der Unterstützungskasse entziehen. Dank seiner Beziehungen und seines guten Rufs konnte er erwirken, dass er von dieser täglichen Kontrolle verschont blieb und dass das Unterstützungsgeld wöchentlich bei ihm zu Hause abgegeben wurde.

Durch Chris Jansen lernte Betsy eine neue Welt kennen. Chris' Bruder lud beide zu den Festmahlzeiten ins Großseminar ein, wo sie Speisen serviert bekamen, die Betsy nie zuvor gesehen hatte. Derselbe Bruder steckte ihr auch manchmal Lebensmittelmarken und Esswaren für zu Hause zu. Chris fühlte sich bei ihr so wohl, dass er regelmäßig über die Sperrstunde hinaus bei ihr blieb. Trotz alledem hatte Betsy Mühe, sich über die Standesunterschiede hinwegzusetzen.

»Ich hatte einen Mantel, der aus zwei verschiedenen Stoffen zusammengenäht war«, erzählte sie. »Und eine Baskenmütze. Andere Mädchen trugen einen Hut.«

Bei meinen Eltern am Küchentisch kehrt das hartnäckige Minderwertigkeitsgefühl aus früheren Zeiten schmerzlich zurück. Betsy erinnert sich daran, wie eine wildfremde Frau sie einmal darauf angesprochen hat, dass ihre Schuhe verschlissen waren. »Sie sagte: ›Ich habe noch ein Paar Schuhe in deiner Größe, die ich nicht trage, wenn du wartest, bringe ich sie dir schnell?‹« Meine Mutter wäre vor lauter Scham am liebsten im Erdboden versunken. »Ich bedankte mich ganz schnell bei ihr und log ihr vor, dass ich zu Hause noch ein zweites Paar hätte.« Sie schaut meinen Vater an und sagt: »Da hättest du auch beinahe mit mir schlussgemacht, stimmt's?«

Er nickt. Mir stockt der Atem, denn darüber hatten sie noch nie gesprochen.

»Wir kannten uns schon seit ein paar Monaten«, erzählt mein Vater. »Wir waren sehr ineinander verliebt, daran lag es nicht. Aber mein Vater fand, dass du schlampig daherkommst. Er redete mir ins Gewissen, dass ich mir das mit dir sehr gut überlegen solle.«

Erstaunt ließ ich die Hände auf den Tischrand sinken. »Schlampig? Meine Mutter?« Sie ist für mich der Inbegriff der Ordentlichkeit.

»Ja«, sagt mein Vater, »er war der Meinung, dass sie alte Kleider trug.«

Meine Mutter: »Aber ich hatte nichts anderes. Da war doch noch Krieg.«

»Das stimmt, du hattest wirklich nichts anderes anzuziehen.«

Meine Eltern warfen einander einen liebevollen Blick zu, ich war schockiert. Ich habe nicht im Traum daran gedacht, dass die Hochzeit meiner Eltern um ein Haar nicht hätte stattfinden können, bloß weil ihre Familien nicht auf derselben sozialen Sprosse der Leiter standen. Beide nahmen es leicht. Und in triumphierendem Ton erzählt meine Mutter, wie es dennoch zu einem glücklichen Ende kam: »Mir fiel gleich auf, dass etwas nicht stimmt, und du mit mir schlussmachen wolltest. Aber du hast es nicht übers Herz gebracht, nicht wahr? Als du mir in die Augen schautest, war's wieder um dich geschehen.«

An den glücklichen Umständen, die es der Familie Dingemans ermöglichten, während des Kriegs in eine anständige Gegend, in die Potgieterstraat, umzuziehen, haftete ein schaler Beigeschmack. Als Betsy von ihrer Mutter Roza erfuhr, dass die Familie auf die »richtige« Seite des IJ ziehen würde, war sie außer sich vor Wut. Sie wollte ihre Spielkameradinnen nicht verlieren. Warum man sich plötzlich einen Wegzug aus Floradorp leisten konnte, darüber wurde kaum gesprochen. Man habe es dem Krieg zu verdanken: Wouter war im Jahr 1941 vom Fürsorgeamt nach Deutschland geschickt worden. Vom Lohn, den Wouter dort in der Fabrik bekam, und den zusätzlichen Einkünften der Kinder konnten sie die höhere Miete bezahlen.

Die Tatsache, dass mein Großvater während des Kriegs in Deutschland arbeitete, machte es mir beinahe unmöglich, über diese Zeitspanne der Familiengeschichte zu schreiben. Wie konnte jemand wie ich, der im Jahr 1964 zur Welt kam, etwas Sinnvolles dazu sagen? Am liebsten hätte ich diese Zeit ausgelassen. Aber es konnte nicht angehen, dass ich den Zweiten Weltkrieg auf die Kulisse der Begegnungsszene meiner Eltern reduzierte.

Obwohl die Geschichte im Vergleich zu den Gräueln des Kriegs unbedeutend erscheint, darf ich sie nicht weglassen. Dass mein Grossvater – freiwillig, wie meine Mutter sagte – nach Deutschland abreiste, hinterliess Narben bei der Familie. »Freiwillig«, für sie verbarg sich in diesem einen Wort die ganze Schande. Am Küchentisch fasste sie die Tragik des Geschehens kurz zusammen: Der Krieg machte alles schlimmer und zeigte das furchtbarste Gesicht der Armut.

»Schau, das ist es, was die Armut mit dir macht: Sie nimmt dir die Würde.«

Der Gedanke daran ist ihr sechzig Jahre später noch unerträglich. Aber ich vermute, dass dies auch mit der Geschichte von Koos zusammenhängt.

Koos war Betsys drei Jahre jüngerer Bruder. Er und Harm ärgerten gern die Schwestern, denn gemeinsam konnten sie sich so gegen die fünf Schwestern wehren, von denen vor allem die älteren Mädchen sie gern bevormundeten. Koos hätte, genau wie Harm, in Amsterdam bleiben können, denn er war erst sechzehn Jahre alt. Aber im Jahr 1941 fassten die Eltern auf Anraten des Kaplans den Entschluss, Koos mit seinem Vater nach Deutschland zu schicken.

»Freiwillig« war ein dehnbarer Begriff. Wie viel Entscheidungsfreiheit hatte man während der Besatzungszeit? Wie schwer musste man es Wouter ankreiden, dass er im Land des Feindes arbeitete und auch noch seinen Sohn mit sich nahm? Zögernd, weil ich es im Grunde genommen nicht wissen wollte, wandte ich mich an neutrale Instanzen wie das Rote Kreuz und das Niederländische Institut für Kriegsdokumentation. Ich legte ihnen meine Frage vor: Wie »schuldig« war man, wenn man damals in Deutschland arbeitete? Was bedeutet »freiwillig«? Der beruhigende Ton, in dem mir der Mitarbeiter meine Fragen beantwortete, rief in mir ein ungutes Gefühl hervor. »Sie sollten keine voreiligen Schlüsse ziehen«, und »es war auch wichtig, für die Familie zu sorgen«. Da gab es also doch etwas, wofür ich mich schämen musste. Zu meiner großen Erleichterung machte mich der NIOD-Mitarbeiter auf ein Standardwerk über die Geschichte der Arbeitsbeschaffung während des Kriegs aufmerksam. Ich notierte mir den Titel und lieh es mir in der öffentlichen Bibliothek aus. Ich wollte es nicht vor aller Augen im Lesesaal studieren.

Ich erfuhr, dass die Deutschen schon gleich nach der Besatzung beabsichtigten, mithilfe der arbeitslosen Niederländer ihre Kriegsmaschinerie in Gang zu halten. Anfänglich begegneten sie den Niederländern als Brudervolk und köderten sie mit einem guten Lohn, zusätzlichen Bezugsscheinen für Kleidung, extra Lebensmittelmarken und einem Vorschuss für die Familien, deren Männer nach Deutschland gingen. Die Propagandamaschinerie lief auf vollen Touren. Im Radio verherrlichten niederländische Gewerkschaftsmitglieder die Arbeit über der Grenze. Für sie war es: gute Arbeit, gutes Geld. Und außerdem sei es Pflicht all derer, die jahrelang vom Fürsorgeamt profitiert hatten, endlich wieder einmal selbst für ihre Familie zu sorgen. Diese freundliche Methode führte nicht zu den erhofften Anmeldungen und deshalb beschloss man gleich im Sommer des Jahres 1940, strengere Maßnahmen zu treffen. Nach der Inkraftsetzung eines einfachen administrativen Erlasses, wurde die Arbeit in Deutschland künftig als »geeignete Arbeit« bezeichnet. Im Klartext: Wer sich nicht freiwillig meldete, bekam vom Fürsorgeamt keine Unterstützung mehr.

Mein Großvater reiste im Jahr 1941 ab. Und so »freiwillig« nun auch wieder nicht, denn die Familie verfügte nach jahrelanger Armut über keinerlei Reserven mehr und musste tagtäglich ums nackte Überleben kämpfen. Allerdings las ich auch, dass sich trotz der Sanktionen viele Arbeitslose weigerten, für den Feind zu arbeiten und alle Möglichkeiten ausschöpften, sich den von ihm auferlegten Zwangsmaßnahmen zu entziehen: durch das Attest eines vertrauenswürdigen Arztes oder durch die Hilfe eines wohlwollenden Unterstützungsbeamten. Oder, wenn alle Stricke rissen, versteckten sie sich bei ihren Familien. Meine Großeltern gehörten nicht zu diesen Helden. Das war nun mal so. Und ich musste mich damit abfinden.

Mit Koos verhielt es sich ganz anders. Er war nicht arbeitslos. Und er war noch nicht erwachsen. Und außerdem hätte man meinen Onkel später sowieso nach Deutschland geschickt. Seit März 1942, nachdem die Arbeitslosen den Weg nach Deutschland gefunden hatten – die einfachste Beute (die erst in Deutschland dahinterkamen, dass sie nicht mehr nach Hause zurück durften) –, konnten alle jungen Männer, arbeitslos oder nicht, zum Arbeitseinsatz eingezogen werden. Mit immer drastischeren Maßnahmen, vor allem nach dem unerwarteten Widerstand der Russen an der Front in Stalingrad, holten die Besatzer ganze Jahrgänge junger Männer aus ihren Häusern, damit diese in deutschen Munitionsfabriken arbeiteten oder deutsche Männer, die an der Front waren, ersetzten. Wer weiß, vielleicht war es für Koos ja ein Glück, dass er nicht alleine so weit weg von zu Hause war, sondern zusammen mit seinem Vater. Aber das änderte nichts an der Tatsache, dass er sich freiwillig, ohne jemals einen Aufruf bekommen zu haben, meldete. Meine Mutter gab mir einige seiner Briefe zu lesen, die er in Berlin im Lager schrieb. Mit schwarzem Bleistift, auf Papier von schlechter Kriegsqualität, das mir fast in der Hand zerfiel. Die Vorderseite des Briefs war an seine Mutter, die Rückseite an seine Schwester gerichtet.

Mutter,
Das war lecker! Brot mit Melasse, Roggenbrot. Tabak.
Alles ist gut angekommen. Ich bekomme wieder ein
Furunkel, ich hoffe, dass es so richtig groß wird, dann kann ich vielleicht für ein paar Tage im Lager bleiben, mal eben keine Trümmer wegschaufeln.
Schlimm, dass ihr bald keine Kohlen mehr habt, denn ohne geht's nicht.
Geh in die Vondelstraat, vielleicht gibt es dort noch Kohlen.
Kannst das Geld gut gebrauchen, gell?
Also, genug für heute.
Grüße und ein Pfötchen von
Koos.

> Liebe Betsy,
> Jetzt traust du dich mir zu schreiben, dass ich meine Füße nicht auf die Stühle legen darf, versuch das mal, wenn ich wieder zu Hause bin! Wenn wir zur Arbeit marschieren singen wir immer das Lied *Ouwe Taaie*, wie zu Hause.
> Sonntagmorgen sind Vater und ich zum ersten Mal hier zum Hochamt in der Kirche gegangen.
> Von der Kanzel herab hat man uns vorgelesen, wie wir bei Fliegeralarm die Kirche verlassen müssen.
> Im Zimmer neben uns singen und grölen die Männer, denn sie gehen morgen nach Holland. Ich wär' auch gern dabei. 'S ist nur für ein paar Tage und dann gleich wieder zurück nach Deutschland. Aber man sieht wenigstens die Familie. 'S ist nicht einfach, so lang fort von zu Haus.

Koos hatte Heimweh, wie alle ausländischen Arbeiter in Deutschland. Aber er hoffte, dass der Fabrik, in der er arbeitete und deren Namen er nicht nannte, die Rohstoffe bald ausgehen würden.

> Mit etwas Glück kommen wir früher als erwartet nach Hause.
> Montag werden wir in ein anderes Lager
> gebracht, nur die Arbeiter unserer Firma. Der Rest geht nach Holland, dann sind wir auch mal an der Reihe.
> Also mach's gut Betsy und halt die Ohren steif, Koos.

Dieser letzte Brief vom 7. April 1943 rief in meiner Mutter so viele schmerzhafte Erinnerungen wach, dass sie ihn noch immer nicht lesen konnte. Kurze Zeit, nachdem sie diese Briefe Anfang Mai erhalten hatte, stand eines Abends ein uniformierter Mann vor der Tür, der ihre Mutter sprechen wollte. Roza war in der Kirche. Man müsse sie holen, es sei dringend, sagte der Mann, es gehe um Koos.

»Ich lief so schnell ich konnte zur Kirche De Liefde. Weinend und schluchzend rannte ich durch das Kirchenschiff. »Wen suchst du?«, wollte der Kaplan hinter dem Altar wissen. Als meine

Mutter mich sah, dachte sie, dass etwas mit Harm geschehen sei, dass man ihn festgenommen habe.«

Der Uniformierte berichtete, dass Koos krank in seiner Baracke liege. Es sei ihm eine Erkältung auf die Lungen geschlagen. Es gehe ihm nicht gut. Mutter dürfe am nächsten Tag mit der Bahn zu ihm fahren. Betsy und ihre Geschwister wussten nicht, wie es Koos ging, solange ihre Mutter Roza in Berlin war. Sie hatten kein Telefon, die Post war langsam. Aus Berlin kein Lebenszeichen.

»Eine oder zwei Wochen später, ich kam gerade von der Arbeit, sah ich im Korridor den Koffer meiner Mutter stehen. Auch den von Koos und meinem Vater. Ich dachte, sie hätten meinen Bruder nach Hause gebracht, aber sein Bett war leer.«

Nach langem Suchen fand Roza in Berlin den Weg zum Krankenhaus. Als sie den Namen ihres Sohnes nannte, antwortete ihr die deutsche Krankenschwester:

»Er ist eingeschlafen.« Aber Roza verstand nicht, was sie damit sagen wollte.

»Lassen sie ihn ruhig schlafen, ich warte, bis er wieder aufwacht«, antwortete sie.

»Nein«, sagte die Schwester, »er ist eingeschlafen – für ewig.«

Koos' Tod hinterließ in der Familie eine offene Wunde. Der zu früh verstorbene Onkel war ein Beispiel dafür, welchen hohen Preis Familien für die Armut bezahlen mussten.

Als ich einem Mitarbeiter des Roten Kreuzes erzählte, dass Koos in Deutschland gestorben sei, wies er mich auf die Niederländische Stiftung für Kriegsgräber (OGS) in Den Haag hin. Dort besaßen sie Listen mit Namen der Niederländer, die im Ausland gestorben waren. Auf der Website war nur von einem »Opferregister« die Rede, deshalb machte ich mir kaum Hoffnungen. Aber plötzlich sah ich seinen Namen.

Nachname:	Dingemans
Vorname:	Jakobus Alphonsus Maria
Beruf:	Verkäuferlehrling

Geburtsort:	Amsterdam
Geburtsdatum:	10–02–1925
Sterbeort:	Berlin, Stadtkr. Berlin
Sterbedatum:	08–05–1943
Friedhof:	unbekannt
Gedenkbuch:	37

Koos stand auf der Liste der Opfer. Obwohl es seiner eigenen Familie bis heute schwerfällt, über ihn zu sprechen, hatten Unbekannte sich die Mühe gemacht, seiner in Ehren zu gedenken. Für die Mitarbeiterin des Volksbundes Deutscher Kriegsgräberfürsorge in Berlin e.V., der ich die Geschichte am Telefon erzählte, war Koos ein »Opfer der Zwangsarbeit«, obwohl ich ihr erklärte, wie sich die Sache wirklich verhielt.

Das Rote Kreuz stellte mir die Krankenakte meines Onkels zu, die sich im Archiv der heutigen Park-Klinik Berlin Weißensee befand. Darin stand, dass Koos am dreizehnten Tag nach seiner Aufnahme ins Krankenhaus an einer Gehirnhautentzündung als Folgekrankheit seiner Lungenentzündung und aufgrund seines schwachen Kreislaufs gestorben war:

Todesursache:	Pneumokokken, Meningitis, Kreislaufschwäche.

Die Briefaktion der Kirchgemeinde, für die Betsy sich einige Monate später meldete, machte ihren Bruder auch nicht wieder lebendig. Dass sie anderen jungen Männern das Heimweh etwas erleichtern konnte, linderte ihren eigenen Schmerz nur kurz. Der Gedanke, dass Koos nicht hätte weggehen müssen, kreiste immerzu in ihrem Kopf. Aber darüber konnte sie mit niemandem sprechen. Chris war der Erste, dem sie sich anvertraute.

Meine Mutter sagte mit traurigem Unterton: »Wir haben einfach weitergelebt, als sei nichts geschehen«.

25

Sonderermittlungen

In den chaotischen Nachkriegsmonaten musste Wouter wieder gezwungenermaßen beim Fürsorgeamt anklopfen. Es fehlte an Grundnahrungsmitteln, und auf dem Schwarzmarkt verlangte man Wucherpreise. Auf der inzwischen achtundvierzigsten Seite des Unterstützungsantrags aus dem Jahr 1945 lese ich, dass sich die Familienzusammensetzung geändert hat: Lenie und Toos heirateten so schnell wie möglich und Harm floh vor der Leere, die sein Bruder hinterlassen hat, zur Marine. Koos stand nicht mehr im Dossier. Jetzt wohnten nur noch Betsy und ihre zwei kleinen Schwestern bei den Eltern. In der Unterstützungsakte stand, dass die Mutter durch den Krieg so »schwach und kränklich« geworden sei, dass ihre Tochter Janna jetzt den Haushalt führen musste. Die ganze Familie fürchtete sich vor der Zukunft, besser gesagt vor dem Moment, in dem der Vater wieder zur Flasche greifen würde.

> Obwohl der Mann nach Auskunft der Frau keinen Anlass zur Klage gibt, was die Frau dem Umstand zuschreibt, dass in den vergangenen Jahren kein Alkohol erhältlich war, bittet sie um unsere Hilfe, dem Mann so schnell wie möglich eine Arbeit zu finden.

Der Mann vom Fürsorgeamt notierte Rozas Bitte. Mehr konnte er im Moment nicht für sie tun. Jeder wusste, dass Wouter Dingemans und sein Sohn im Land des Feinds gearbeitet haben. Bevor das Fürsorgeamt jedoch Unterstützungsgeld ausbezahlen konnte, war es verpflichtet, bei den Säuberungsinstanzen »Sonderermittlungen« anzustellen, um auszuschließen, dass der Antragsteller sich der Kollaboration schuldig gemacht hatte.

Das Ergebnis einer solchen Untersuchung erschien mir wie ein scharfer moralischer Gradmesser: Im Jahr 1945 gab es noch keinen relativierenden Filter zwischen Fakt und Verurteilung. Gerade deswegen fiel mir ein Stein vom Herzen, als ich die Beurteilung meines Opas las. Er wurde umschrieben als: »Politisch zuverlässig. Bei der Politischen Fahndung unbekannt, ebenso bei der Hilfspolizei, nicht am Schwarzhandel beteiligt. Sonderermittlungen haben nichts Nachteiliges ergeben.«

Genau betrachtet hätte es genügend Gründe gegeben, meinen Großvater nach Drenthe zu schicken. Seine Alkoholabhängigkeit hätte aus ihm einen Landstreicher machen können, man hätte ihn für seine Unterschlagungspraktiken verurteilen können, und wenn man ihn wegen seiner Arbeit in Deutschland als Kollaborateur abgestempelt hätte, wäre er doch noch mit all den anderen nach Veenhuizen gekommen, denn nach Ende des Zweiten Weltkriegs wurden viele Kollaborateure in den Veenhuizener Anstalten interniert. Unter ihnen waren eindeutige Landesverräter, aber auch Mitläufer, Leute, die unter normalen Umständen nie hinter Schloss und Riegel gekommen wären und die es bereuten, aufs verkehrte Pferd gesetzt zu haben. Im Prinzip konnten alle festgenommen werden, die für die Deutschen arbeiteten: wer Bunker oder Kasernen für die deutsche Armee bauen half, war erst mal verdächtig.

Die Ankunft der Kollaborateure in der Kolonie störte das mehr oder weniger harmonische Zusammenleben zwischen Pfleglingen und Beamten. Die sogenannten politischen Delinquenten wurden tätlich angegriffen und beleidigt, und nicht alle Gefängniswärter waren ihrer eigenen Gefühle Herr. Dazu kam, dass in den Jahren 1940–1945 die Zahl der typischen Veenhuizen-Anwärter plötzlich stark zurückging, bis auf zweihundertfünfzig Mann. Obwohl die Reichsarbeitsanstalt nie unmittelbar der deutschen Führung unterstellt war, waren die Schlafkojen immer voll besetzt mit Schwarzhändlern, Schmugglern und Lebensmittelmarkenfälschern. Das Phänomen Landstreicherei war im Krieg mit einem Schlag verschwunden. Die Leute kamen nur noch durch die viele Ausweiskontrollen, wenn sie einen festen Wohnsitz hatten. Mit der Zeit verlor der Besatzer die Geduld mit diesen unkontrollierbaren Typen und er schickte sie ohne langes Federlesen als Zwangsarbeiter nach Deutschland.

So einfach war das: Die Nazis machten mit dem Landstreicherproblem kurzen Prozess, und somit war der Jahrhunderte dauernde Versuch der Umerziehung schlagartig beendet.

Nach 1945 stellte sich bei der Anstaltsleitung in Veenhuizen ein Mentalitätsumschwung ein. Das konnten die Aufseher zuallererst bei Hauptdirektor Wijers erkennen. Der früher so strenge und distanzierte Herr musste während der Besatzungszeit untertauchen. Und als er nach Kriegsende seinen alten Posten wieder beziehen durfte, war er um einiges milder geworden. Er hatte den Freiheitsentzug am eigenen Leib erfahren und er konnte sich jetzt besser in die Haut eines Gefängniswärters in einem abgeriegelten Dorf, oder sogar in die der Gefangenen, versetzen. Das war vermutlich auch der Grund, weshalb er sich auf die ungewöhnliche Bitte des Kollaborateurs und Malers Adolf Gantzer aus Amsterdam einließ. Dieser eingebürgerte Deutsche, der wegen Landesverrats im Gefängnis saß, wollte die Wände der kahlen katholischen Kirche mit Wandmalereien verschönern. Und Wijers, als erster katholischer Anstaltsdirektor, erlaubte ihm, zum Erstaunen der Beamten, die restliche Strafzeit diesem Meisterwerk zu widmen. An der Kirchentür beaufsichtigte ihn ein Wächter mit Karabiner, und Gantzer arbeitete jahrelang an seinem imposanten Gemälde im Kuppelgewölbe: der Altarraum, umringt von elf erstaunten Aposteln (ohne Judas); über ihnen die Engel, welche die Attribute der Kreuzigung (Nägel, Seil, Kreuz) noch bei sich haben; und in ihrer Mitte, im strahlenden Licht, Christus, der in den Himmel aufgenommen wird. Diese Fresken bewahrten die Kirche ein halbes Jahrhundert später vor dem Abriss: Ganters Kunstwerk wurde im Jahr 1992 unter Denkmalschutz gestellt. Wenn Wijers das gewusst hätte.

Hauptdirektor Wijers war jedoch nicht der Einzige, der den

Gefangenen nach Kriegsende toleranter und verständnisvoller begegnete. Die wichtigen Posten in Den Haag besetzten jetzt Männer, und zum ersten Mal in der Geschichte auch Frauen, die als Widerstandskämpfer oder Geiseln in Gefangenschaft waren. Aus eigener Erfahrungen wussten sie, dass das herkömmliche Gefängnissystem, in dem die meisten Kriminellen ihre Strafe noch immer in Einzelhaft verbüßen mussten, unmenschlich war und vor allem: ineffizient. Verbrecher schworen den Verbrechen danach nicht ab, und nach ihrer Entlassung waren sie gesellschaftlich nicht mehr eingliederungsfähig. Die Veenhuizener Methode, mit Schlafsälen und Gruppenbeschäftigung, bot die bessere und humanere Alternative.

Der Justizminister – und Bruder von Hauptdirektor Wijers – erarbeitete ein neues Strafvollzugsgesetz. Das sogenannte Grundsatzgesetz von 1951 brachte im Strafvollzugssystem die Wende: Die Einzelhaft wurde abgeschafft, die Gefangenen verbrachten nur noch die Nacht allein in ihrer Zelle, und sie mussten in Gruppen arbeiten – wie in Veenhuizen. Bei der Erteilung des Strafmaßes berücksichtigte man jetzt die persönlichen Umstände des Angeklagten. Der Schwerpunkt des Strafvollzugs lag fortan auf der Rückkehr der Delinquenten ins Alltagsleben, wozu sie Fachunterricht und Bewährungshilfe bekamen. Es ist, als hätte der Minister das Gutachten aus dem Jahr 1907 über Veenhuizen zurate gezogen. Offensichtlich waren ein Krieg und einige Jahrzehnte des Experimentierens mit den Landstreichern nötig, bis die Zeit für die Umsetzung der damaligen Ideen reif war.

Meinem Großvater waren die Anstalten erspart geblieben. Aber wenn ich an seinen gutmütigen, leicht desorientierten Blick denke, erinnert er mich doch etwas an den letzten Landstreicher in Veenhuizen: seinen Altersgenossen Rinus de Vet.

Der alte Rinus wohnte schon lange vor dem Krieg in der Kolonie, und er sollte ihr allerletzter Bewohner sein. Mit ihm ging eine Ära zu Ende: Als er in den Siebzigerjahren die Kolonie verließ, war der Moment gekommen, an dem die Reichsarbeits-

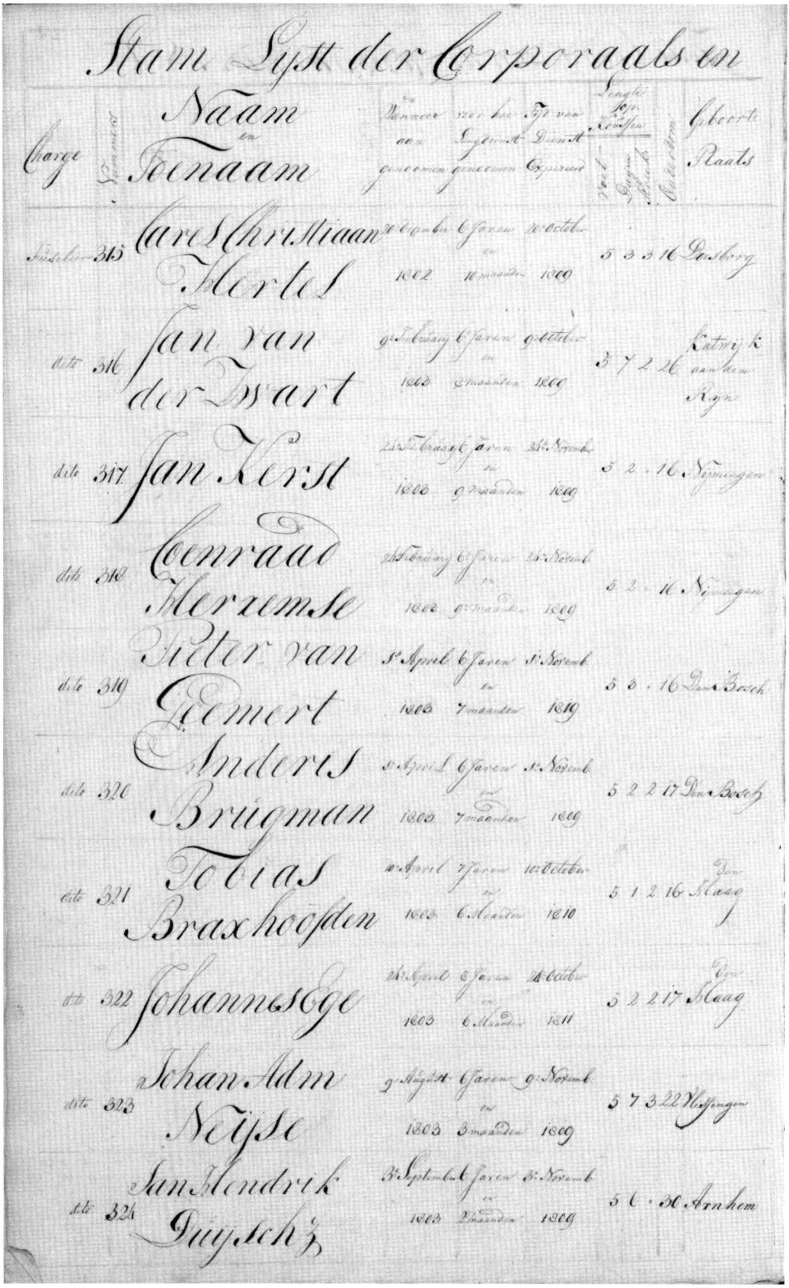
Stam Lyst der Corporaals en

Charge	Nommers	Naam en Toenaam	Wanneer aan genoomen	voor hoe [illegible] genoomen	Tijd van Dienst Expireert	Lengte der Persoonen: Voet	Duym	Streek	Ouderdom	Geboorte Plaats
Fuselier	315	Carel Christiaan Hertel	20 December 1802	6 Jaren en 10 maanden	10 October 1809	5	3	3	16	Doesborg
dito	316	Jan van der Zwart	9 February 1803	6 Jaren en 8 maanden	9 October 1809	5	7	2	26	Katwijk aan den Rijn
dito	317	Jan Kerst	24 February 1803	6 Jaren en 9 maanden	24 November 1809	5	2	.	16	Nijmegen
dito	318	Coenraad Herremse	24 February 1803	6 Jaren en 9 maanden	24 Novemb 1809	5	2	.	16	Nijmegen
dito	319	Pieter van Gemert	5 April 1803	6 Jaren en 7 maanden	5 Novemb 1809	5	3	.	16	Den Bosch
dito	320	Anderis Brugman	5 April 1803	6 Jaren en 7 maanden	5 Novemb 1809	5	2	2	17	Den Bosch
dito	321	Tobias Braxhoofden	10 April 1803	7 Jaren en 6 Maanden	10 October 1810	5	1	2	16	Den Haag
dito	322	Johannes Ege	24 April 1803	8 Jaren en 6 Maanden	24 October 1811	5	2	2	17	Den Haag
dito	323	Johan Adm Neyse	9 Augustus 1803	6 Jaren en 3 maanden	9 Novemb 1809	5	7	3	22	Vlissingen
dito	324	Jan Hendrik Duytsch	3 September 1803	6 Jaren en 2 maanden	3 Novemb 1809	5	6	.	30	Arnhem

Registrierung von Tobias Braxhoofden bei der Armee, 1803.

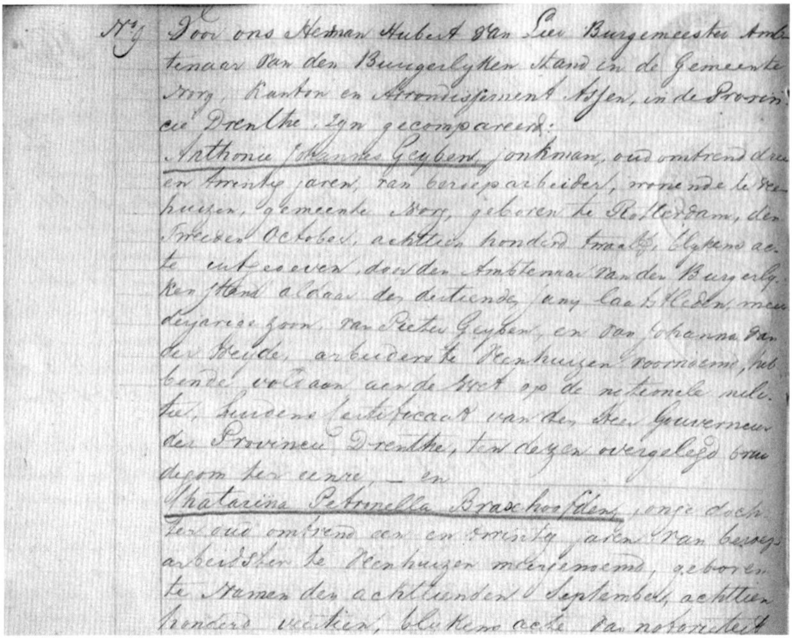

No 7 Voor ons Herman Hubert van Lier Burgemeester Ambtenaar van den Burgerlyken Stand in de Gemeente Norg, Kanton en Arrondissement Assen, in de Provincie Drenthe zyn gecompareerd:
Anthonie Johannes Gijben, jonkman, oud omtrent drie en twintig jaren, van beroep arbeider, wonende te Veenhuizen, gemeente Norg, geboren te Rotterdam, den tweeden October, achttien honderd twaalf, blykens acte uitgegeven door den Ambtenaar van den Burgerlyken Stand aldaar den dertienden Juny laatstleden, meerderjarige zoon van Pieter Gijben, en van Johanna van der Weyde, arbeiders te Veenhuizen voornoemd, hebbende voldaan aan de Wet op de nationale militie, blykens Certificaat van den Heer Gouverneur der Provincie Drenthe, ter dezen overgelegd bruidegom ter eenre, — en
Chatarina Petronella Braxhoofden, jonge dochter, oud omtrent een en twintig jaren, van beroep arbeidster te Veenhuizen meergenoemd, geboren te Namen den achttienden September, achttien honderd veertien, blykens acte van notoriteit

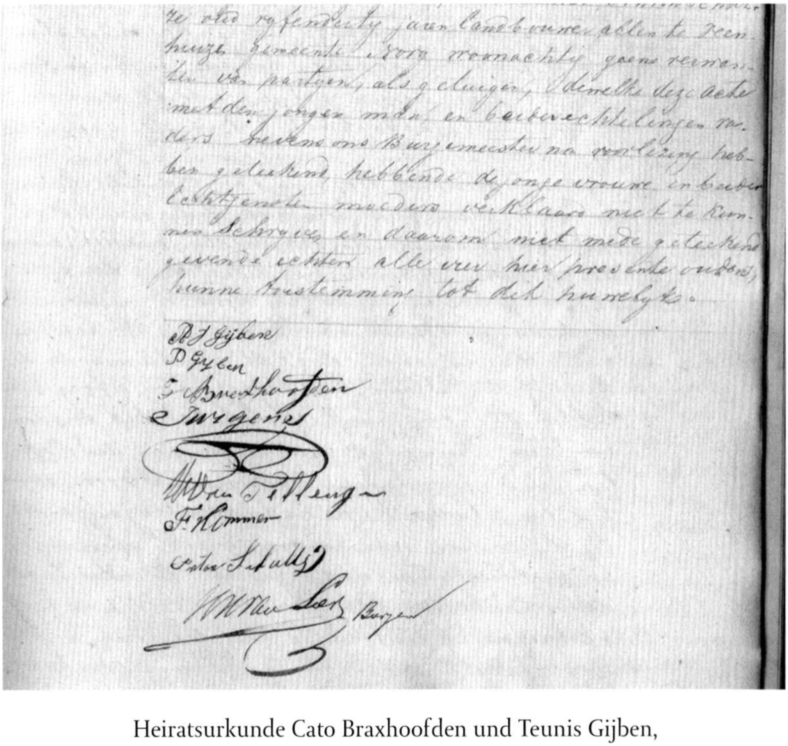

te oud vyfentwintig jaren landbouwer alle te Veenhuizen gemeente Norg woonachtig geene verwanten van partyen, als getuigen, dewelke deze acte met den jongen man en beider echtelingen vaders nevens ons Burgemeester na voorlezing hebben geteekend, hebbende de jonge vrouwe en beider echtgenoten moeders verklaard niet te kunnen schryven en daarom niet mede geteekend, gevende echter alle vier hier presente ouders hunne toestemming tot dit huwelyk.

A J Gijben
P Gijben
F Braxhoofden
Jurgens
W van Tilburg
F. Hommer
Pieter Schultz
H H van Lier Burgem

Heiratsurkunde Cato Braxhoofden und Teunis Gijben, Veenhuizen 1835.

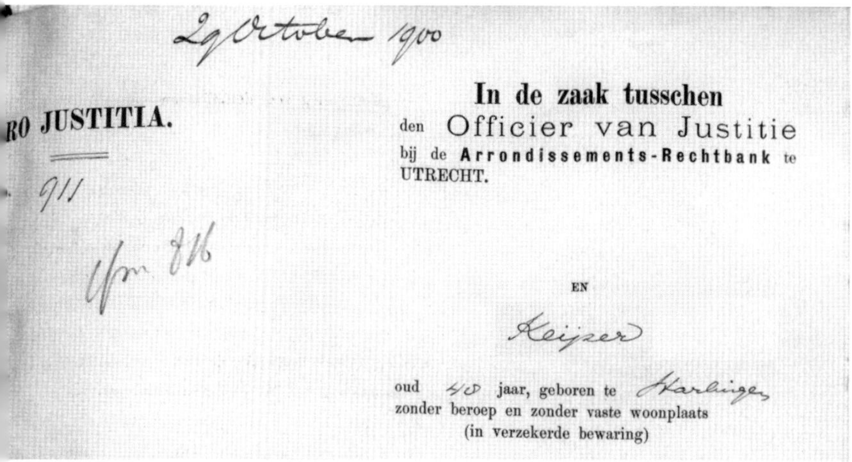

29 Octobre 1900

RO JUSTITIA.

911

In de zaak tusschen
den Officier van Justitie
bij de Arrondissements-Rechtbank te
UTRECHT.

EN

Keijzer

oud 48 jaar, geboren te Harlingen
zonder beroep en zonder vaste woonplaats
(in verzekerde bewaring)

Urteil Harmen Keijzers, zum ersten Mal verurteilt zu drei Jahren Haft in Veenhuizen, 1900.

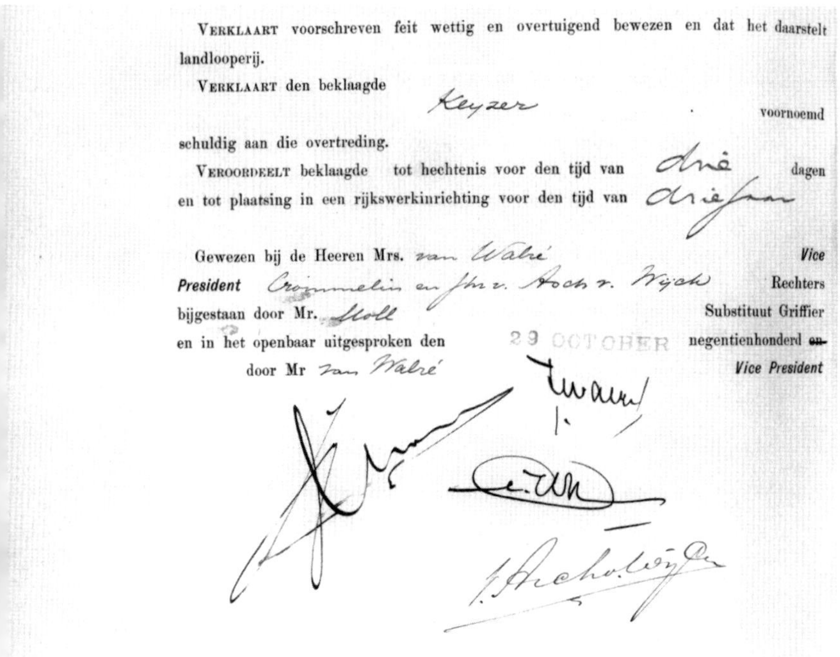

Verklaart voorschreven feit wettig en overtuigend bewezen en dat het daarstelt landlooperij.

Verklaart den beklaagde Keyzer voornoemd schuldig aan die overtreding.

Veroordeelt beklaagde tot hechtenis voor den tijd van drie dagen en tot plaatsing in een rijkswerkinrichting voor den tijd van drie jaar

Gewezen bij de Heeren Mrs. van Walré Vice President Crommelin en Jhr v. Asch v. Wijck Rechters bijgestaan door Mr. Moll Substituut Griffier en in het openbaar uitgesproken den 29 OCTOBER negentienhonderd en door Mr van Walré Vice President

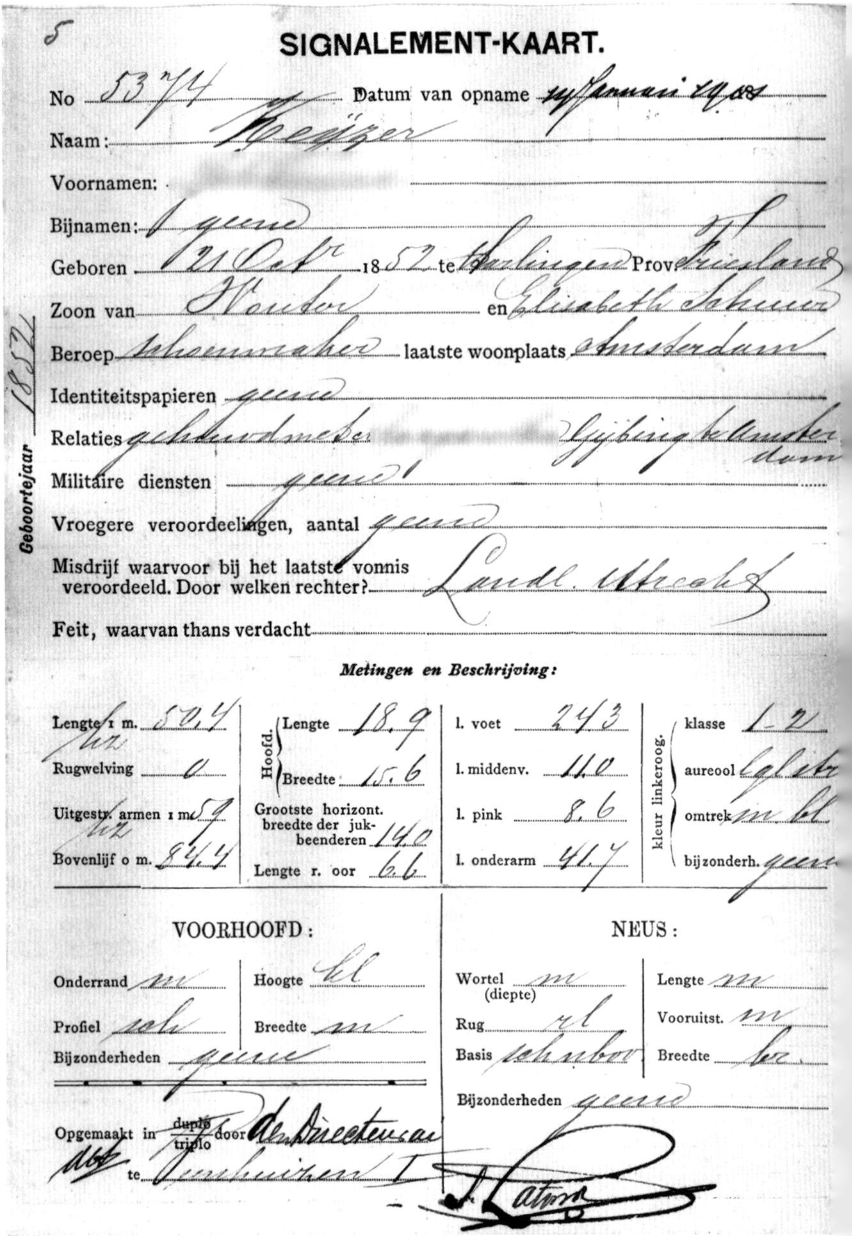
5

SIGNALEMENT-KAART.

No 5374 Datum van opname 19 Januari 1900

Naam: Keijzer

Voornamen:

Bijnamen: geene

Geboren 21 Octr 1852 te Harlingen Prov. Friesland

Zoon van Wouter en Elisabeth Schuur

Beroep schoenmaker laatste woonplaats Amsterdam

Identiteitspapieren geene

Relaties gehuwd met

Militaire diensten geene

Vroegere veroordeelingen, aantal geene

Misdrijf waarvoor bij het laatste vonnis veroordeeld. Door welken rechter? Landl. Utrecht

Feit, waarvan thans verdacht

Geboortejaar 1852

Metingen en Beschrijving:

Lengte 1 m. 50.4	Hoofd. Lengte 18.9	l. voet 24.3	kleur linkeroog. klasse 1-2
Rugwelving 0	Hoofd. Breedte 15.6	l. middenv. 11.0	aureool
Uitgestr. armen 1 m. 59	Grootste horizont. breedte der jukbeenderen 14.0	l. pink 8.6	omtrek
Bovenlijf o m. 84.4	Lengte r. oor 6.6	l. onderarm 41.7	bijzonderh. geene

VOORHOOFD:		NEUS:	
Onderrand m	Hoogte	Wortel (diepte) m	Lengte m
Profiel	Breedte m	Rug	Vooruitst. m
Bijzonderheden geene		Basis	Breedte
		Bijzonderheden geene	

Opgemaakt in duplo triplo door den Directeur van te Veenhuizen I

Personenbeschreibungskarte Harmen Keijzer, 1900.

MELDINGEN:

PLAATS TOT AANHECHTING VAN HET PORTRET.

(te nemen op 1/7 der ware grootte).

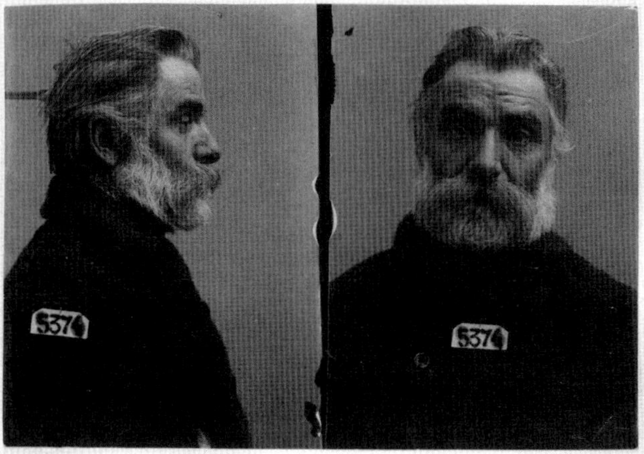

Rechteroor:

Rand	voor m	Lel	omtrek geg	Antitragus	richting	Vouw	beneden bol
	boven m		aanhechting m		profiel lgeg		boven
	achter kl		model m		buiging		
	opening open		grootte m		grootte m		

algemeene vorm ovaal stand of afwijking m

bijzonderheden geene

baard onknevel grijs

haar id

Gelaat	tint	schouderbreedte m	karakteristieke trekken.
	(pigment) kleur w	„ buiging	
	bloed	middel m	

Noten betreffende de meting; bijzondere teekens en litteekens:

Personenbeschreibungskarte Harmen Keijzer, 1900.

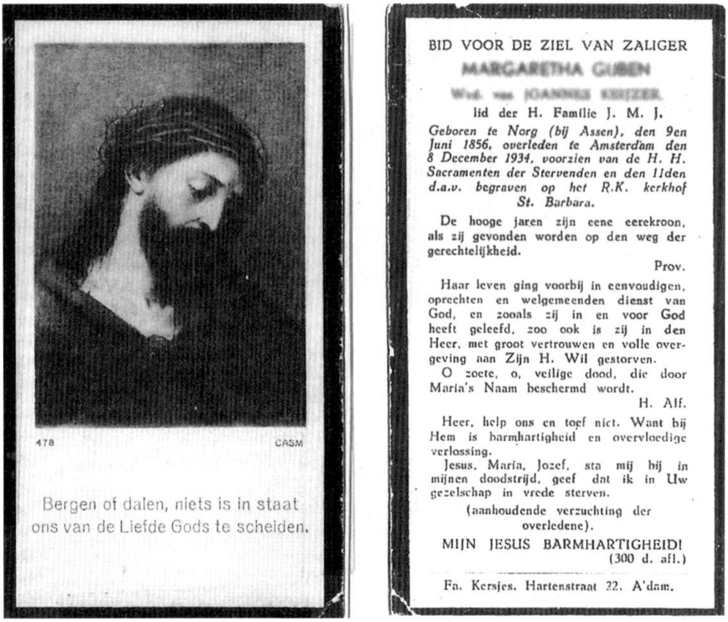

BID VOOR DE ZIEL VAN ZALIGER

[redacted]

lid der H. Familie J. M. J.

Geboren te Norg (bij Assen), den 9en Juni 1856, overleden te Amsterdam den 8 December 1934, voorzien van de H. H. Sacramenten der Stervenden en den 11den d.a.v. begraven op het R.K. kerkhof St. Barbara.

De hooge jaren zijn eene eerekroon, als zij gevonden worden op den weg der gerechtelijkheid.

Prov.

Haar leven ging voorbij in eenvoudigen, oprechten en welgemeenden dienst van God, en zooals zij in en voor God heeft geleefd, zoo ook is zij in den Heer, met groot vertrouwen en volle overgeving aan Zijn H. Wil gestorven.

O zoete, o, veilige dood, die door Maria's Naam beschermd wordt.

H. Alf.

Heer, help ons en toef niet. Want bij Hem is barmhartigheid en overvloedige verlossing.

Jesus, Maria, Jozef, sta mij bij in mijnen doodstrijd, geef dat ik in Uw gezelschap in vrede sterven.

(aanhoudende verzuchting der overledene).

MIJN JESUS BARMHARTIGHEID!

(300 d. afl.)

Fa. Kersjes. Hartenstraat 22. A'dam.

Totenbildchen Helena Gijben.

Helena Gijben in ihrer Wohnung an der Lauriergracht.

Goudsbloemgracht, zugeschüttet im Jahr 1857,
danach Willemsstraat.

Roza Keijzer, 16 Jahre alt,
am Tag des Klostereintritts.

Oude Looiersstraat, 1890.

Der Gute Hirte in Zoeterwoude.

Ein Dienstmädchen auf der Prinsengracht.

Amsterdamer Dienstmagd
in der damals üblichen Dienstbotenuniform.

Roza Keijzer, ca. 1915.

Roza Keijzer,
verlobt, ca. 1920.

Wouter Dingemans,
verlobt, ca. 1920.

Kobus Dingemans,
Vater von Wouter.

Wouter Dingemans (Mitte)
mit Vater und Geschwistern.

»Das große Waldprojekt«: Aushebung der Ruderbahn, 1936.

Stempelstelle in den Krisenjahren um 1930.

Kometensingel Gartendorf Oostzaan, im Bau, 1920.

Kirche im Haubarg an der Kometensingel, 1935.

anstalt ihre Türen schließen musste. Spricht man heute in Veenhuizen von Rinus de Vet, weiß jeder, dass er so etwas wie der Dorf-Opa war. Die Erwachsenen sprechen so liebevoll von ihm, als wäre er ein Familienmitglied, das ihnen noch das Angeln beibrachte. Viele erinnern sich daran, dass er dort, wo früher die Dritte Anstalt stand, Dahlien züchtete. Als er noch jung war, holte Rinus jeden Morgen die Kinder der Beamten mit Pferd und Wagen von zu Hause ab und brachte sie zur Schule. Er war auch der Kutscher des Direktors. Jedes Mal, wenn er nach drei Jahren entlassen wurde, hielt man ihm den Arbeitsplatz frei, denn es war klar, dass er bald wieder zurück sein würde. Aber nach dem Krieg konnte er seinen gewohnten Lebensstil, das Landstreicherdasein innerhalb der sicheren Grenzen Veenhuizens, nicht mehr fortsetzen. Seine Kameraden, die anderen Pfleglinge, wurden alt, und der wachsende Wohlstand ließ die Zahl der Landstreicher drastisch zurückgehen, es kam kaum noch einer nach Veenhuizen. Rinus de Vet war, als letzter Überlebender seiner Art, Zuschauer am Rand des Zustroms einer ganz anderen Sorte Häftlinge.

In die Anstalten in Drenthe, die als Vorläufer des modernen Strafvollzugs bereits den neuen Anforderungen entsprachen, wurden schon bald Kleinkriminelle gebracht – für die schweren Jungs waren sie noch nicht ausbruchsicher genug. Zuerst kamen die Wehrdienstverweigerer, die in Niederländisch-Ostindien nicht an den militärischen Expeditionen gegen die indonesischen Freiheitskämpfer teilnehmen wollten. Danach die Zeugen Jehovas, die aus Glaubensgründen die Armee mieden (»Du sollst nicht töten«) und sich in Veenhuizen so gut an alle Vorschriften und Regeln hielten, dass man sie nicht beaufsichtigen musste. In den Sechzigerjahren, als die langen Haare als Zeichen der Rebellion gegen die Armee langsam in Mode kamen, wurden diejenigen Wehrpflichtigen hierhergebracht, die sich den Befehlen von oben widersetzten. Und dann gab es noch die Kategorie »Hilversum 3«, eine Referenz an den Radiosender in Hilversum: Männer, die in angetrunkenem Zustand einen Autounfall verursachten hatten. Unter ihnen befanden sich zahlreiche berühmte Radio- und Fernsehmoderatoren, um deren Autogramme sich die Dorfkinder rissen.

Je höher die Mauern, je zahlreicher die Schlösser und je solider die Zäune, desto milder ging man in den Siebzigerjahren innerhalb dieser Grenzen mit den Häftlingen um. Ausgerechnet als die schweren Jungs in Veenhuizen Einzug hielten, schlug das Pendel in die »softe« Richtung aus. Man hatte nicht nur festgestellt, dass Erziehung und gesellschaftliche Stellung die Taten eines Menschen beeinflussten, sondern entschuldigte nun auch noch die aufgrund ihrer traurigen Kindheit verübten Verbrechen. Kriminelle durfte man nicht mehr hart anfassen. Eine Horde »Begegnungsbeamter«, die zu ihrer seelischen und moralischen Unterstützung auf sie losgelassen wurde, sollte die Verbrecher aus ihrem schlechten Milieu erretten.

In einer speziell für den alten Rinus, mit viel Einfühlungsvermögen abgehaltenen Gerichtsverhandlung, wurde er zum letzten Mal in seinem Leben verurteilt. Eigentlich gab es keinen strafbaren Grund, weswegen man den 81-Jährigen noch hätte verurteilen können, aber der Richter ließ sein Herz sprechen: Rinus durfte nochmals für drei Jahre und drei Monate in Veenhuizen bleiben, damit er sich bessern konnte.

Im Jahr 1973, nach genau hundertfünfzig Jahren, wurde die Reichsarbeitsanstalt geschlossen.

Zehn Jahre später, im Jahr 1983, befreite das Justizministerium Veenhuizen vom Status des abgeriegelten Dorfes. Nachdem die Anstalten in moderne Vollzugsanstalten umgewandelt und mit Bewachungskameras und hohen Zäunen ausgestattet worden waren, wurde der Rest des Dorfes nach und nach für die Öffentlichkeit zugänglich gemacht. Personen, die den Häftlingen einen Besuch abstatten wollten, mussten keine Bewilligung mehr einholen. Und die Gefängniswärter durften sich jetzt auch überall frei bewegen. Aus den Dienstwohnungen des Justizministeriums wurden normale Miethäuser, in denen jetzt »gewöhnliche« Menschen wohnten.

Dieses für die Niederlande einzigartige Fleckchen Erde verlor seinen speziellen Status als Justizvollzugsdorf; die zahlreichen Schilder »Zutritt verboten, Strafgesetzbuch Art. 461« ließ man hängen. Aus Desinteresse oder Nostalgie.

26

Die Kur

Sechs Jahre, nachdem sie sich zum ersten Mal in der Kirche De Liefde gesehen hatten, gaben sich Betsy und Chris das Ja-Wort. Das Hochzeitsfoto steht bei meinen Eltern noch immer auf dem Nachtschränkchen.

»Als Braut schritt ich mit vier Brautjungfern, die meine Schleppe trugen, denselben Kirchgang ab, durch den ich damals, in Tränen aufgelöst wegen Koos, rannte«, erzählt meine Mutter.

Die Stimmung am Küchentisch hat sich geändert. Die Erinnerungen, die jetzt zutage treten, sind viel rosiger.

»Weißt du noch, wie wir an die gekommen sind?« Mein Vater tickt gegen seinen Ehering. »Nach dem Krieg gab es kein Gold, und mein Vater schenkte mir ein paar Glieder seiner Uhrkette, die wir umschmelzen ließen.«

Meine Mutter war sich ein Leben lang bewusst, dass die Heirat für sie der Ausweg aus der Armut gewesen war.

»Von unseren ersten Ersparnissen haben wir uns eine Brottrommel gekauft, es kommt mir vor wie gestern.«

Trotz des Optimismus' der Wiederaufbaujahre machte sich Betsy Sorgen um ihre Eltern. Wouter fand schnell Arbeit: Morgens trug er für eine Bäckerei Brot aus und nachmittags arbeitete er beim Pfarrer in der Kirche De Liefde als Heizer. Aber: je höher die Einnahmen, desto höher die Schulden. Wouters Verhaltensmuster aus den Vorkriegsjahren wiederholte sich in seiner ganzen Schärfe. Wie Roza es befürchtete, begann ihr Mann wieder zu trinken. Und sobald Alkohol im Blut war, verschwand die Selbstkontrolle. Ein Schnäpschen genügte, um ihn in eine euphorische Stimmung zu versetzen. Danach gab er eine Runde nach der anderen aus und verteilte Almosen. An einem Sommertag im Jahr

1952 verprasste er auf einen Schlag dreihundert Gulden. Es war nicht das erste Mal, dass Wouter seiner Familie Schulden aufbürdete, aber jetzt brachte er das Fass zum Überlaufen. Roza war so wütend und verzweifelt, dass sie einen Entschluss fasste: Sie musste Wouter vom Trinken abbringen.

Seit Kurzem gab es ein Mittel gegen Alkoholismus. Eine Kur, in der man etwas verabreicht bekam, wodurch man beim kleinsten Schluck Alkohol furchtbar krank wurde und danach nie wieder zur Flasche griff. Roza ging zu Betsy und Chris, die inzwischen drei kleine Mädchen hatten, wo sie darüber nachdachten, wie man Wouter zu dieser Kur überreden konnte. Das Einzige, worauf er noch weniger verzichten konnte als auf Alkohol, war seine Frau. Deshalb sagte Chris zu seiner Schwiegermutter: »Dann zieh doch zu uns!« Das war kein Problem. Chris arbeitete als Büroangestellter und konnte problemlos die Miete für ein Mansarden-Zimmer bezahlen. Wenn die Kleinen etwas näher zusammenrücken würden, gäbe es genügend Platz für Roza.

Meine Großmutter nahm das Angebot an. Auf dem Küchentisch in der Potgieterstraat hinterließ sie einen Zettel mit der Nachricht, dass sie nur zurückkommen würde, wenn Wouter in die Klinik gehe. Tags drauf erhöhte der Pfarrer den Druck auf Wouter, indem er seinen Heizer fristlos entließ – als steckte er mit Roza unter einem Hut. Er hatte genug von diesem Alkoholiker in seiner Kirche, der zudem nicht einmal, so wie es sich gehört, mit seiner Frau zusammenwohnt. Als Wouter endlich begriff, was sich abspielte, brach er zusammen. Er verlor sein Haus, seine Arbeit und seine Frau. Zuerst kehrte er bei seiner ältesten Tochter Lenie und ihrem Mann ein, wo er sich ein paar Klare hinter die Binde kippte. Anschließend machte er sich auf die Suche nach seiner Frau.

Meine Mutter kann sich noch gut daran erinnern, dass Wouter schon kurz danach bei ihnen vor der Tür stand. Noch nie zuvor sah sie ihren Vater so hilflos und angegriffen. Er flehte Roza an, mit ihm nach Hause zu gehen und er versprach ihr hoch und heilig, nie mehr Geld zu verschenken oder auch nur einen

Tropfen Alkohol anzurühren. Aber Roza ließ sich nicht beirren. Nach einigen Tagen gab Wouter nach: Er meldete sich für eine Entziehungskur bei der Valeriusklinik an.

Refusal hieß das neue Mittel, das kurz nach dem Krieg als Medizin gegen Alkoholismus registriert wurde. Es war eine Rosskur, aber wahrscheinlich gerade deshalb so beliebt. Diese einfache Kur in der Valeriusklinik sollte Wouter, nach fast einem halben Jahrhundert, von seiner Alkoholsucht erlösen. Zuerst musste Wouter seinen Körper einige Tage entgiften, danach wurde ihm das Wundermittel verabreicht. Anschließend wollten die Ärzte sehen, ob die Kur bei ihm anschlug und gaben ihm ein Gläschen »Test-Genever« zu trinken. Der Test verlief positiv: Wouter lag zwei Tage lang todkrank im Bett. Nachdem er sich erholt hatte, und die Ärzte keinen Grund mehr sahen, ihn in der Klinik zu behalten, wurde er entlassen. Mit einer Schachtel Pillen – »1-mal täglich eine Tablette« – stand er zwei Wochen später wieder auf der Straße.

Nachdem sein Alkoholproblem gelöst war, meldete er sich am nächsten Tag gleich beim Bäcker, um in seinem Viertel das Brot wieder auszutragen. Er ging auch aufs Fürsorgeamt, wo er Beschwerde gegen die fristlose Entlassung durch den Pfarrer einreichte. Obwohl alles wieder wie früher und Roza wieder zu Hause war, fühlte sich Wouter verloren. Was sollte er jetzt mit seinem Leben anfangen? Er streunte durch die Straßen und beobachtete durch die Fenster das Treiben in den Kneipen. Ihm war, als würde er von unsichtbarer Hand umhergeschoben. Bis bei ihm eines Tages die Sicherungen durchbrannten. Plötzlich fühlte er sich nur noch von Feinden umgeben. Und zu Hause musste die ganze Familie mitansehen, wie er sich die Kleider vom Leib riss. Wie ein Verrückter rannte er in der Wohnung hin und her und befahl allen, niederzuknien und zu beten. Danach schrie er, sie sollten allesamt aus dem Haus verschwinden. Roza war zu Tode erschrocken und lief so schnell sie konnte zum Doktor. Der ließ einen Krankenwagen kommen, mit dem Wouter in eine Nervenheilanstalt gebracht wurde.

Meine Mutter kann mir nicht erzählen, was ihrem Vater damals fehlte. »Eine Überreaktion auf die Entziehungskur«, sagte sie, »so habe ich das immer verstanden.«

Aber in den Papieren des Fürsorgeamts steht, dass er ein ganzes Jahr lang in der Psychiatrie verbrachte. Zuerst im Amsterdamer Pavilion III, danach in der St. Willibrordus-Stiftung in Heiloo, bei den Brüdern von Unserer Lieben Frau von Lourdes. Die St. Willibrordus-Stiftung galt damals als sehr fortschrittlich, da dort bereits vor Kriegsausbruch Patienten mit Elektroschock behandelt, und mit der Insulinschocktherapie täglich Patienten für ein paar Stunden in ein künstliches Koma versetzt wurden. Im krassen Gegensatz zu den Patienten, die um die Jahrhundertwende als Psychopathen in den Veenhuizener Anstalten für Geisteskranke hinter dicken Mauern und Wäldern dahinvegetieren mussten. In Heiloo war man der Ansicht, dass eine normale Umgebung, umringt von lieblichen Gärten, für Geisteskranke viel besser sei.

Als Wouter in den Fünfzigerjahren in Heiloo war, nahm die Psychoanalyse ihren Aufschwung. Es war für die Brüder nicht leicht, die neue »Sprechtherapie« von Freud, in der unterdrückte sexuelle Verlangen eine Schlüsselrolle spielten, in Einklang mit der katholischen Sittenlehre zu bringen. Aber die Brüder gingen der lästigen Diskussion nicht aus dem Weg. Während Wouters Aufenthalt experimentierten sie sowohl mit der Individual- und Gruppentherapie als auch mit der Arbeits- und Bewegungstherapie. Und sogar mit Fingerfarben. Manchmal war es einer Gruppe Patienten erlaubt, unter Begleitung im Dorf eine Tasse Tee zu trinken. Das war die Soziotherapie.

Ich habe nicht erwartet, dass der Medizinische Direktor des heutigen psychiatrischen Zentrum GGZ Willibrord mir ohne Weiteres Einsicht in die Krankengeschichte meines Großvaters gewähren würde. In einem Zimmer im Stil der Dreißigerjahre, es ist dieselbe Klinik, in der Wouter Monate zubrachte, erzählt mir der Psychiater, dass mein Großvater heutzutage nicht mehr hier aufgenommen würde. So schlimm sei es um ihn nicht bestellt gewesen. Aber trotzdem war er nicht grundlos in der Anstalt.

Nach dem Tod seiner Mutter zog es Wouter auf die Straße. Er lernte deshalb nie, mit anderen normal umzugehen, und die Welt blieb für ihn ein furchterregender und unbegreiflicher Ort. Der Psychiater erklärt mir, dass jemand wie mein Großvater Regelmaß und Anerkennung brauchte. Wenn diese Strukturen wegfielen, geriet er in eine solch hohe psychische Not, dass er seinen Ängsten nur durch übermäßigen Alkoholkonsum Herr werden konnte. Auf diese Weise schlug er sich fast fünfzig Jahre lang durchs Leben. Deshalb wundert es mich nicht, dass Wouter nach einer derart abrupten Entziehungskur nicht mehr wusste, was er mit sich anfangen sollte: Den einzigen – wenn auch fragwürdigen – Boden unter seinen Füßen hatte man ihm weggezogen. Wouter wurde in Heiloo auf Glorieux B untergebracht, der Beobachtungsabteilung für Neurotiker. Seine Behandlung bestand aus Ruhe und Regelmaß und der neuen Arbeitstherapie.

Während ich dem Psychiater zuhöre, kommt es mir vor, als erzähle er auch die Geschichte meines Urgroßvaters Harmen, der als kleiner Junge ebenfalls auf sich selbst gestellt war. Vor hundert Jahren sah Pfarrer de Graaf in Veenhuizen im durchschnittlichen Landstreicher einen labilen Mann, der eine Kindheit ohne Familienbindung hinter sich hatte und der vor dem Alltag in den Alkohol oder auf die Straße flüchtete. Der inhärente Drang eines solchen Mannes, immer wieder freiwillig das sichere, regelmäßige Leben in den Anstalten aufzusuchen, passte in dieses Schema. Allem Anschein nach suchte sich Roza unbewusst einen Ehemann aus, der aus dem gleichen Holz geschnitzt war wie ihr Vater.

Der Unterschied zu damals lag im Ideenwandel, den die gesellschaftlichen Veränderungen mit sich brachten. Deshalb sah man Wouter, anders als Harmen damals, als Patienten, und Roza musste keine Wohnungsräumung mehr fürchten. Den Idealen der Nachkriegszeit zufolge konnte man Kranke, Arbeitslose und alte Leute nicht mehr länger ihrem Schicksal überlassen. Deshalb konstruierte die Regierung ein Fangnetz für diejenigen, die ohne eigenes Verschulden in Armut zu verfallen drohten.

Der Sozialstaat nahm langsam Form an. Ihm lag das Notgesetz von »Väterchen Drees« aus dem Jahr 1947 zugrunde, der für jeden über fünfundsechzig dem Minister eine bescheidene Pension forderte. Einfach so. Und ohne Aufseherin, die kontrollierte, ob man anständig genug war. Im Jahr 1949 wurde das Arbeitslosengesetz verabschiedet, dann das Witwen- und Waisengesetz, danach das Allgemeine Sozialhilfegesetz und das Erwerbsunfähigkeitsgesetz. Jeder, der durch höhere Macht arbeitslos war, sollte durch einen Grundbetrag vor der Verelendung geschützt werden. Aber das Wichtigste an diesen neuen Gesetzen war: Sie waren nicht länger eine Gunst, für die man auf die Knie sinken musste, sondern ein gutes Recht.

Aus der Unterstützungsakte der Familie Dingemans aus den Fünfzigerjahren ist dieser Umschlag klar ersichtlich. Der Ton war nicht länger moralisierend, sondern sachlich. Die Beamten beschrieben meinen Großvater nicht länger als »Taugenichts«, der es darauf angelegt hatte, »seiner Frau das Leben schwer zu machen«, sondern als »Partei«, die sich in einem Wirrwarr an Vorschriften verfing.

Der Punkt war, dass Wouter durch den Rausschmiss des Pastors arbeitslos geworden war und dagegen Beschwerde einlegte. Er fand es ungerecht, dass man ihn entließ, bloß weil er für eine Weile nicht mit seiner Frau unter demselben Dach lebte – so hat er die Sache verstanden. Der Pastor jedoch konterte, dass es ebenso an seinem Alkoholgebrauch gelegen habe. Wodurch Wouter »arbeitslos durch Schuld« wurde und nach dem neuen Gesetz keinen Anspruch auf Arbeitslosengeld hatte:

> Kann nicht an die Berufsgenossenschaft weitergeleitet werden, da er fristlos entlassen wurde und mit der Entlassung nicht einverstanden ist.

Die Angelegenheit würde »untersucht«, und bis dann wusste keiner so richtig, was man mit ihm anfangen sollte. Die Stelle in der Bäckerei erwies sich als erschwerender Faktor, da mein Großvater dadurch nicht völlig arbeitslos war. Außerdem konnte er seinen Brotkarren im Moment nicht herumschieben, da er in der Psychatrie saß.

> Die Bäckerei Brons hat die Krankenhausaufnahme bereits ihrer Berufsgenossenschaft für das Krankenversicherungsgesetz gemeldet, jedoch noch keinen Bericht erhalten.

Die Beamten waren ratlos. Welche Instanz war für die Sozialhilfezahlungen meines Großvaters zuständig? Sie tauschten Notizen aus: »Eine seltsame Geschichte.« Und: »Möchten Sie diesen Fall nicht mit dem Gemeinschaftlichen Verwaltungsamt besprechen?« Und inzwischen musste sich meine Großmutter immer wieder am Schalter des Fürsorgeamts anstellen und um Nothilfe betteln.

Ihre Lage erinnerte mich an eine Situation, in der ich Mitte der Achtzigerjahre als Zeitarbeitskraft beim Fürsorgeamt verwickelt war und wofür ich mich heute noch schäme. Als Zwanzigjährige arbeitete ich als Kalkulatorin auf einer Abteilung mit arbeitslosen Lehrern, Historikern mit Uniabschluss, einem arbeitsunfähigen Kneipenwirt, einem wegrationalisierten Buchhalter und einer schwangeren Physiotherapeutin zusammen. Das war Arbeitsbeschaffung in den Achtzigern. Tagein tagaus arbeiteten wir uns durch mit Notizen der Fürsorgebeamten versehene Aktenberge, die wir für die Lochkarten-Typistinnen in Nummerncodes umsetzten. Anschließend berechnete ein Computer aufgrund der gestanzten Löcher die Summe, die den Menschen aus den Akten aufs Bankkonto überwiesen werden sollte, und die wir nie zu Gesicht bekamen. Schon seit einiger Zeit lag die grüne Akte einer gewissen Familie Kahn auf meinem Schreibtisch, mit der ich mir keinen Rat wusste. Immer wieder legte ich sie zur Seite, obwohl ich tief in mir drin fühlte, dass es meine Schuld war, wenn die Familie Kahn jeden Monat wieder in einer unsicheren Lage war.

Meine Großeltern mussten damals eineinhalb Jahre auf einen

Beschluss warten. Die ganze Episode umfasste 44 Seiten der Unterstützungsakte. »Fall in Behandlung!« notierte ein Beamter endlich.

Auf den Tag genau ein Jahr nachdem die Krankenpfleger Wouter in die Psychatrie brachten, kehrte er nach Hause zurück. Nicht weil er von den Ärzten als geheilt entlassen wurde, sondern weil er jetzt kein Krankengeld mehr bekam. Der Sozialstaat steckte noch in den Kinderschuhen: War man länger als ein Jahr krank, dann musste man wieder beim Fürsorgeamt anklopfen, und das konnte man nur, wenn man fürs Arbeitsamt verfügbar war.

Die Brüder in Heiloo erklärten Roza mit Nachdruck, dass es für Wouters Gesundheit wichtig sei, dass er so schnell wie möglich wieder arbeite. Aus der Krankengeschichte, die mir der Psychiater zu lesen gab, geht hervor, dass sie sich Sorgen um die Zukunft meines Großvaters machte. Da stand: »Prognosen nicht sehr günstig.«

Dessen ungeachtet nahm Wouters Schicksal von diesem Moment an eine glückliche Wendung. Dank Rozas Notmittel Refusal – und Wouters Abstecher nach Heiloo – brachten beide nach der einjährigen Eheauszeit ihre Beziehung wieder ins Lot.

Nachdem die Kinder aus dem Haus waren, musste Wouter für Roza sorgen, wenn sie krank war. Und das kam immer öfter vor. Mein Großvater widmete sich ihr mit Hingabe. Diese Aufgabe gab ihm den Halt, den er so sehr brauchte. Er ging Einkaufen oder zur Apotheke. War das Wartezimmer beim Arzt übervoll, dann konnte er die Sprechstundenhilfe immer mit einem Augenzwinkern davon überzeugen, dass Roza schneller hereingerufen werden musste, worüber diese sich wieder freute. Wouter fühlte sich geliebt und geschätzt und fand in seinem dreiundsechzigsten Lebensjahr noch eine Arbeit, die ihm wie auf den Leib geschneidert war: Er wurde Hausmeister in einer Haushaltschule, in der er bis zu seinem Siebzigsten blieb. Erst danach profitierte er vom neuen Pensionsgesetz von »Väterchen Drees«.

Meine Mutter konnte sich noch gut daran erinnern, wie groß

die Freude ihrer Eltern war, als sie sich zum ersten Mal in ihrem Leben Ferien leisten konnten.

»Sie waren eine Woche lang in einer Pension, in der sie sich um nichts zu kümmern brauchten. Es wurde für sie gekocht und so. Daran mussten sie sich erst gewöhnen.«

Dann gingen Roza und Wouter halt spazieren, und das fanden sie auch ganz wunderbar. Ich frage meine Mutter, ob sie noch wisse, wo das war.

»Irgendwo in Drenthe«, sagt sie, »in einem kleinen Dorf, Bakkeveen, oder so ähnlich.«

Zu dritt suchen wir auf der Landkarte nach Bakkeveen und stellen erstaunt fest: Um Haaresbreite – nur wenige Kilometer Luftlinie entfernt – hätten Roza und Wouter ihre ersten Ferien in Veenhuizen verbracht.

Veenhuizen
(bei Norg)

27

Die Vierte Anstalt

Vor dem Bahnhof in Assen warten Menschen in Grüppchen. Sie mustern sich gegenseitig mit flüchtigen Blicken. Einige wärmen sich an einem Becher Tee, andere essen ein Mandelgebäck und halten es an der Tüte fest, damit ihre Finger nicht fettig werden. Die wenigen Worte, die sie miteinander wechseln, klingen etwas zu laut. Ich komme mir vor wie in der Warteschlange vor der Achterbahn. Als der Ganovenbus vorfährt, wird das Stimmengewirr wieder lauter. Der Chauffeur steigt aus und beginnt mit dem Vorlesen der Präsenzliste, wie beim Appell. Wer seinen Namen hört, darf in den Bus. Die Sitzbänke im Bus sind schmal und marode und die Besucher streichen vor dem Hinsetzen ihre langen Mäntel glatt, damit sie nicht zerknittern. Der Wind weht durch die Ritzen in den Fahrgastraum. Jeder weiß, dass auf diesen Bänken einst richtige Verbrecher saßen.

Stotternd setzt sich der antiquierte Bus in Bewegung und fährt uns zur offiziellen Eröffnung des Nationalen Gefängnismuseums. In weniger als drei Jahren nach meinem ersten Besuch in Veenhuizen wurde die ehemalige Zweite Anstalt, in der Harmen und tausende andere in ihren Hängematten und Schlafkojen wohnten, in eine Touristenattraktion mit kulturellem Anspruch verwandelt. Die leichte Unruhe unter den Besuchern, dass der Plan des Projektleiters gelungen ist: Die unheimliche Atmosphäre, die fünf richtige Gefängnisse ausstrahlen, macht den Ort umso attraktiver.

Ich bitte den Bus-Chauffeur, mich früher aussteigen zu lassen, da ich in Veenhuizen noch etwas zu erledigen habe, das ich schon lange vor mir herschob. Der Weg von der Bushaltestelle bis zur äußersten Grenze der ehemaligen Kolonie ist weit. In der Nähe des Grenzwächterhäuschens, dort, wo der gepflasterte Weg in einen Sandweg übergeht, liegt zwischen Bäumen versteckt, die Vierte Anstalt.

In verschiedenen Texten über die damalige Gesellschaft für Wohltätigkeit las ich, dass Die Vierte immer geheimnisumwittert war. Der einzige Karren, der zum Friedhof fuhr, zog vor Sonnenaufgang los. Seine Räder waren mit Lumpen umwickelt, damit ihr Gerassel die Leute nicht erschreckte. Die Fahrer waren Freiwillige, denen man zur Belohnung einen Schnaps versprach. Für die übrigen Kolonisten war Die Vierte verbotenes Terrain.

Auch heute noch ist hier kein Mensch. Ich nehme einen tiefen Atemzug frischer Waldluft und begebe mich in die Stille. Rechts und links des schmalen Pfads, der mitten durch den frisch gemähten Rasen führt, stehen zwei Trauerweiden. Ganz hinten Reihen weißer Betonkreuze. Plötzlich bleibt mein Blick an den Grabplatten hängen. Es sind schöne, verwitterte Steine, die mir alle die Geschichte Veenhuizens erzählen. Ich sehe eine kleine ovale, mit blumenranken verzierte Steinplatte eines nur wenige Monate alten Babys. Und die schmucklose Grabplatte eines Oberleutnants zur See, der an der Schwindsucht starb. Das Andenken an Kapitän Thonhäuser, der das Amt des »Betreuers der Familien ehemaliger Armeeangehöriger und Leiter der Veteranenkompanie« innehatte, wird mithilfe eines steinernen Kranzes in Ehren gehalten. Er starb im Jahr 1845, ein Jahr nach dem Tod seines Untergebenen Tobias Braxhoofden. Aber Tobias' Grab kann ich nirgendwo finden.

Auf dem Informationsbrett neben dem Friedhofseingang hängen wasserdicht verpackte, mit Reißzwecken befestigte DIN-A4-Blätter. Auf ihnen steht, dass die Kolonisten dem Friedhof den spöttischen Beinamen »Die Vierte Anstalt« gaben. Der Überlieferung zufolge kam unweigerlich hierher, wer einmal im Krankenhaus – zwischen den Wäscheleinen mit nassen Laken – lag. Es war den Angehörigen nicht erlaubt, von ihren Lieben Abschied zu nehmen, und sogar bei der Beerdigung waren Verwandte oder Freunde nicht willkommen: In Veenhuizen war der Tod ein Tabu.

Doch strahlen die Grabsteine eher Zärtlichkeit aus als Verschleierung. Allerdings wurde in den Drenther Kolonien mit zwei verschiedenen Maßstäben gemessen: Unter den Grabplatten lagen nur Beamte und Militärveteranen, ab Offiziersrang. Für sie war der letzte Abschied kein Tabu. Nach 1875 begrub man die sterblichen Überreste der Pfleglinge in Doppelgräber, auf denen nummerierte Betonkreuze errichtet wurden. Anonym – um der Familie keine Schande zu machen. Seit einiger Zeit sucht eine Gruppe Dorfbewohner in den Archiven nach den Namen der Toten: Ab und an hängt an einem Kreuz ein schwarzes Kärtchen mit Name und Sterbedatum.

In den ersten fünfzig Jahren, als Tobias und Christina, Cato und Teunis, Helena und ihre Geschwister in den Kasernen des Johannes van den Bosch lebten, wurden alle Kolonisten, alle Familien in den Arbeiterhäusern und auch die Veteranenfamilien kollektiv beerdigt. Unter diesen Rasenflächen mit den zwei Trauerweiden liegen auf der einen Seite des schmalen Weges die Protestanten, auf der anderen die Katholiken. Auf der Info-Tafel steht, dass die sterblichen Überreste von elftausendzweihundertfünfundachtzig unbekannten Menschen, von denen zweitausenddreihundertvierundsechzig der Cholera zum Opfer fielen, in Jutesäcke verpackt und ohne jegliches Zeremoniell in die Grube geworfen wurden.

Ich versuche einen klaren Kopf zu behalten, auch wenn mir die Erkenntnis, dass der Standesunterschied hier bis in den Tod eine Rolle spielte, schwer zusetzt. Es will mir nicht in den Kopf: Warum durfte Cato ihre Säuglinge nicht beerdigen, oder ihren zweiundzwanzigjährigen Sohn? Ich folge dem schmalen Weg, der die Protestanten von den Katholiken trennt. Mich überfällt Traurigkeit. Das ist also die Stelle, an der sie ihre letzte Ruhe fanden. Säuglinge, Kleinkinder, ältere Kinder und all die anderen, die ich meine Ahnen nenne. Unter diesem Rasen liegen sechzehn Blutsverwandte. Ich tue so, als wäre ich Cato, und versuche nachzuholen, was man ihr verweigerte: Ich gedenke derer, die ihr lieb waren. Während ich so dastehe, und versuche, mich in sie hineinzuversetzen, verstehe ich, was ihr Glaubenswechsel für Folgen hatte. Links des Weges, in der geweihten Erde der Katholiken, liegen ihr Mann, ihre Kinder, ihre Schwiegereltern, Cousins und Cousinen. Rechts, bei den Protestanten, ihr Vater und ihre Geschwister. Die Trauerweiden breiten ihre Äste schützend über sie aus. Auf welcher Seite hätte sich Cato zu Hause gefühlt?

Nach einer letzten Runde durch den Friedhof schließe ich hinter mir das Tor und mache mich auf den Weg zur Museumseröffnung. Ich gehe zwischen Feldern, die meine Ahnen urbar gemacht haben, und denke dabei an meine Familie, die es geschafft hat, die Kette der Armut zu sprengen. Meine Großmutter zeigte Mut, indem sie ihre älteste Tochter in die Realschule schickte, und meine Mutter heiratete einen Mann, dem sie vertrauen konnte. Aber ohne die mentale Emanzipation meiner Familie, die sich aus meiner Sicht vollzog, als ich in der letzten Klasse der Grundschule war, wäre diese Kette heute noch ganz.

Ich besuchte die katholische Grundschule in Stadtteil Amsterdam-West. Meine Eltern wohnten hier mit ihren vier Töchtern in einem Nachkriegsviertel über einer Bäckerei, als ich im Jahr 1964 als fünftes Kind zur Welt kam. Nicht lange bevor ich in die Schule kam, führte man gemischte Klassen ein. Die Nonnen und Brüder legten ihr Habit ab und unterrichteten fortan in normalen Kleidern als »Fräulein« oder »Herr Lehrer«. Im Jahr 1977, als ich zwölf war, wurde der mehr oder weniger objektive und leistungsorientierte Cito-Test eingeführt, der am Ende der Grundschule darüber Auskunft geben sollte, welcher Folgeunterricht für die Schüler infrage käme. Er war eines der neuen Instrumente, die dazu dienten, mit den alteingesessenen Vorurteilen der Ständegesellschaft zu brechen. Mein Cito-Testergebnis war eindeutig: Gymnasium. Die Lehrerin war davon nicht beeindruckt und sagte meinen Eltern, ich sei ein »typisches Realschulkind«, und sie sollten mich in der katholischen Realschule im Viertel anmelden, die wäre genau das Richtige für mich.

Das war für meine Eltern nach den vier Testergebnissen meiner Schwestern nichts Neues. Und viermal haben sie widerspruchslos das getan, was die Schule von ihnen verlangte. Eine Schwester nach der anderen wurde trotz der guten Noten in die Realschule geschickt.

Für Mädchen aus unserem Milieu kam ein voruniversitärerer Bildungsgang einfach nicht infrage – das war in den Sechzigerjahren ganz normal. Aber als meine Eltern sahen, dass es meine Schwestern über Umwege doch an die Uni schafften, kamen ihnen Zweifel an der Richtigkeit der Empfehlung der Lehrerin. Nachdem sie sich gründlich über alle Schulungsmöglichkeiten informiert hatten, brachen sie mit der Tradition: Sie schickten mich ins Gymnasium – wenn auch in ein katholisches. Das war der entscheidende Moment, in dem sie das Joch der Armut, unter dem die Familie seit Generationen gebückt ging, endgültig abschüttelten.

Ich schaffe es gerade noch rechtzeitig zur Eröffnung des Gefängnismuseums. Die ehemalige Zweite Anstalt war außen nur leicht renoviert worden, auffällig sind die frisch gestrichenen Gitterstäbe. Am Eingang stehen breitschultrige Männer in Schwarz – ob zu unserem Schutz oder zu unserer Überwachung, das kann ich nicht sagen. Vor hundert Jahren war der rollstuhlfreundliche Zugang mit den modernen Garderoben die Pforte, durch die Harmen täglich ging. Anstelle der stinkenden Toilettenkübel gab es jetzt einem Toilettenraum mit edlen Edelstahl-WCs. Die Damen rücken sich ihre Frisur zurecht und ziehen sich die Lippen nach. Sie sind für mich an diesem früheren Ort für lästiges Gesindel genauso fehl am Platz wie die Herren in ihren Hugo-Boss-Anzügen. Aber ich bin scheinbar die Einzige, die das so empfindet.

Im Empfangssaal ist die Zweiteilung der Anstalt – Innenseite, Außenseite – dank der Tragbalken noch gut sichtbar. Zwischenwände und Zimmerdecken, die Beklemmung verursachten, wurden entfernt, stattdessen herrscht ein Gefühl angenehmer Räumlichkeit. Stolz verkündet der Museumsdirektor, dass die vollzählige Abteilungsspitze des Strafvollzugsdienstes anwesend ist. Nur von Minister Donner kam in letzter Minute eine Absage, weil er zum soundsovielsten Mal vor dem Parlament Rechenschaft ablegen muss, weshalb schon wieder ein Häftling flüchten konnte.

Während ein Redner nach dem anderen spricht, lasse ich meinen Blick übers Publikum schweifen. Tja, hier sitzen wir dann: ein ganzer Saal voller anständiger Damen und Herren, die sich nie im Leben mit Landstreichern abgeben würden. Andächtig hören sie den Rednern zu, die über die »internationale Ausstrahlung« des Museums sprechen (ich muss an die ausländischen Besucher in der Gesellschaft für Wohltätigkeit denken) und den Versuch, Veenhuizen ins Blickfeld zu rücken (die Ideen des Projektleiters werden bewahrheiteten sich alle), sprechen. Obwohl meine Ahnen zwischen diesen Mauern lebten, gehöre ich zweifellos einer anderen Gesellschaftsschicht an. Mich und die anderen Gäste trennen Welten von den damaligen Armen, ebenso wie von den heutigen Inhaftierten, die in Veenhuizen ihre Strafe verbüßen und dem Museum als Kulisse dienen.

Das Museum wird durch den Fingerabdruck der höchsten Justizbeamtin eröffnet, auf der eigens zu diesem Zweck herbeigebrachten Identifikations-Säule. Auf dem Innenhof ertönt plötzlich die Musik einer Dixieland-Band, die Weingläser zirkulieren. Einige der geladenen Gäste sehen sich die Ausstellung an.

In der Abteilung zur Geschichte Veenhuizens sehe ich das Modell der Zweiten Anstalt wieder. Der Objektbeschreibung entnehme ich, dass ein Pflegling dieses Modell zu der Zeit anfertigte, als auch mein Urgroßvater in der Anstalt war. Weiter hinten werden Produkte aus der Schmiede und der Schusterwerkstatt ausgestellt, an denen möglicherweise auch mein Urgroßvater gearbeitet hat. Plötzlich bleibe ich – wie gebannt – vor sechs aneinandergereihten, aus weißem Bandstahl geflochtenen Schlafkojen stehen. 90 Zentimeter breit, 1 Meter 85 lang. Sie stehen genauso dicht nebeneinander wie in den Schlafsälen, in denen damals hundertzwanzig Pfleglinge untergebracht waren. Sie sehen noch kleiner aus als bei meinem ersten Besuch in Veenhuizen, bei dem ich nur eine einzelne Koje sah. Eine der Türen stand einladend offen. Während ich mir die Koje genauer ansehe, nähern sich mir zwei Damen. Mit ihrer lauten Diskussion über die Projekt- und Programmbeschreibung übertönen sie sogar das Klappern ihrer hohen Absätze.

»Ach, wie süß«, entfällt es einer der Damen, die auf die Kojen blickt. »Schau mal, die waren sicher für kleine Verbrecher.«

Ich hätte ihnen gern ins Gesicht gesagt, wie sehr sie danebenliegen, steige aber stattdessen, als unbemerktes Statement, selbst in die Koje. Eigentlich ist es hier drin erstaunlich angenehm. Ich fühle mich sicher, als wäre ich auf einer Insel, an einem Ort, an dem mir niemand etwas anhaben kann.

Danksagung

2006 strahlte der Evangelische Rundfunk eine unglaubliche Sendung aus, in der die Präsentatorin einen Obdachlosen von der Straße aufliest. »Er hat noch keine Ahnung, dass ich sein Leben vollständig auf den Kopf stellen werde«, sagt sie aufgeregt, bevor sie auf einen Straßenzeitungs-Verkäufer zugeht. Sie bittet ihn um eine Woche seines Lebens und nimmt ihn in einer Stretch-Limousine mit in ein teures Hotel, in dem sie, ebenso enthusiastisch, durch die Badezimmertür ruft: »Und, wie ist die Dusche?« Der Mann, der seit eineinhalb Jahren auf der Straße lebt, wird anschließend in ein großes Badetuch gewickelt und von einer Stylistin gemustert, die ihm ein neues Outfit verpassen wird.

Veenhuizen ist heute keine Umerziehungsanstalt mehr, aber wenn ich den Fernseher einschalte oder eine Zeitung aufschlage, bekomme ich den Eindruck, als hätte sich nichts verändert.

»Amsterdamer Polizeipräsident will Landstreicherei wieder verbieten.«

»Heruntergekommene Junkies in Drenthe hinter Gitter.«

»Vorbereitungscamp soll Arbeitsfreude steigern.«

Nach der Samthandschuh-Politik der Siebziger- und Achtzigerjahre schlägt das Pendel in die andere Richtung aus. Es gilt wieder die Sprache des Stärkeren: Wer in der Gesellschaft nicht mithalten kann, ist selbst schuld. Sogar das Wort »Unterklasse« feiert sein Comeback. Nur mit dem Unterschied, dass dessen Angehörige heutzutage in den Stadtteilen Amsterdam Slotervaart oder Rotterdam Katendrecht wohnen. Das Stigma der Unterklasse findet sich heute in den Namen, die türkisch oder marokkanisch klingen.

Mit anderen Worten: Diese Geschichte ist noch lange nicht zu Ende.

Meine Familie hat es geschafft. Die Großeltern verbrachten

ihre letzten Jahre in einem kleinen Häuschen im Amsterdamer Stadtteil Jordaan, wo meine Großmutter mit 76 Jahren starb. Mein Großvater starb ein paar Jahre nach ihr, nachdem er als Achtzigjähriger noch eine Flugreise ans andere Ende der Welt unternommen hatte.

Ich habe die Geschichte meiner Familie so sorgfältig und genau wie möglich rekonstruiert. Zum Schutz ihrer Privatsphäre habe ich einige Namen geändert. Um der Lesbarkeit willen habe ich mehrere Zitate gekürzt und die Schreibweise angepasst.

Viele Personen haben mir bei der Suche nach Informationen geholfen. Die einen beantworteten meine Fragen, die anderen sandten mir Material zu, oder sie machten sich nach einer E-Mail von mir spontan auf Spurensuche. Ich bin ihnen allen für ihre wertvollen Beiträge sehr dankbar.

Vor allem aber danke ich meiner Familie, die mich großzügig an ihren Erinnerungen und Fotoalben teilhaben ließ.

Mein Dank geht außerdem an alle übrigen Personen, die mir weiterhalfen: Geert de Wilde und Jan de Maar, die mir ihr Wissen und ihre Kontakte bezüglich Veenhuizen zur Verfügung stellten; Henk Timmerman, der ehemalige Projektleiter des Planungsbüro Veenhuizen; Patrick Heiligers von der *Erfgoedlogies Oud-Bergveen* (Bed and Breakfast) in Veenhuizen; Frans Wesseling, Pfarrer in Veenhuizen; Herr Koetsier, ärztlicher Direktor *GGZ Noord-Holland Noord* (Psychische Gesundheitsdienste Noord-Holland Noord); Duck Zandbergen, Archivar der *GGZ Buitenamstel* (Psychische Gesundheitsdienste Buitenamstel). Und Angelique und Marianne, denen ich für ihre Zeit und ihre persönliche Geschichte zum Dank verpflichtet bin.

Gerard Sloos lieh mir seinen Stammbaum der Familie Braxhoofden von 1530 bis 1800. Marcel Stappers durchsuchte die belgischen Archive, ohne mich überhaupt zu kennen. Anneke Visser von der *Vereninging Oud-Harlingen* stellte für mich Nachforschungen im Archiv des Waisenhauses von Harlingen an. Die Mitarbeiter der *Stichting Oud Zoeterwoude* schickten mir Informationen, und Thea Onderwater sprang gleich aufs Rad, um zu kontrollieren, ob etwas auch wirklich so aussah, wie ich vermutete.

In Berlin haben Samuel Talleux und Maya Bots Nachforschungen zu Koos Dingemans angestellt und als erste das Familiengrab besucht.

Ich danke auch allen Archivaren, die mir meine ungeduldigen Fragen beantworteten. Zwei möchte ich hier beim Namen nennen: Egbert-Jan Brink vom *Drents Archief* und Pieter Flinkenflögel vom *Amsterdams Stadsarchief*.

Rop Zoutberg und Maaike van Gelderen haben mir auf ihre ganz persönliche Weise immer wieder Mut gemacht, ebenso Joost Jansen, ohne dessen Unterstützung und Software ich mich sicher im Netz meiner Ahnen verfangen hätte.

Und danken möchte ich auch den drei Menschen, die mich manchmal – oft ohne es zu wissen – im entscheidenden Moment auf die richtige Spur brachten: Heleen Buijs, Tanja Hendriks, Leonoor Broeder.

Außerdem geht mein Dank an Plien van Albada und die Redakteurin Anneke Willemsen, die immer an dieses Buch geglaubt haben. Linda Müter und Christine van Eerd erteilten mir nach der kritischen Lektüre der ersten Textversion wertvolle Ratschläge.

Am wichtigsten war für mich die Reaktion meiner Eltern, die ungefragt mit einem nichts verhüllendem Buch über ihre Herkunft konfrontiert wurden, und mich dessen ungeachtet weiterhin unterstützten. Dafür bewundere ich sie.

Zu guter Letzt danke ich Frank Westerman, der mich mit der Magie der Sprache bekannt machte und mich wie kein anderer lehrte, aus einer Fülle von Tatsachen Geschichten herauszukristallisieren.

Amsterdam, 16. Dezember 2007

Quellenverzeichnis

Gedicht von Orham Pamuk am Buchanfang aus *Schnee* in der Übersetzung von Christoph K. Neumann, 2004 Carl Hanser Verlag.

Über Veenhuizen und die Gesellschaft für Wohltätigkeit

Berends, R., Huusen, A. H. jun., Mensen R. und De Windt, R.: *Arbeid ter Disciplinering en bestraffing. Veenhuizen als onvrije kolonie van de Maatschappij van Weldadigheid 1823–1859.* Zutphen 1984.

Bientjes, J. A. und Offerhaus, H. R.: *De Rijkswerkinrichtingen Veenhuizen in haar oorsprong en wettelijke organisatie.* Assen 1905.

Biografisch woordenboek van het Sozialisme en van de Arbeidersbeweging in Nederland [www.iisg.nl] (letzter Zugriff: 6.11.2015).

Brienen, A. und Barnaart, W. P.: *Verslag van de commissie van Weldadigheid.* O.O., 1826.

Brink, E.-J.: *Menschenmeting en menschenherkenning, opkomst en ondergang van de Bertillonage.* In: Spiegel Historiael, Juni 1997.

Cohen, L. A. und De Sitter, W.: *Verslag van het Eerste congres over het Armwezen, gehouden te Groningen, den 26sten en 27sten junij 1854.* Groningen 1854.

De Graaf, H. T.: *Karakter en behandeling van veroordeelden wegens landloperij en bedelarij.* Groningen 1904.

De Heer, J.: *Projekt van de Maatschappij van Weldadigheid.* In: Te Elfder Ure, 1978.

De Vries, G. E.: *Honderd jaar gemeenschapsregime in Esserheem Veenhuizen 1895–1995.* Arnhem 1995.

Domela Nieuwenhuis, J. und van Asch van Wijck, J. W.: *Verslag der Staatscommissie, ingesteld bij Koninklijk besluit van 22 september 1903, No.51: bedelarij en landloperij, woonwagens en woonschepen, habituele dronkenschap.* Den Haag 1907.

Dorgelo, J. D.: *De koloniën van de Maatschappij van Weldadigheid (1818–1859), een landbouwkundig en sociaal-economisch experiment.* Assen 1964.

Draaisma, D. (Hg.): *Een laboratorium voor de ziel. Gerard Heymans en het begin van de experimentele psychologie.* Groningen 1992.

Een onherroepelijk verlorene. In: De Rijkswerkinrichtingen te Veenhuizen. Afdrukken van indrukken. Rotterdam 1904.

Een oud-lijfeigene. In: Veenhuizen wezen en schijn. Den Haag 1907.

Eilerts de Haan, A. F.: *De Noord-Nederlandsche landbouwkoloniën. Een Studie over de Maatschappij van Weldadigheid.* Amsterdam 1872.

Faber, R.: *Veenhuizen, één, twee, drie.* Assen 1983.

Geerts van der Meulen, T.: *Twee dagen heer. 1851.* Fragment aus: De Boerhoorn. Historische Vereniging Norch 2001.

Govaars, R.: *Wij, landlopers, hebben Veenhuizen groot gemaakt.* In: De Telegraaf, 11. September 1970.

Heering, G. J.: *Levensbericht van prof. Dr. H. T. de Graaf.* In: Jaarboek van de Maatschappij der Nederlandse Letterkunde, 1931 [www.dbnl.org] (letzter Zugriff: 6.11.2015).

Heringa, J., Blok, D. P. und Waterbolk, H. T. (Hg.): *Geschiedenis van Drenthe.* Meppel 1985.

Hoff, T. L.: *De koloniën van weldadigheid te Ommerschans en veenhuizen naar waarheid geschetst.* O.O. [1839].

Kleine Staarmann, B. Th.: *Wrakhout, Mensen in nood.* Tiel 1960.

Kloosterhuis, C. A.: *De bevolking van de vrije koloniën der Maatschappij van Weldadigheid.* Zutphen 1981.

Kuyper, J.: *Atlas Nederland* [www.atlas1868.nl] (letzter Zugriff: 6.11.2015).

Lambregts, L.: *Een steen in de vijver. Ontstaan, groei en ontwikkeling van de Maatschappij van Weldadigheid.* Steenwijk 1985.

Meerten-Schilperoort, A. B.: *Het noorden van ons vaderland of Vluchtige schetsen en aangename herinnering van een Reistogtje door Utrecht, door Vriesland, Groningen, Drenthe en Overijssel.* Assen 1840.

Offereins-Reitsma, F.: *De gedwongen opzending van kinderen uit het Groene Weeshuis te Groningen naar de kolonie Veenhuizen.* In: De Nieuwe Drentse Volksalmanak, 1988.

Prakke, H.: *Deinig in Drenthe, Historisch-sociografische speurtocht door de »Olde landschap«, »De Achtste der Zeven Provinciën«.* Assen 1995.

Rudolfs, M. C.: *De wees van Amsterdam.* Schoonhoven [1888], Neudruck 1993.

Schackmann, W.: *De proefkolonie.* Amsterdam 2006.

Van der Erve, P.: *»Doch hier, hier wenkt Weldadigheid«. De wezenzorg bij de Maatschappij van Weldadigheid 1819–1869.* Diplomarbeit an der Universität von Amsterdam 1980.

Van Lennep, J., Mak, G. und Mathijsen, M.: *De Zomer van 1823. Lopen met Van Lennep.* Zwolle 2000.

Van Voorst, W. F.: *Aalmoezeniersweeshuis en inrichting voor stads-bestedelingen.* Amsterdam 1916.

»Veritas«, *'s Rijks Bedelaarsgestichten Ommerschans en Veenhuizen.* Sonderdruck Provinciale Groninger Courant, [1869].

Versfelt, H. J.: *Kaarten van Drenthe 1500–1900.* Groningen/Veendam 2004.

v. H.: *Mr. Borgesius en de onherroepelijk verlorenen.* In: De Amsterdammer, 15. Juni 1902.

Westendorp Boerma, J. J.: *Johannes van den Bosch als sociaal hervormer. De maatschappij van weldadigheid.* Groningen 1927.

–: *Een geestdriftig Nederlander – Johannes van den Bosch.* Amsterdam 1950.

Über die Patriotische Revolution und Napoleon

Feitsma, W. A.: *Delft en haar krijgsgeschiedenis.* Rijswijk 1987.

Pawly, R., und Coucelle, P.: *Mémoires et Uniformes de Lambert de Stuers & historique du 3e Régiment de Grenadiers à pied de la Garde Impériale.* Brüssel 2004.

Schama, Simon: *Patrioten en bevrijders: revolutie in de Noordelijke Nederlanden, 1780–1813.* O.O., 1989.

Wolters, H. J.: *Het Bataafse leger* [www.van-der-werf.nl/bataafse_leger.htm] (letzter Zugriff: 6.11.2015).

Über den Guten Hirten, die Vorsehung und die Kirche Unsere Liebe Frau

Aro b.v.: *Verkenning plan Hoge Rijndijk west, Zoeterwoude.* September 1975.

Beekman, A.: *De Goede Herder in Nederland.* Utrecht/Nijmegen 1932.

Een bezoek aan het klooster van de Goeden Herder te Soeterwoude. In: De katholieke Illustratie. O.O., 1869.

Jansen van Galen, J.: *»Liefdesgesticht« Larenstein.* Hörfunksendung OVT, vpro, 19. Januar 2003. [http://www.npogeschiedenis.nl/ovt/afleveringen/2003/Ovt-19–01–2003.html] (letzter Zugriff: 6.11.2015).

Maria Euphrasia Pelletier: *Leve Jezus en Maria! Praktische regels ten gebruike der religieusen van den Goeden Herder voor de leiding der klassen.* Kloster De Goede Herder, Leiderdorp 1927.

Meertensinstituut (Hg.): *Amsterdam, O.L. Vrouw van Altijddurende Bijstand. Bedevaartplaatsen in Nederland* [www.meertens.knaw.nl] (letzter Zugriff: 6.11.2015).

Van Baaren, B.: *Schetsen en Kiekjes uit »De Goede Herder«.* [Amsterdam 1922].
Van Heijst, A.: *Liefdewerk, een herwaardering van de caritas bij de Arme Zusters van het Goddelijk Kind, sinds 1852.* Hilversum 2002.
Van Westerloo, G.: *Roosje.* Amsterdam 1994.
Zusters van de Goede Herder. In: De Katholieke Illustratie. O.O., 1985.

Über die Dienstboten

Heijermans, H: *De meid.* Maarssen [1987].
Henkes, B., und Oosterhof, H.: *Kaatje ben je boven? Leven en werken van de Nederlandse dienstbodes 1900–1940.* Nijmegen 1985.
Poelstra, J.: *Luiden van een andere beweging. Huishoudelijke arbeid in Nederland 1840–1920.* Amsterdam 1996.

Über Amsterdam-Noord und den sozialen Wohnungsbau

Amsterdam-Noord: van tuindorp tot trommelwoning. O.O., 1995.
Bakker, M. M. und van de Poll, F. M.: *Architectuur en stedebouw in Amsterdam 1850–1940.* Zwolle/Zeist 1992.
Dijk, A. und Steinmetz, S.: *Asterdorp.* Amsterdam 1983.
Donkers, J.: *Zo dicht bei Amsterdam.* Amsterdam/Antwerpen, 4. verb. Aufl. 2004.
Van Huizen, H. (Hg.): *Bouwen om te wonen in een stad die leeft: 75 jaar Woningbedrijf Amsterdam.* Amsterdam/Utrecht 1990.
Historische Fotos von Amsterdam: [http://beeldbank.amsterdam.nl] (letzter Zugriff: 6.11.2015).

Über die Bekämpfung der Arbeitslosigkeit, die Zivilisierung der Arbeiter und die Krisenjahre

Balk, J. Th.: *Een kruiwagen vol bomen. Verleden en heden van het Amsterdamse Bos.* Amsterdam 1979.
De Regt, A: *Arbeidersgezinnen en beschavingsarbeid. Ontwikkelingen in Nederland 1870–1940.* Meppel 1984.
De Rooy, P.: *Werklozenzorg en werkeloosheidsbestrijding 1917–1940. Landelijk en Amsterdams beleid.* Amsterdam 1978.

–: *Crisis in Nederland. Beelden en interviews uit de jaren dertig.* Rijswijk 1986.
Geschiedenis van de Gemeente Arbeidsbeurs. Stadsarchief Amsterdam (Stadtarchiv Amsterdam), [www.stadsarchief.amsterdam.nl] (letzter Zugriff: 6.11.2015).
Hellevoort, M.: *Affiche voor de Boschplan-expositie.* In: Ons Amsterdam, 1994.
Lindeman, R.: *Het Amsterdamse Bos en de crisis van de jaren dertig.* In: De Gids, Bd. 145, 1982.
Wynants, Hans: *Verbeter de mensch.* Dokumentarfilm, RVU, 2001.

Über den Arbeitseinsatz während des Zweiten Weltkriegs

Sijes, B. A.: *De arbeidsinzet. De gedwongen arbeid van de Nederlanders in Duitsland, 1940–1945.* Den Haag 1966.

Über die Refusal-Kur und die St. Willibrordus-Stiftung

Bakker, C., und de Goei, L.: *Een bron van zorg en goede werken.* Amsterdam 2002.
Booij, Joh.: *Behandeling van alcoholisme met Refusal (Antabus),* in: *de Geneeskundige Gids*, 1949.

Für die (genealogischen) Nachforschungen habe ich außerdem in folgenden Archiven recherchiert

Drents Archief, Amsterdams Stadsarchief, Nationaal Archief, Haags Gemeentearchief, Gemeentearchief Rotterdam, Gemeenterarchief Delft, Utrechts Archief, Tresoar – Fries Historisch en Letterkundig Centrum, Gemeentearchief Harlingen, Gemeentearchief Franeker, Streekarchief Voorne-Putten und Rozenburg, Gemeentearchief Zoeterwoude, Archives de l'État à Namur, Archief OPZ Geel, Stichting Historisch Centrum Amsterdam-Noord, Historisch Archief Tuindorf Oostzaan, Archief Ymere, genealogische Website [http://top.archiefplein.nl] (letzter Zugriff: 6.11.2015).

Bildnachweis

Johannes van den Bosch, Gemälde von Cornelis Kruseman. Sammlung Rijksmuseum Twente, Enschede, Leihgabe des Rijskmuseum Amsterdam (Fotografie R. Klein Gotink).

Stich Dritte Anstalt Veenhuizen, 1826, in: De Vriend des Vaderlands I, 1827. Gefängnismuseum Veenhuizen.

Stich Innenhof Dritte Anstalt Veenhuizen, 1826, in: De Vriend des Vaderlands II, 1828. Proviniciaal Museum Drenthe.

Foto Schlafsaal Veenhuizen. Gefängnismuseum Veenhuizen.

Foto Schlafkojen Veenhuizen. Gefängnismuseum Veenhuizen.

Foto Personalwohnhaus Veenhuizen. Gefängnismuseum Veenhuizen.

Altersheim für Männer Dritte Anstalt Veenhuizen. Gefängnismuseum Veenhuizen.

Dritte Anstalt 1903. Gefängnismuseum Veenhuizen.

»Katze« gezeichnet von Pflegling J. W. Spaans. Gefängnismuseum Veenhuizen.

Pfarrer Germs und A. ten Hoor, Veenhuizen (Fotos S. Kadijk, Leens), in: G. E. De Vries: Honderd jaar gemeenschapsregime in Esserheem Veenhuizen 1895–1995. Arnhem 1995.

Pfleglinge auf dem Weg zur Arbeit. Gefängnismuseum Veenhuizen.

Schusterwerkstatt in Veenhuizen. Gefängnismuseum Veenhuizen.

Beamtenfamilien vor der Dritten Anstalt, 1903.

Grundriss Veenhuizen 1896. Topografischer Dienst Emmen.

Registrierung bei der Armee von Tobias Braxhoofden im »Stamboek van de Militairen, onderofficieren en manschappen van het 3de regiment battallion Infanterie (van Ligne)«. Nationaal Archief.

Heiratsurkunde Cato Braxhoofden und Teunis Gijben. Drents Archief.

Urteil Harmen Keijzer 1900, Landgericht Utrecht. Utrechts Archief.

Personenbeschreibungskarte Harmen Keijzer. Archiv Maatschappij van Weldadigheid, Drents Archief.

Totenbildchen Helena Gijben. Familienarchiv der Autorin.

Oude Looiersstraat 1890. Stadsarchief Amsterdam/De Beeldbank.

Goudsbloemgracht. Stadsarchief Amsterdam/De Beeldbank.

Roza Keijzer im Jahr 1907. Familienarchiv der Autorin.

De Goede Herder in Zoeterwoude. In: B. van Baaren: Schetsen en Kiekjes uit »De Goede Herder«. Haarlem 1922.

Ein Dienstmädchen auf der Prinsengracht, Foto von George Hendrik Breitner. Stadsarchief Amsterdam/De Beeldbank.

Roza Keijzer, ca. 1915. Familienarchiv der Autorin.

Roza Keijzer, 1920. Familienarchiv der Autorin.

Wouter Dingemans, 1920. Familienarchiv der Autorin.

Kobus Dingemans. Familienarchiv der Autorin.

Wouter Dingemans mit Angehörigen. Familienarchiv der Autorin.

Helena Gijben an der Lauriergracht. Familienarchiv der Autorin.

Arbeitsbeschaffung im Rahmen des »Bosplan«: Ausheben der Ruderbahn April 1936, Amsterdam. In:, P. de Rooy und S. Groenewegen: *Crisis in Nederland: Beelden en interviews uit de jaren dertig.* Rijswijk 1981.

Stempelstelle in den Krisenjahren um 1930. J. C. E. Sand und P. Bakker: *Amsterdam zoals het leeft en werkt.* Amsterdam 1933.

Kometensingel Tuindorp Oostzaan 1920. Stadsarchief Amsterdam/De Beeldbank.

Kirche im Haubarg, Kometensingel, 1935. Stichting Historisch Archief Tuindorp Oostzaan.